Zeyringer · Der neue Treppenläufer

Der neue Treppenläufer –

Wie man sich und andere motiviert

Mag. Dr. Jörg Zeyringer

Haufe Mediengruppe
Freiburg · Berlin · München

Bibliografische Information der Deutschen Nationalbibliothek

Die Deutsche Nationalbibliothek verzeichnet diese Publikation in der Deutschen Nationalbibliografie; detaillierte bibliografische Daten sind im Internet über http://dnb.d-nb.de abrufbar.

ISBN: 978-3-648-00569-9 Bestell-Nr. 00249-0001

1. Auflage 2010

Redaktionsanschrift: Postfach, 82142 Planegg/München
Hausanschrift: Fraunhoferstraße 5, 82152 Planegg/München
Telefon: (089) 895 17-0,
Telefax: (089) 895 17-290
www.haufe.de
online@haufe.de
Lektorat: Sabine Marx
Produktmanagement: Ass. jur. Elvira Plitt

Desktop-Publishing: Agentur: Satz & Zeichen, Karin Lochmann, 83129 Höslwang
Umschlag: Kienle gestaltet, Stuttgart
Druck: freiburger grafische betriebe Gmbh & Co. KG, 79108 Freiburg

Zur Herstellung dieses Buches wurde alterungsbeständiges Papier verwendet.

Inhalt

Der Treppenläufer – Ein Leben gerettet

Im Juli 2003 erschien *Der Treppenläufer*. In Fachzeitschriften und Zeitungen in Deutschland, der Schweiz und in Österreich waren meist positive Rezensionen zu lesen. Einige Radiosender bemühten sich um Interviews, die Verkaufszahlen erfüllten die Erwartungen und ein ausländischer Verlag erwarb die Rechte für eine Übersetzung.

Mir sehr nahestehende Menschen wussten, dass ich von alldem geträumt hatte. Was dann aber im Herbst 2004 geschah, das war in meinen Träumen nicht vorgekommen.

Eines Tages meldete sich ein Mann aus Oberösterreich telefonisch bei mir. Zuerst maß ich dem Gespräch keine besondere Bedeutung bei. Je länger der Mann jedoch erzählte, desto merkwürdiger wurde die Geschichte und desto gespannter hörte ich ihm zu. Er erzählte, er sei lange Zeit arbeitslos gewesen. Seine Beziehung sei aufgrund seiner Alkoholsucht in die Brüche gegangen. Für seine Zukunft habe er nur mehr *schwarz gesehen*. Der Oberösterreicher sagte mir, dass er vorgehabt hatte, sich das Leben zu nehmen. „*Meine einzige Option war mich umzubringen*", meinte der Mann. Ich wusste nicht, warum er mir das erzählte und was das alles mit mir zu tun haben sollte.

Einer der wenigen Bekannten, zu denen der Anrufer noch ab und zu Kontakt hatte, drückte ihm eines Tages den *Treppenläufer* in die Hand. Eine Zeit lang, so berichtete mir der Mann, lag das Buch herum. Sein Entschluss stand ja fest, er hatte den Freitod gewählt. Aus irgendeinem Grund blätterte er dann doch einige Seiten durch. „*Ich war vom Inhalt sofort gefangen und konnte nicht aufhören*", erzählte er mir. Als er weiter sprach, glaubte ich meinen Ohren nicht zu trauen: Nachdem er das Buch einige Male gelesen hatte, fasste er einen neuen Entschluss. Er wollte sein Leben in Ordnung bringen!

Er begab sich auf Entzug, den er schaffte, fand eine Arbeit und gründete eine Selbsthilfegruppe in Linz. Dann machte er sich die Mühe, meine Handynummer herauszufinden und mir seine Geschichte zu erzählen.

Vielleicht können Sie nachvollziehen, welche Gedanken und Emotionen mich bewegten, während der Mann mir das alles berichtete. Als ich den *Treppenläufer* schrieb, träumte ich – wahrscheinlich wie jeder Autor – von einem möglichst erfolgreichen Buch. In meinen Träumen spiegelte sich Erfolg jedoch stets in hohen Verkaufszahlen.

Dass der Inhalt meines ersten Buches mitgeholfen hat, ein Menschenleben zu retten, bewegt mich selbst heute, fast 6 Jahre später, immer noch. Damals fasste ich einen Entschluss: Sollte sich je die Gelegenheit zu einer zweiten Auflage ergeben, sollte diese Geschichte am Anfang des *neuen Treppenläufers* stehen.

Für diese neue Ausgabe habe ich den Inhalt komplett überarbeitet, in mehreren Bereichen adaptiert und um einige neue Gedanken ergänzt. Gleich geblieben sind meine Phantasien, denn ich träume wieder von einem erfolgreichen Buch. Heute weiß ich jedoch, dass sich Erfolg in wesentlich mehr Kategorien ausdrücken kann, als nur in Verkaufszahlen.

Jörg Zeyringer, Frühjahr 2010

I. Teil: Was Sie über Motivation erfahren sollten

1. Die Geschichte vom Treppenläufer

„Behandle Menschen so, wie sie sein könnten,
und Du hilfst Ihnen,
das zu werden, was sie sein können!"

Johann Wolfgang von Goethe

Die Geschichte beginnt in Salzburg, Anfang der neunziger Jahre: Elisabethvorstadt, in der Nähe des Bahnhofes, die Zentrale einer regionalen Bank. Ein großes Gebäude, in dem ungefähr 150 Menschen arbeiten. Drei Jahre lang war ich einer von ihnen, war verantwortlich für die Personalentwicklung des Institutes. Mein Büro, das ich mit einem, später mit zwei Kollegen teilte, lag im fünften und höchsten Stockwerk des Hauses. 99 Stufen vom Haupteingang entfernt. Freilich führte ein Fahrstuhl in die fünfte Etage. Und trotzdem: die ersten zwei Jahre ging ich meist zu Fuß, 99 Stufen. Oft lief ich, nahm zwei Stufen auf einmal, war schnell unterwegs; mit oder ohne Aktentasche. Ich war der Treppenläufer.

Viele Kollegen und auch Vorgesetzte sprachen mich damals darauf an. Bald hatte ich den Ruf des Mitarbeiters, der viel Energie besitzt, der etwas weiterbringen möchte, der bestimmt *Karriere* machen werde. In dieser Zeit war ich hoch motiviert. Ich versuchte, meinen Job so gut zu machen, wie ich das nur konnte, war bereit, mich besonders einzusetzen, arbeitete an mehreren Projekten gleichzeitig mit, brachte Ideen ein und interessierte mich auch für andere Bereiche. Es lief einfach großartig. Ich dachte, dass mich nichts und niemand aufhalten könne und fand anderen Menschen gegenüber nur lobende Worte über meinen Job.

Mir schien weder, dass mein Verhalten etwas Außergewöhnliches darstellte, noch dass ich meine Aufgaben besonders gut ausführte. Es machte einfach Spaß, ich hatte jeden Tag enorme Freude an dieser Arbeit, mit meinen Kollegen und meinem Vorgesetzten.

Zwei Jahre später. Inzwischen war ich befördert worden und hatte ein Büro für mich allein bekommen. Ein Büro, wie man es sich nur wünschen kann: großzügig, schön und funktional eingerichtet. Es lag in der zweiten Etage, also drei Stockwerke tiefer, nur noch 38 Stufen vom Haupteingang entfernt. Und trotzdem, irgendwann fiel mir auf, dass ich weniger oft zu Fuß hinauf stieg und immer öfter mit dem Fahrstuhl nach oben fuhr. Ich hatte nicht nur eine Gewohnheit verändert, sondern auch mich selbst. Diese Wandlung war ziemlich schnell erfolgt. Nun benutzte ich also den Fahrstuhl. Etwa zwei, drei Monate später merkten das auch jene, die mich zuvor noch auf meine besondere Aktivität angesprochen hatten.

Nach kurzer Zeit fühlte ich mich demotiviert, obwohl ich doch die gleiche Tätigkeit ausführte. Ich hatte wenig Lust, an Projekten mitzuarbeiten, für andere Bereiche und Themen interessierte ich mich nicht mehr. Meine Energie war mir abhanden gekommen, den Treppenläufer gab es nicht mehr.

In vielen Gesprächen brachte ich meine Unzufriedenheit zum Ausdruck. Zunächst versuchte ich mich noch dagegen aufzulehnen, etwas dagegen zu tun. Da ich jedoch keine Verbündeten fand, resignierte ich eines Tages. Ich gehörte von da an zu jenen, die in ihrer Arbeit weder Herausforderung noch Spaß sehen, für die ihr Job eine Belastung darstellt. Nach meiner Einschätzung – und viele Studien bestätigen dies – geht es sehr vielen Menschen so.

Vom Treppenläufer zum Fahrstuhlfahrer

Insgesamt war ich knapp fünf Monate im zweiten Stock, dann verließ ich das Unternehmen und machte mich als Berater und Trainer selbständig. Schon nach kurzer Zeit kam meine Energie zurück und ich hatte die Eigenschaften des Treppenläufers zurück gewonnen.

Erst Jahre später, als ich mich bereits eingehend mit dem Thema *Motivation* beschäftigte, begann ich zu begreifen, was damals in mir vorgegangen war und welche Auslöser dafür verantwortlich waren. Heute weiß ich, was damals passiert ist und welche Faktoren meine Motivation so stark beeinflusst haben.

Auslöser waren zwei Menschen. Genauer gesagt, das völlig unterschiedliche Verhalten zweier grundverschiedener Persönlichkeiten und meine jeweilige Reaktion darauf. Das gegensätzliche Verhalten dieser Menschen zeigte sich in ihren Führungsstilen, in den Arbeitsbedingungen, die sie schufen, in den Gesprächen, die sie führten und in den Handlungen, die sie setzten.

Die letzten fünf Monate in der Bank: Meiner Chefin war vor allem wichtig, dass in den Texten, die ich verfasste, die Beistriche richtig gesetzt waren. Dem Inhalt hingegen maß sie keine besondere Bedeutung bei. Personalentwicklung war ihrer Meinung nach für die Bank nicht notwendig. Das sagte sie mir immer wieder unmissverständlich und war auch nicht bereit, sich damit auseinander zu setzen. Sie wollte einen Mitarbeiter, der nach ihrer Pfeife tanzt und unkritisch jene Themen übernahm, die von ihr vorgegeben wurden. Ideen und Vorschläge waren nicht erwünscht. Versuchte ich doch einmal auszubrechen und einen neuen Weg zu gehen, bekam ich das gehörig zu spüren; auch vor anderen Mitarbeitern. Diese Frau demonstrierte im Umgang mit mir und anderen Mitarbeitern ihre Macht. Und sie war mächtig, war sie doch die Schwägerin des Generaldirektors. Vielen fiel das autoritäre Verhalten dieser Frau auf. Hinter ihrem Rücken wurde darüber gesprochen, doch es gab niemanden im Unternehmen, der sich wirklich traute, ihr die Meinung zu sagen. Manche schwiegen, um sich ihre Karrierechancen nicht zu verbauen. Ich hatte keine Chance. Was auch immer ich tat, es war jedenfalls falsch. Sie agierte nach dem Motto, *egal, was du tust, Dich haue ich in die Pfanne.*

Kennen Sie das Gefühl, das in einer solchen Situation nach und nach immer stärker wird? Es ist Angst. Viele Menschen in dieser Bank hatten Angst vor dieser Person. Das wusste ich zwar schon, bevor sie meine Chefin wurde, wollte es aber nicht glauben. Erst als ich ihr unmittelbarer Mitarbeiter wurde und dadurch täglich mit ihr zu tun hatte, verstand ich die Situation.

Allerdings begriff ich damals noch nicht richtig, dass es zu einem großen Teil auch an mir liegt, wie ich mit dem schwierigen Verhalten einer anderen Person umgehe, inwieweit ich es zulasse, dass andere mich dominieren und mir meine Energie rauben. Heute weiß ich, dass diese für mich sehr schmerzhafte Situation für meine Entwicklung wichtig war. Das konnte ich damals freilich noch nicht sehen.

Die ersten zwei Jahre in der Bank hingegen hatte mein damaliger Vorgesetzter einen Zustand in mir ausgelöst, den ich in etwa so beschreiben würde: Ich besitze Kompetenz, ich kann etwas und bin als Mensch in Ordnung. Dieser Chef hatte mir auch immer wieder den Eindruck vermittelt, dass meine Arbeit für die Bank wichtig wäre. Er sprach viel mit mir und vertraute mir. Das heißt, er traute mir zu, schwierige und neue Aufgaben erfolgreich zu lösen. Ich hatte die Möglichkeit, eigene Ideen und Gedanken einzubringen, mit ihm zu diskutieren und vieles umzusetzen. Ich konnte außerdem problematische Fälle, deren Lösung sich als besonders schwierig herausstellte, mit ihm besprechen, so dass ich sie dann angehen und meist lösen konnte. Wir unterhielten uns damals hin und wieder auch über persönliche Fragen; solche, die mich betrafen, und solche, die ihn betrafen. Nach einiger Zeit wussten wir viel von einander und konnten gut auf einander eingehen. Dieser Manager ist heute noch einer der Menschen, die hauptverantwortlich für den besonderen Erfolg dieses Unternehmens sind.

Ich erlebte also zwei völlig unterschiedliche Situationen in dieser Bank, die durch das Verhalten von zwei verschiedenen Führungskräften stark beeinflusst wurden. Sie waren die Auslöser, die in mir so unterschiedliche Reaktionen hervorriefen. Die besondere Art meines ersten Chefs, sein Eingehen auf mich und meine Eigenheiten, motivierte mich damals besonders. Daraus habe ich mir meine Arbeitslust geholt.

Jene Freude, die ich heute so oft empfinde, wenn ich in einem Projekt oder Seminar mit Menschen arbeite, die für neue Erkenntnisse und Erfahrungen aufgeschlossen und auch bereit sind, etwas an ihrem Verhalten zu ändern. Damals habe ich einen meiner wichtigsten Grundsätze geprägt:

Wenn ich höchst motiviert tätig sein möchte, dann müssen die Aufgaben, an denen ich arbeite, und die Leistungen, die ich erbringe, ein ausreichendes Maß an Lust und an Spaß mit sich bringen!

Kann man Andere motivieren?

Als ich mir das überlegte, stieß ich auf ein theoretisches Problem. In vielen Motivationsbüchern las ich immer wieder, dass eine Führungskraft einen Mitarbeiter nicht motivieren könne. Viele Autoren vertreten ja die Ansicht, motivieren könne sich jeder nur selber, die Vorgesetzten könnten nur für günstige Rahmenbedingungen sorgen. Diese Ansicht deckte sich nicht mit meinen Beobachtungen und Erfahrungen im Berufsalltag und löste eine kognitive Dissonanz in mir aus, die mir keine Ruhe ließ. Heute weiß ich, dass diese Autoren Unrecht haben. Ich verstehe aber jene Vorgesetzten, die diesen Ansatz gerne glauben, entbindet er sie doch von einer elementaren Führungsaufgabe. Tatsächlich aber ist die Frage, ob eine Person eine andere motivieren kann, falsch gestellt.

Der österreichische Psychologe und Kommunikationswissenschaftler, Paul Watzlawick, stellte Ende der sechziger Jahre eine wichtige Grundannahme der Kommunikationswissenschaft auf:

„Man kann sich nicht nicht verhalten".

Das Verhalten einer Person hat immer Wirkung auf die im sozialen Umfeld befindlichen Menschen und löst bei ihnen bestimmte emotionale Zustände aus. Damit ist nicht gemeint, dass es ausschließlich von anderen Personen abhängt, wie wir uns fühlen; aber die Menschen in unserer Umgebung spielen für unsere inneren Zustände doch eine sehr bedeutende Rolle. Es geht immer um Aktion und Reaktion, wir können unser Verhalten immer nur im Kontext einer bestimmten Situation erklären. Es waren bestimmte Zustände in mir, ausgelöst durch einen Chef, der die Beschreibung *Führungskraft* tatsächlich verdiente, aus denen ich mir die Motivation geholt habe, 99 Stufen hoch zu laufen. Und es waren ebenso konkrete Zustände in mir, ausgelöst von einer Vorgesetzten, die in der Hauptsache ihre Macht zur Schau stellte, die mich veranlassten, sogar in den zweiten Stock den Lift zu nehmen.

Damit Menschen wirklich hoch motiviert sind und über einen längeren Zeitraum Leistungen erbringen können, brauchen sie entsprechende innere Dispositionen, die zum einen durch sie selbst erzeugt werden können, zum anderen aber auch von anderen Personen und Ereignissen bestimmt werden.

Dieses Buch kann nicht *nicht* wirken

Heute versuche ich in meinen Seminaren und Vorträgen viele Erkenntnisse, die ich im Laufe der Zeit gewonnen habe, weiter zu geben. Dabei geht es immer wieder um die gleichen Fragen:

Fragen zum Thema Motivation

- Was ist das eigentlich, Motivation?
- Wie motiviere ich mich und andere zu besonderen Leistungen?
- Wie schaffe ich es für mich und die Menschen, die mich umgeben, erfolgreicher und zufriedener zu sein?
- Wie realisiere ich etwas, von dem ich schon lange träume?

In diesem Buch möchte ich auf diese für ein zufriedenes und gesundes, ausgeglichenes und erfolgreiches Leben so entscheidenden Fragen Antworten anbieten. Egal, ob Sie diese Ideen als Führungskraft für die Mitarbeiter in Ihrem Team umsetzen oder sich selbst einen Schritt weiter bringen wollen. Wenn Sie sich mit den hier besprochenen Fragen und Antworten, mit den angebotenen Modellen und Übungen auseinandersetzen, werden Sie vielleicht Veränderungen in Ihren Denkmustern und Vorgehensweisen feststellen können. Möglicherweise bekommen Sie Lust darauf, etwas zu tun, das Sie schon lange tun wollten, wovon Sie vielleicht schon seit längerem träumen. Sie werden sich unter Umständen fragen, warum Sie diese Dinge nicht schon früher angegangen sind.

Manche Aussagen dieses Buches werden Ihnen in Ihrem Alltag immer wieder in den Sinn kommen und möglicherweise Ihre Entscheidungen beeinflussen. Beispielsweise dann, wenn Sie in einem größeren, höheren Gebäude vor der Wahl stehen, den Lift oder die Treppen nach oben zu nehmen. Sie werden bemerken, dass sich etwas in Ihnen verändert hat: Sie werden nämlich nicht allzu lange über die Entscheidung nachdenken, sondern einfach den ersten Schritt auf die erste

Stufe setzen und die Treppen hoch gehen. Und Sie könnten ja bei drei bis fünf Stockwerken grundsätzlich zu Fuß gehen. Vielleicht nicht immer, aber immer öfter!

Sie könnten auch in anderen Verhaltensbereichen in Ihrem Alltag erfahren, dass sich etwas in Ihnen verändert hat. So könnten Sie nicht nur erfolgreicher, sondern auch mit sich selbst zufriedener und ausgeglichener sein – weil Sie den einen oder anderen Gedanken dieses Buches umsetzen und einfach den Fuß auf die erste Stufe setzen und losmarschieren, 99 Stufen, fünf Stockwerke und noch viel weiter ...

2. Motivation beginnt im Kopf

„Die wahren Abenteuer sind im Kopf,
und sind sie nicht in Deinem Kopf, dann sind sie nirgendwo ...“

André Heller

Die beiden Begriffe *Motivation* und *Erfolg* hängen eng zusammen. Tatsächlich stellt hohe Motivation eine Voraussetzung für erfolgreiches Handeln dar. Hohe Motivation zieht oft Erfolg nach sich. Was aber ist Erfolg und wann ist man erfolgreich? Der Begriff *Erfolg* lässt sich nicht eindeutig und eindimensional darstellen. Erfolg hat mehrere Ebenen. Ich sehe Erfolg als individuelle Wertung, die im sozialen Vergleich vorgenommen wird und Teil unseres gesellschaftlichen Wettbewerbs ist. Soziale und ökonomische Faktoren bilden meist Kategorien, in denen Erfolg ausgedrückt wird. Erfolg kann sich auch sehr differentiell zeigen, dann nämlich wenn der Erfolg des einen zugleich der Misserfolg des anderen ist, wie bspw. bei Beförderungen oder bei sportlichen Wettkämpfen.

Erfolg ist individuell

Spencer Johnson stellt Erfolg in seinem höchst lesenswerten Buch „Die Mäusestrategie“ mit einer Metapher dar: Käse. Davon gibt es viele verschiedene Sorten, mit den unterschiedlichsten Geschmacksrichtungen. Einige Mäuse bevorzugen harten, andere weichen Käse, den einen schmeckt würziger Käse besser, den anderen ein milder, die einen haben lieber runden, die anderen doch eher eckigen Käse.

Jeder sucht sich genau den Käse, der ihm am besten schmeckt. Sehr ähnlich verhält es sich bei der Suche nach Erfolg. Für jeden Menschen bedeutet Erfolg unter Umständen etwas anderes. Trotzdem lässt sich Erfolg anhand einer übergeordneten Kategorie definieren. Ich sehe Erfolg als die individuelle Leistung, genau das zu realisieren, was zuvor als Absicht geplant war. Wenn Sie das umsetzen, was Sie sich vorgenommen haben, dann werden Sie ein Erfolgserlebnis haben. Scheitern Sie, spüren Sie Misserfolg.

***Häufig gestellte Fragen zum Thema* Erfolg:**

- Was machen erfolgreiche Menschen anders als weniger erfolgreiche?
- Wieso haben die einen öfter Erfolg als die anderen?
- Was macht den Unterschied aus?

Besonders spannend sind diese Fragen, wenn man von etwa gleichen Voraussetzungen ausgeht. Wie erklärt man Erfolg bzw. Misserfolg bei zwei Personen, die ähnliche Leistungsmöglichkeiten besitzen? Kommen die einen mit anderen Voraussetzungen auf die Welt, wird Erfolg bzw. Erfolglosigkeit schon in den Genen geregelt? Gibt es das *Erfolgsgen?* Arbeiten die einen ganz einfach mehr als die anderen? Haben die einen andauernd Glück, die anderen hingegen immerzu Pech? Was ist es, das Erfolg letztlich ausmacht?

• Wille und Vorstellung bedingen Erfolg

Es sind in erster Linie zwei Faktoren, die – bei etwa gleichen Voraussetzungen – entscheiden, ob eine einzelne Person oder ein Team erfolgreich oder erfolglos ist.

Zum einen ist es der unbedingte Wille, ein bestimmtes Vorhaben zu verwirklichen, ein besonderes Ziel zu erreichen oder einen oft geträumten Traum wahr werden zu lassen. Der Volksmund weist auf die besondere Bedeutung dieser Charaktereigenschaft mit den folgenden Redensarten hin: *Der Wille versetzt Berge; wo ein Wille, da ein Weg; er hat einen eisernen Willen.* Der bedeutende Motivationsforscher Julius Kuhl sieht in der Willensstärke

> *„die Fähigkeit eines Menschen seine Aufmerksamkeit, seine Energie und Motivation, sein Wissen und seine Fertigkeit so zu koordinieren, dass die von ihm grundsätzlich erreichbaren Ziele auch tatsächlich verwirklicht werden können."*

Es ist unbestreitbar: Erfolgreiche Menschen verfolgen ihre Ziele hartnäckiger und sind dabei konsequenter als andere. Sie arbeiten härter als weniger erfolgreiche Personen. Sie nutzen das Prinzip der *Kritischen Masse*, d.h. sie verändern nach jedem Scheitern ihre Strategie und versuchen es von neuem, und zwar so lange, bis es klappt. Dahinter steckt der Gedanke, dass Erfolg auch eine Frage der richtigen Strategie und der Anzahl der unternommenen Versuche ist. Wenig erfolgreiche Menschen geben schneller auf, sehen wenig Sinn und kaum Chancen in weiteren Versuchen.

Wer einen starken Willen besitzt, lebt nach der Devise, dass in einem Boxkampf nicht der verliert, der zu Boden geht, sondern der, der liegen bleibt. Das bedeutet, dass der persönliche Einsatz, den man zu bringen bereit ist, einen großen Einfluss auf den persönlichen Erfolg hat.

Beispiel für Erfolg durch Willenskraft

Ein österreichischer Sportler hat dies über viele Jahre eindrucksvoll bewiesen. Ein Mann, der durch seinen eisernen Willen in seinem Sport an die Weltspitze gelangte: Thomas Muster. Für ihn war ein Tennisspiel erst dann zu Ende, wenn der Schiedsrichter es formell beendete. Ein Spiel von Thomas Muster, das vielen Tennisfans in Erinnerung sein dürfte, war das Finale des Sandplatzturniers in Monte Carlo am 30. April 1995 gegen Boris Becker. Muster lag schier hoffnungslos zurück, hatte die beiden ersten Sätze verloren und Becker sah schon wie der sichere Sieger aus. Trotzdem kämpfte sich der Österreicher zurück und gewann den nächsten Satz. Im vierten Satz war die Spannung nicht mehr zu überbieten. Wieder ging Becker klar in Führung, für Muster schien die Niederlage besiegelt. Viele Profis hätten in dieser Situation wahrscheinlich aufgegeben und den neuerlichen Willen, sich ins Spiel zurückzukämpfen, nicht aufgebracht. Nicht so Thomas Muster. Er kämpfte, als hätte die Partie eben erst begonnen – und tatsächlich drehte er das Spiel noch um, gewann den vierten Satz im *Tie-Break* 7:6, ließ Becker im letzten Satz kein Spiel mehr gewinnen und sicherte sich so den Turniersieg.

Trotzdem sind Wille, persönlicher Einsatz, Ehrgeiz und Kraft nur die eine Seite der Medaille. Auch dafür findet man im Volksmund einen Spruch, der das verdeutlicht: *Der Wille ist stark, aber das Fleisch ist schwach.* Was also fehlt noch, um wirklich erfolgreich zu sein?

Der zweite entscheidende Faktor ist die Vorstellung. Die Vorstellung dessen, was man erreichen möchte. Sich die Bilder im Kopf so zu konstruieren, als ob das Vorhaben schon erfolgreich umgesetzt wäre. Die Handlung in Gedanken vorwegnehmen. Wie ein Skirennfahrer, der vor dem Abfahrtslauf in Kitzbühel die berühmte Rennstrecke *Streif* in seinem Kopf bewältigt. Und zwar in einer phantastischen Zeit.

Dieser Faktor umfasst also zwei Aspekte: zum einen zu wissen, wie das Ergebnis aussehen soll, und zum anderen die Fähigkeit, sich den Prozess, der zum gewünschten Ergebnis führt, vorstellen zu können. Und zwar in möglichst vielen konkreten Einzelheiten. Am besten funktioniert es, wenn man sich die Bilder wie einen inneren Film im Kopf ablaufen lässt und sich immer wieder und wieder mit diesen Bildern beschäftigt.

Beispiel für Erfolg durch Vorstellungskraft

So wie Arnold Schwarzenegger, der Ende der sechziger Jahre die steirische Landeshauptstadt Graz verließ, um in München seine Karriere, von der er träumte, voran zu treiben. In dieser Phase seines Aufstieges sah sich der Steirer die Herkules-Kinofilme des damaligen Mister Universum Reg Park oftmals an. Er speicherte die Bewegungen des Vorbildes, um sie dann nachahmen zu können. Beeindruckt durch die Filme seines Vorbilds begann auch Schwarzenegger von einer Hollywoodkarriere zu träumen. Er konnte sich gut vorstellen, welche Richtung sein Leben nehmen sollte. An diesen Bildern arbeitete der Steirer hart.

Es dreht sich bei diesem zweiten Faktor also darum, sich eine klare Vorstellung darüber machen zu können, wohin der Weg gehen soll. Die Vorstellung kann sich auf das gesamte Leben oder aber auf den Beruf bzw. das Unternehmen richten. Erfolgreiche Menschen haben Visionen und handeln dementsprechend. Sie kennen die große Gesamtidee ihres Lebens bzw. ihrer beruflichen Tätigkeit sowie den Rahmen, in dem ihre Aktivitäten Sinn machen. Und sie kennen das *Warum* hinter ihren Zielen.

Wille oder Vorstellung?

Nun drängt sich eine Frage auf, die wohl für viele schwer zu beantworten sein mag, weil sie eine so genannte *Dilemma-Situation* darstellt. Sie kennen derartige Situationen wahrscheinlich vom Einkaufen. Sie schieben einen gut gefüllten Einkaufswagen in Richtung Kasse. Während Sie sich diesem neuralgischen Punkt nähern, überlegen Sie, zu welcher Schlange von wartenden Kunden Sie sich begeben sollen. Sie überlegen, wo es schneller gehen könnte. Sobald Sie sich entschieden und Ihre Position eingenommen haben, kommt es Ihnen so vor, als ob das Kassieren und Einräumen bei der anderen Kasse viel schneller vorwärts geht. Das ist eine *Dilemma-Situation*. Nun also meine Frage:

Welcher der beiden Faktoren ist der wohl entscheidende, der wichtigere, um tatsächlich Erfolg zu haben – ist es der Wille oder die Vorstellung?

In meinen Seminaren habe ich diese Frage schon Tausenden von Menschen gestellt. Viele meinen, das könne man so nicht trennen und damit auch nicht beantworten, weil ja beide wichtig seien. Das ist grundsätzlich richtig, Vorstellung und Wille bilden die beiden wesentlichen Elemente. In meinen Veranstaltungen verteilen sich die Antworten auf diese Frage zirka fünfzig zu fünfzig. Was denken Sie? Ist es Ihr Wille oder Ihre Vorstellung? Treffen Sie Ihre Entscheidung, ehe sie weiter lesen, und tragen Sie diese ein.

Der entscheidende Faktor für mich ist: ______________________________

Lösen wir diese Frage nun auf und überprüfen wir, welcher der beiden Faktoren der entscheidende und wichtigere ist. Dafür lade ich Sie zu einem Gedankenexperiment ein. Machen Sie bei diesem Versuch einfach mit, sie können davon profitieren und eine Erkenntnis gewinnen. Zumindest werden Sie ein *Aha-Erlebnis* verspüren.

• Was steuert Ihr Verhalten – Wille oder Vorstellung?

Stellen Sie sich folgende Situation vor. Sie befinden sich in einem Seminarraum. Außer Ihnen sind noch elf andere Personen anwesend. Für unser Experiment ist es nicht wichtig, wie gut Sie die anderen Menschen kennen. Stellen Sie sich vor, es handelt sich um eine typische Seminargruppe.

Außerdem sehen Sie zwei massive Eichensessel, die sich in diesem Raum gegenüber stehen. An diesen beiden Stühlen fällt Ihnen die tiefe Sitzfläche auf: Sie ist exakt 70 Zentimeter lang und 50 Zentimeter breit. Ansonsten entsprechen die Sessel den üblichen Maßen, d.h. die Sitzhöhe beträgt 45 Zentimeter. Jetzt kommt eine weitere Person in den Raum. Sie trägt ein Brett unter dem Arm. Das Brett ist zwei Meter lang, 4 Zentimeter stark und zwei Schuhbreiten, also etwa 20 bis 25 Zentimeter breit. Sie legt dieses Brett nun so auf die Sitzflächen der beiden Sessel, dass eine Art Brücke entsteht. Ein Brett, 45 Zentimeter über dem Boden, zwei Schuhbreiten breit, vier Zentimeter stark liegt jeweils einen knappen halben Meter auf einem massiven Eichensessel auf.

1. Aufgabe

Ihre Aufgabe bei diesem Experiment ist es nun, über dieses Brett zu balancieren. Würden Sie das in der Realität schaffen? Würden Sie das tun? Wenn ja, dann vollziehen Sie diese Handlung in Gedanken. Gehen Sie nun, Schritt für Schritt, vorsichtig, über dieses Brett, 45 Zentimeter über dem Boden zum zweiten Stuhl.

Die meisten von Ihnen würden das in einer Realsituation wahrscheinlich schaffen und haben eben entsprechend in Gedanken gehandelt. Auch in der Gruppe, in der Sie sich in unserem Experiment befinden, haben alle diese Übung geschafft.

2. Aufgabe

Stellen Sie sich nun die nächste Situation vor. Sie gehen mit der Gruppe aus dem Raum auf eine große, grüne Wiese. Sie spüren den leichten Wind, hören Vögel zwitschern und vielleicht riechen Sie die eine oder andere vertraute Pflanze. Zwei Personen aus der Gruppe haben die beiden Stühle mitgenommen und stellen diese wieder vis à vis auf. Und Sie sehen ein neues Brett. Es ist gleich stark wie das alte, 4 Zentimeter, es ist auch gleich breit, zwei Schuhbreiten, aber es ist fünfmal so lang: 10 Meter. Zwei Personen aus der Gruppe legen nun dieses neue Brett so über die beiden Eichensessel, dass wieder eine Art Brücke entsteht. Diesmal eine viel längere. Das 10 Meter lange Brett liegt auf jedem Sessel in etwa 50 Zentimeter auf, schwebt dazwischen in der Luft, 45 Zentimeter über dem Boden. Auch diesmal besteht Ihre Aufgabe darin, über dieses Brett zu balancieren.

Würden Sie das tun? Würden Sie das auch diesmal in der Realität schaffen? Wenn ja, dann vollziehen Sie diese Handlung in Gedanken. Gehen Sie nun, Schritt für Schritt, vorsichtig, diese neun Meter, 45 Zentimeter über dem Boden zum zweiten Stuhl. Sie spüren, wie sich das Brett unter Ihrem Gewicht etwas durchbiegt. Es ist vier Zentimeter stark, es hält. Verwenden Sie Ihre Arme, um das Gleichgewicht besser zu halten.

Würden Sie diese Übung in der Realität durchführen? Würden Sie es schaffen, diese neun Meter über das Brett zu balancieren? Die meisten von Ihnen würden diese Aufgabe erfolgreich bewältigen und haben auch diesmal entsprechend in Gedanken gehandelt. Auch in der Gruppe, in der Sie sich in unserem Experiment befinden, haben alle diese Übung geschafft.

3. Aufgabe

Stellen Sie sich nun eine dritte Situation vor. Sie sitzen in einem Flugzeug. Sie spüren das Vibrieren der Turbinen, hören das leise Summen der Motoren und sehen die mittlerweile vertrauten Personen Ihrer Gruppe mit Ihnen in der Maschine sitzen. Sie haben einen sehr angenehmen Platz am Fenster und einen großartigen Ausblick. Der Bordservice ist erstklassig und der Flug verläuft sehr angenehm. Sie sind in Gedanken verloren, als Sie das gedämpfte „*kling*“, jenes Signal, das eine

Durchsage ankündigt, hören. Es meldet sich der Kapitän aus dem Cockpit:

> *„Einen schönen guten Tag meine sehr verehrten Damen und Herren, hier spricht Ihr Kapitän. Ich begrüße Sie recht herzlich an Bord unseres Airbusses Wolfgang Amadeus Mozart auf dem Flug nach Las Vegas. Unsere Flughöhe beträgt 12.000 Fuß und unsere Reisegeschwindigkeit 700 Kilometer in der Stunde. Unsere errechnete Ankunftszeit in Las Vegas ist 11.30 Uhr Ortszeit. In Vegas hat es zurzeit angenehme 25 Grad im Schatten und es ist windstill. Die Crew und ich, wir freuen uns, Ihnen den Aufenthalt bei uns an Bord so angenehm wie möglich zu gestalten. Ich wünsche Ihnen noch einen schönen Flug und bedanke mich bei Ihnen, dass Sie mit uns geflogen sind."*

Die Zeit vergeht buchstäblich *wie im Flug* und die Reise neigt sich rasch ihrem Ende zu. Schon beginnt der Landeanflug, und auf einmal taucht mitten in der Wüste, wie aus dem Nichts, eine Stadt auf. Las Vegas. Sie können von Ihrem Fensterplatz die beeindruckende Skyline dieser zum größten Teil künstlich angelegten Stadt sehen.

Nach einer sanften Landung erledigen Sie die Einreiseformalitäten und holen Ihr Gepäck. Auf Sie und Ihre Gruppe wartet vor dem Flughafengebäude bereits ein komfortabler Autobus. Als Sie sich umschauen, huscht Ihnen ein Lächeln übers Gesicht, denn zwei Mitglieder Ihrer Gruppe bringen doch tatsächlich das zehn Meter lange Brett zum Autobus und verstauen es. Sie fragen sich, wozu Sie dieses Brett brauchen, und Sie fragen sich auch, wohin der Bus die Gruppe wohl bringen wird. Sie überlegen sich, welches der vielen tollen Hotels das Ihre sein wird.

Umso überraschter sind Sie, als Sie merken, dass der Bus mit Ihnen, der Seminargruppe und dem zehn Meter langen Brett nicht in die Stadt sondern in die Wüste braust. Allmählich wird Ihnen klar, wohin die Reise geht. Der Bus fährt in den Grand Canyon. Vielleicht haben Sie diesen großartigen Nationalpark bereits besucht und können sich an die außergewöhnlichen Eindrücke erinnern. Der Bus bringt Sie zu einem so genannten *point.* Das sind die Aussichtshäuschen, die an manchen Schluchten stehen und den Besuchern die Möglichkeit bieten, mit Fernrohren in die Tiefe zu blicken.

Wissen Sie, wie tief die Schluchten im Grand Canyon durchschnittlich sind? Es ist beinahe unglaublich, aber sie sind 1600 Meter tief. Stellen Sie sich nun vor, der Bus hätte Sie zu einem ganz bestimmten *point*, an eine ganz bestimmte Stelle gebracht. Außer Ihnen und der Gruppe sind sonst keine anderen Besucher anwesend. Sie betreten das Häuschen und gehen sehr zielbewusst auf die kleine Terrasse, um nach unten zu blicken. Sie spüren eine leichte Brise und erahnen eineinhalb Kilometer unter Ihnen den Colorado River.

Ihr Blick löst sich von der Tiefe und trifft die andere Seite der Schlucht. Es gibt da irgendetwas Besonderes, Sie wissen aber noch nicht, was es ist. Doch dann wird es Ihnen plötzlich klar. Die Schlucht, an der Sie stehen, ist zwar sehr tief, aber nicht sehr breit, nicht mehr als neun Meter.

Plötzlich hören Sie ein Geräusch. Ein Rattern. Es wird immer lauter, und es ist Ihnen nun bewusst, dass dieses Geräusch etwas mit Ihnen und der Gruppe zu tun hat. Da sehen Sie ihn, den Hubschrauber. Und Sie sehen das Seil, an dessen Ende ein großer Haken in der Sonne aufblitzt.

Sofort ist Ihnen klar, was jetzt auf Sie zukommt. Sie sprechen mit den anderen der Gruppe über dieses Geschehen und beobachten währenddessen, wie zwei Mitglieder des Teams das zehn Meter lange Brett an dem Haken des Hubschraubers festmachen. Der Pilot steuert seinen Helikopter so präzise, dass das Brett wie eine sehr schmale Brücke die Schlucht überquert. Diesmal liegt es eben nicht zwischen zwei Sesseln in 45 Zentimeter Höhe, sondern bildet einen schmalen Übergang 1600 Meter über dem Colorado River.

Stellen Sie sich vor, Sie stehen vor diesem schmalen Brett. Sie schauen zum anderen Ende der Schlucht, sie blicken nach unten. Sie schauen wieder hinüber und dann noch einmal nach unten.

Jetzt kommt Ihre Aufgabe. Sie besteht darin, über dieses Brett zu balancieren. Über ein Brett, das zwei Schuhbreiten breit, 4 Zentimeter stark und zehn Meter lang ist, davon neun Meter über freiem Grund liegt. 1600 Meter über dem Boden. Stellen Sie sich diese Situation vor. Wie entscheiden Sie in Ihren Gedanken diesmal. Würden Sie in der Realität über das Brett balancieren? Würden Sie das tun? 1600 Meter über dem Boden, nur zwei Schuhbreiten breit und 10 Meter lang. Würden Sie es wagen, über diese Behelfsbrücke zu gehen? Treffen Sie jetzt Ihre Entscheidung.

Einige wenige, vielleicht Bergsteiger oder Extremsportler, sind in Gedanken über das Brett gegangen. Die meisten von Ihnen aber haben eine andere Entscheidung getroffen und sich wahrscheinlich gedacht, dass Sie in der Realität niemals über dieses Brett gehen würden. Vielleicht haben Sie auch gedacht, *was soll das?* Oder *der spinnt doch!* So ähnlich könnte Ihr Gedankengang gelautet haben.

Von den vielen Seminarteilnehmern, die diese fiktive Reise in den Grand Canyon bereits unternommen haben, entschieden sich ca. 95% dafür, nicht über das Brett zu gehen. Sollten Sie ebenfalls in diese große Gruppe gehören, drängt sich eine Frage auf: Was hält Sie davon ab, in diesem Gedankenexperiment über das Brett zu gehen?

Die meisten von Ihnen haben ja genau die gleiche Aufgabe, nämlich über ein 10 Meter langes Brett zu gehen, das zwei Schuhbreiten breit und vier Zentimeter stark ist, bereits erfolgreich bewältigt. Was lässt Sie diesmal zögern?

Die Antwort liegt auf der Hand: Es ist die enorme Höhe. Jene 1600 Meter, die in Ihrem Kopf die Vorstellung erzeugt haben, was passiert, wenn Sie hinunterstürzen. Jene 1600 Meter, die für ein furchtbares Bild in Ihrem Kopf verantwortlich sind. Eine Vorstellung, die Ihnen die Konsequenzen eines Sturzes in die Tiefe vor Augen führte: keine Überlebenschance – den sicheren Tod.

Bei den beiden ersten Versuchen, als Sie noch keine eineinhalb Kilometer tiefen Abgründe überqueren sollten, hatten Sie diese Vorstellung nicht. Im Grand Canyon aber war dieses Bild da und für die meisten von Ihnen nicht weg zu bekommen. Die Botschaft Ihrer Vorstellung war eindeutig: Zu fallen, bedeutet den sicheren Tod. Daher haben Sie sich für *nein* entschieden und sind – wie wahrscheinlich die meisten – nicht über dieses Brett gegangen.

Es sind Ihre Vorstellungen, die Ihr Verhalten steuern, jeden Augenblick. In diesem kurzen Experiment genauso wie in Ihrem Leben. Die Bilder, die sich in unseren Köpfen festsetzen, versuchen wir zu realisieren, und manchmal haben wir keine Ahnung davon. Es spielt keine Rolle, ob es sich um bewusste oder unbewusste, positiv oder negativ besetzte Vorstellungen handelt. Die Vorstellungen im menschlichen Gehirn bilden quasi den konkreten Auftrag für das Verhalten des gesamten Organismus.

4. Aufgabe

Lassen Sie mich nun versuchen, eine andere Vorstellung bei Ihnen zu wecken. Vielleicht gelingt es ja. Kehren Sie dafür noch einmal in das Häuschen am Rande dieses Grand Canyons zurück. Sie stehen beim Münzferngucker und beobachten die Umgebung, da hören Sie wieder das Knattern eines Hubschraubers. Im Unterschied zur ersten Maschine sieht dieser Helikopter aber eher luxuriös aus. Er könnte aus Hollywood stammen. Aus dem Cockpit wird eine Strickleiter geworfen und eine Person, elegant im sportlichen Anzug, steigt geschmeidig hinunter auf die Ebene der anderen Seite. Vielleicht ist diese Person jemand, den Sie aus den Medien, aus Filmen oder der Musikbranche kennen, – und vielleicht verehren. Diese Person stellt auf der anderen Seite der Schlucht einen kleinen schwarzen Aktenkoffer ab, öffnet ihn und Sie sehen den Inhalt. Ein Koffer voller Geld! Unglaublich viel Geld: Exakt 10 Millionen Euro!

Was wäre, wenn das viele Geld nur für Sie bestimmt wäre? Für 10 Meter, für den Gang über das Brett. Für jeden Meter eine Million. Was wäre, wenn die Person, die vielleicht in Ihrer Phantasie eine Rolle spielt, auf der gegenüberliegenden Seite des Canyons auf Sie warten würde? Wären das für Sie verlockende Motive? Überlegen Sie noch einmal. Wenn Sie hinüber gehen, haben Sie vielleicht ein Date. In jedem Fall gehören die 10 Millionen Euro Ihnen. Ihnen allein. Der Nettozinsertrag pro Jahr würde Ihnen – zumindest finanziell – ein unbeschwertes Leben garantieren. Wie entscheiden Sie sich jetzt? Gehen Sie oder bleiben Sie stehen? Vollziehen Sie nun Ihre Handlung in Ihren Gedanken.

In meinen Veranstaltungen entscheiden sich stets mehrere Personen, die zuvor gepasst hatten, nun das Wagnis einzugehen und über das Brett zu balancieren. Wie ist es Ihnen jetzt ergangen? Haben Sie überlegt zu gehen? Sind Sie schon drüben angekommen? Die Fragen, die zu stellen sind: Was hat sich im Vergleich zu vorhin verändert? Was ist geschehen?

Die Antwort ist ganz einfach: Bei jenen, die für ein Date mit einer attraktiven Person und/oder für 10 Millionen Euro über das schmale Brett gegangen sind, hat sich eine neue Vorstellung im Gehirn etabliert. Das alte Bild – was geschieht, wenn man hinunter fallen würde – wurde gelöscht. Genauer gesagt, es wurde ersetzt. Überlagert von einem anderen Bild mit einer stärkeren Wirkung. Es zeigt, was Sie mit 10 Millionen Euro für den Rest Ihres Lebens anfangen können und stellt ein spannendes Treffen mit einer interessanten Person in Aussicht. Obwohl im menschlichen Gehirn viele verschiedene Bilder zeitgleich vorhanden sind, gibt es doch jeweils nur eine Vorstellung, die höchste Priorität besitzt. Multitasking ist aus neurobiologischer Sicht nicht möglich.

Diejenigen von Ihnen, die nun gegangen sind, haben so viele schöne Bilder höchster Priorität in Ihrem Kopf gehabt, dass die Entscheidung für sie klar war. Wieder hat Ihre Vorstellung Ihr Verhalten gesteuert. Diese elementare Erkenntnis können Sie sich zu nutze machen. Dabei ist es ist egal, was Sie vorhaben oder was Sie tun. Das bedeutet freilich nicht, dass es bereits genügt, sich *nur* etwas vorzustellen und schon klappt es. Wenn Sie aber das Bild vom Ergebnis, von dem von Ihnen angestrebten Ziel nicht in Ihren Kopf bringen, dann werden Sie den nötigen Willen, den erforderlichen Einsatz und Ehrgeiz nicht aufbieten können.

Die Wirkung negativer Vorstellungen

Eine negative Vorstellung hat – isoliert betrachtet – eine ungleich stärkere Wirkung. Wenn sich ein Schüler oder ein Student vor einer Prüfung immerzu einredet, er könne sie ohnehin nicht bestehen, so dass dieses Bild im Kopf fixiert ist, dann erhöht er damit die Wahrscheinlichkeit durchzufallen erheblich. Erfüllt sich die Prophezeiung, wird er aller Welt mitteilen, er habe es ja zuvor schon gewusst. Der gleiche Ablauf lässt sich auch bei Außendienstmitarbeitern beschreiben, die einen Termin bei einem schwierigen Kunden vor sich haben. Erzeugen sie in ihren Gedanken das Bild, dass mit diesem schwierigen Kunden kein Geschäftsabschluss möglich sein wird, dann wird dies mit ziemlicher Sicherheit auch eintreffen. Die Verkäufer werden alles tun, um ihr prognostiziertes Ergebnis zu erreichen. Sie erkennen kognitiv gar nicht, dass sie dem Kunden viele negative Signale senden, die diesem keine andere Möglichkeit lassen, als alle Angebote abzulehnen.

Sie kennen dieses Phänomen wahrscheinlich unter dem Begriff der *sich selbst erfüllenden Prophezeiung*. Diese, vom amerikanischen Soziologen Robert King Merton eingeführte Bezeichnung besagt, dass Gedanken so stark werden können, dass sie sich *verselbstständigen* und erfüllen. Nicht nur bei wenigen Personen, die besondere Fähigkeiten aufweisen, sondern grundsätzlich bei allen Menschen. Für die zuvor gestellte Frage, welcher der entscheidende Faktor für wirklichen Erfolg ist, gibt es also eine eindeutige Antwort. Es ist Ihre Vorstellung, die Ihr Verhalten steuert. Die vielen Bilder, die Sie permanent in Ihrem Kopf erzeugen und speichern, steuern Sie wie ein Autopilot auf Erfolgs- oder Misserfolgskurs.

Erkenntnisse aus der Motivationspsychologie

Wie lässt sich diese Erkenntnis nun erklären? Obwohl in der Motivationspsychologie viele Fragen je nach Autor unterschiedlich beantwortet werden oder überhaupt noch offen sind, herrscht Übereinstimmung darin, dass im Motivationsprozess mehrere Elemente eine besondere Rolle spielen. Zum einen eine mentale *Verursachung* – die Vorstellung –, zum anderen der Willensakt der Ausführung.

Bereits in den achtziger Jahren des letzten Jahrhunderts führte der amerikanische Neurobiologe Benjamin Libet entsprechende Experimente durch. Er wollte herausfinden, in welchen Zusammenhang diese beiden Komponenten stehen. Sein 1983 veröffentlichter Versuch zeigt, dass dem *Willensentschluss* stets eine *mentale Verursachung* – er nennt es Bereitschaftspotential – vorausgeht.

Libets Forschung wurde heftig kritisiert und in Frage gestellt, erschütterten die Ergebnisse doch die These der menschlichen Willensfreiheit. 1999 wiederholten der Neurophysiologe Patrick Hagard und der Psychologe Martin Eimer den Versuch. Sie veränderten die Versuchsanordnung jedoch, um berechtigte Einwände am Libet-Experiment zu berücksichtigen. Die Ergebnisse, die Hagard und Eimer veröffentlichten, bestätigten die Befunde von Benjamin Libet nicht nur, sondern spezifizierten sie darüber hinaus. Der deutsche Biologe und Hirnforscher Gerhard Roth schreibt diesbezüglich:

> *„Es kann nunmehr keinen Zweifel daran geben, dass der Entschluss, eine bestimmte vorgegebene oder frei zu wählende Bewegung auszuführen, mehrere hundert Millisekunden nach Beginn des lateralen Bereitschaftspotentials auftritt."*

Wie stark Vorstellungen menschliches Verhalten beeinflussen, zeigen auch Experimente der amerikanischen Sozialpsychologin Ellen Langer. Die Harvard-Professorin beschäftigt sich seit 30 Jahren mit den Auswirkungen von Vorstellungen – inneren Einstellungen – auf den Körper. Berühmt ist ihre *Counterclockwise-Studie* aus dem Jahre 1979. In diesem Experiment wurden die Versuchsteilnehmer, die alle zwischen 70 und 80 Jahre alt waren, in das Jahr 1959 *zurückversetzt*. Dadurch waren diese plötzlich um 20 Jahre jünger. Um dies zu bewerkstelligen wurde ein Kloster im US-Bundesstaat New Hampshire so umgerüstet, dass man sich innerhalb dieser Mauern tatsächlich ins Jahr 1959 zurückversetzt fühlte. Annette Schäfer schreibt in einem Artikel in *Psychologie Heute* (Juni 2010):

> *„Aus dem Radio ertönte Musik von Nat King Cole und Johnnie Ray; im Fernsehen liefen die Serien und Filme der späten Fünfziger, und in der Bibliothek standen ‚aktuelle Neuerscheinungen' wie Philip Roths ‚Goodbye Columbus'. Moderne Annehmlichkeiten wie Mikrowelle und Whirlpool, die 1959 noch nicht existierten, hatte das alte Gebäude ohnehin nicht zu bieten."*

Die Teilnehmer an dieser Studie wurden in zwei Gruppen geteilt. Die Mitglieder der ersten sollten sich *vorstellen,* es sei tatsächlich 1959. Sie waren angewiesen, sich so verhalten, wie es vor 20 Jahren für sie typisch war. Die zweite, die Kontrollgruppe bekam den Auftrag, sich *nur* zu erinnern, wie es vor 20 Jahren war. Das Schwelgen in Erinnerungen war erlaubt, diesen Personen wurde jedoch vor Augen gehalten, dass man sich im Jahre 1979 befand.

Die Ergebnisse von Ellen Langers Experiment waren außergewöhnlich. Bei den Mitgliedern beider Gruppen konnten Verjüngungstendenzen beobachtet werden. Bei jenen Personen, die sich in die Vergangenheit zurückversetzt fühlten, konnten noch größere Veränderungen festgestellt werden, bspw. weniger Arthritis in den Händen und messbar höhere mentale Fähigkeiten. Am Ende der Studie wurden unabhängigen Experten Bilder der Versuchsteilnehmer gezeigt und mit Aufnahmen verglichen, die vor dem Experiment gemacht wurden. Die Erkenntnis: Alle Teilnehmer wurden nachher jünger wahrgenommen. Ellen Langer schaffte es mit ihrem Experiment, den Alterungsprozess anzuhalten und ein Stück zurückzudrehen, und das in einem Zeitraum von sieben Tagen.

Die Sozialpsychologin erklärt dazu, dass die meisten Menschen eine recht klare Vorstellung davon hätten, was Älterwerden bedeutet. So gehörten Krankheiten und das Nachlassen der Kräfte ebenso in dieses Bild wie Schmerzen und Vergesslichkeit. Diese inneren Bilder besitzen dermaßen große Macht, dass sich ihre Tendenzen erfüllen, – eine *sich selbsterfüllende Prophezeiung* eben.

Asterix und Obelix in der Neurobiologie

Metaphorisch beschreibt der renommierte deutsche Wissenschaftler Joachim Bauer den Zusammenhang von Vorstellung und Wille. Er meint, das Gehirn gehe bei einer Aktion ähnlich vor wie Asterix und Obelix, die berühmten gallischen Krieger. Den Plan haben die Handlungsneuronen, die intelligenten Asterix-Nervenzellen, wie Bauer sie nennt. Die konkrete Ausführung jedoch erfolgt über die Bewegungsneuronen, die Obelix-Nervenzellen, die den Muskeln den Marschbefehl geben. Joachim Bauer:

> *„Untersuchungen zum Ablauf von Handlungen zeigen, dass die Handlungsneuronen ihre bioelektrischen Signale abfeuern, bevor die Bewegungsneuronen in Aktion treten. Der Zeitunterschied zwischen dem Plan von Asterix und der von Obelix ausgeführten Aktion beträgt zwischen 100 und 200 Millisekunden, also ein bis zwei Zehntel einer Sekunde."*

Der Deutsche Forscher räumt allerdings ein, dass nicht jede Idee, die Asterix in den Sinn kommt, von Obelix umgesetzt wird. Ähnlich verhält es sich auch bei den Handlungsneuronen. Zwar können Bewegungsneuronen ohne Anweisungen der Handlungsneuronen alleine niemals zielgerichtete Handlungen ausführen, andererseits kommt es aber nicht jedes Mal, wenn Handlungsneuronen aktiv sind, zu einer Aktion. Es kann bei der bloßen Vorstellung bleiben. Joachim Bauer meint abschließend:

> *„Handlungsvorstellungen, über die häufig nachgedacht wurde, haben eine bessere Chance realisiert zu werden, als solche, die vorher nicht einmal als Idee vorhanden waren."*

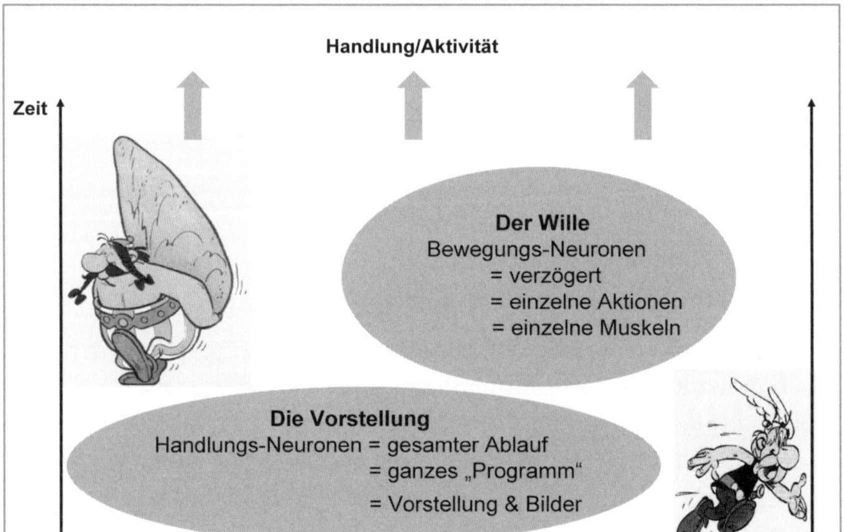

Abbildung 1

Der persönliche Erfolgsfilm

Vera F. Birkenbihl, anerkannte Management- und Verhaltenstrainerin im deutschsprachigen Raum, hat mir für die Arbeit mit Vorstellungen von folgender Technik erzählt, die ich Ihnen gerne weitergeben möchte, weil ich sie wirklich für großartig halte. Bevor Sie Ihr nächstes Vorhaben starten, versuchen Sie über den gewünschten Verlauf und das angestrebte Ergebnis einen Film in Ihrem Kopf zu drehen. Einen Streifen, der möglichst viele Details zeigt und zumindest 15 Minuten dauert. So lange braucht unser Gehirn, um die Bilder des Films zu speichern. Wenn Sie es schaffen, diesen Film zu produzieren, so dass er in einem Stück durchläuft, ohne Werbeunterbrechung und ohne Filmriss, dann können Sie loslegen und werden Ihr Ziel erreichen. Schaffen Sie diesen 15-minütigen Film dagegen nicht, dann sollten Sie mit dem Start Ihres Vorhabens noch etwas abwarten. Sie können dann zwar sehr ehrgeizig an diesem Projekt arbeiten, es ist aber wahrscheinlich, dass es nicht ganz zu Ihrer Zufriedenheit verläuft. Es ist ungefähr so, als wenn Sie Ihr Haus bauen. Wenn Sie soweit sind, dass Sie mit geschlossenen Augen 15 Minuten lang durch Ihr neues Heim wandern können und dabei viele Details sehen, dann können Sie mit aller Energie starten. Kommen Sie aber z.B. nicht über die Küche hinaus und Ihr Film endet bereits nach wenigen Minuten, dann sollten Sie sich noch eingehender mit dem Plan Ihres Hauses, mit Ihrer Vorstellung, beschäftigen.

Ein erfolgreiches Coaching mit der „Filmtechnik"

Seit mehr als 10 Jahren wende ich diese Technik auch im Profisport an. Adi Hütter war der erste Fußballprofi, den ich mental betreute. Er war damals Mitglied der Österreichischen Nationalmannschaft und Kapitän des Bundesligaklubs Austria Salzburg und hatte Erfolge erreicht, wie nur wenige österreichische Fußballer. Er hatte in einem Europacup-Finale gespielt, in der Champions-League, hatte mit dem Nationalteam die Qualifikation für die Weltmeisterschaft 1998 in Frankreich geschafft und war mehrmals Österreichischer Fußballmeister geworden. Als wir miteinander arbeiteten, befand er sich in einem hartnäckigen Formtief. Seit zwei Jahren hatte er kein Tor mehr in einem Bewerbsspiel erzielt, er hatte wenig Selbstbewusstsein und wurde regelmäßig vorzeitig ausgewechselt. All das wirkte sich negativ auf sein Selbstvertrauen aus.

Ziel des mentalen Coachings war es, positive Vorstellungen im Kopf von Adi Hütter zustande zu bringen, die so klar und stark sein sollten, dass sich der Profi wieder sicherer fühlen und bessere Leistungen erbringen könne. Wir wollten also Bilder über gelungene Spielzüge und wunderschöne Torszenen erzeugen und zu einem Film *zusammen schneiden*. Weil es sich dabei ja um bewegte Bilder handelt, gingen wir viel spazieren und entwickelten dabei diese Vorstellungen.

Vor den Spielen ließ Adi Hütter diese Szenen in seinem Kopf mehrmals ablaufen. Er kaufte sich ein leeres, schön eingebundenes Buch, in das er seine Spielvorhaben und eben jene Szenen eintrug, die er sich vorgestellt hatte. Die wichtigsten Szenen sollte er sich vor dem Match mindestens 15 Minuten lang ins Gedächtnis rufen. Nach recht kurzer Zeit stieg seine Form an und schon nach ein paar Wochen schoss er wieder Tore, vier in wenigen Spielen. Es war im Großen und Ganzen so, wie er sich das vorgestellt hatte.

Mittlerweile habe ich mit vielen Profisportlern aus dem Fußball und dem Eishockey mit dieser Methode gearbeitet. Sie funktioniert tatsächlich oft. Wenn diese Technik bei Profisportlern funktioniert, so kann sie auch bei Ihnen klappen. Dafür müssen Sie freilich etwas leisten, nämlich sich Ihre Vorhaben sehr konkret vorstellen und ausmalen. Gelingt Ihnen dies, so schaffen Sie es auch, sich den Willen und die Konsequenz zu holen, die Sie für die erfolgreiche Umsetzung brauchen.

Erst wenn unser Gehirn mit den notwendigen Bildern versorgt wurde, also den Plan für die angestrebten Aktivitäten besitzt, steuert es uns auf Erfolgskurs.

Übung: Das Drehbuch für Ihren persönlichen Erfolgsfilm

Vielleicht haben Sie beim Lesen der letzten Seiten bereits an Ihr nächstes wichtiges Ziel gedacht und schon überlegt, wie ein Film dazu aussehen könnte. Nutzen Sie die Möglichkeit, an dieser Stelle das Drehbuch dazu zu skizzieren, indem Sie die Stichwörter für einen 15-

Minuten-Film für Ihr nächstes wichtiges Vorhaben niederschreiben. Notieren Sie Begriffe, die möglichst alle Sinne repräsentieren.

Die wichtigsten Stichworte zu meinem 15-Minuten-Erfolgsfilm

____

____

____

____

____

____

Sie haben sich eben eine bestimmte Situation vorgestellt und durch ausgewählte Begriffe definiert. Nutzen Sie jetzt die Chance und starten Sie einen Versuch. Lassen Sie Ihren ersten 15-Minuten-Erfolgsfilm bei geschlossenen Augen jetzt ablaufen. Machen Sie es sich bequem und versuchen Sie es. Jetzt!

Wie stark wir uns in Gedanken hineinsteigern können, hat Paul Watzlawick in seinem großartigen Buch *Anleitung zum Unglücklichsein* in einer Geschichte treffend beschrieben.

Die Geschichte vom Hammer

Ein Mann will ein Bild aufhängen. Den Nagel hat er, nicht aber den Hammer. Der Nachbar hat einen. Also beschließt unser Mann, hinüber zu gehen und ihn auszuborgen. Doch da kommt ihm ein Zweifel: Was, wenn der Nachbar mir den Hammer nicht leihen will? Gestern schon grüßte er mich nur so flüchtig. Vielleicht war er in Eile.

Aber vielleicht war die Eile nur vorgeschützt, und er hat etwas gegen mich. Und was? Ich habe ihm nichts angetan; der bildet sich da etwas ein.

Wenn jemand von mir ein Werkzeug borgen wollte, ich gäbe es ihm sofort. Und warum er nicht? Wie kann man einem Mitmenschen einen so einfachen Gefallen abschlagen?

Leute wie dieser Kerl vergiften einem das Leben. Und dann bildet er sich noch ein, ich sei auf ihn angewiesen. Bloß weil er einen Hammer hat. Jetzt reicht's mir wirklich. – Und so stürmt er hinüber, läutet, der Nachbar öffnet, doch noch bevor er „Guten Tag" sagen kann, schreit ihn unser Mann an: „Behalten Sie sich Ihren Hammer, Sie Rüpel!"

Sie können sich nun fragen, welche Funktion der Wille besitzt, wenn die Vorstellungen der entscheidende Faktor für erfolgreiche Handlungen sind. Die Definition der Willensstärke habe ich bereits am Beginn dieses Kapitels beschrieben. Die Funktion des Willens liegt im Ausführen, im Tun. Ich möchte hier kein Missverständnis aufkommen lassen: Der Wille ist wichtig und notwenig, denn es steht zweifelsfrei fest: Motivierte Menschen tun mehr als wenig motivierte, egal auf welchen Gebieten. Motivierte Menschen wissen aber auch, dass Anstrengung und Fleiß nur dann effizient sind, wenn es ein klares Bild vom Zustand, den man mit seiner Leistung erreichen möchte, gibt.

Schauen wir uns als nächstes an, wodurch sich motivierte Menschen auszeichnen, welche Besonderheiten sie aufweisen.

3. Motivierte Menschen bewegen

„Die größte Gefahr für die meisten von uns ist nicht,
dass wir uns zu hohe Ziele stecken und daran scheitern,
die größte Gefahr für die meisten von uns ist,
dass wir uns zu wenig vornehmen und das tagtäglich erreichen!"

nach Michelangelo

In meinen Seminaren und Veranstaltungen werden mir immer wieder Fragen zum Thema *Motivation* gestellt:

Weitere Fragen zum Thema Motivation

- Was ist Motivation?
- Wie funktioniert Motivation?
- Kann man erkennen, ob eine andere Person motiviert ist?
- Wie kann man Motivation messen?

Da Motivation ein äußerst komplexer Vorgang ist, lässt er sich auf unterschiedliche Weisen darstellen und messen. Die wohl einfachste

Methode liegt darin, das Verhalten von anderen Personen zu beobachten. Hoch motivierte Menschen verhalten sich anders, als wenig oder gar nicht motivierte. Motivierte Leute setzen bestimmte Handlungen, sind eher aktiv und bewegen etwas. Sie bringen etwas weiter: sich selbst, andere Personen und große Vorhaben.

Kennen Sie jemanden, der Ihnen schon oftmals erzählt hat, dass er abnehmen möchte, dabei aber kein einziges Kilo verloren hat? Haben Sie in Ihrem Bekanntenkreis eine Person, die Ihnen erzählt, dass sie bald für ein Jahr nach Amerika gehen werde – und das seit zehn Jahren? Solche Menschen gibt es. Die meisten von ihnen gehören in die Kategorie der „Jahreswechsel-Motivierten“. Das sind jene, die sich zu diesem besonderen Anlass regelmäßig besondere Dinge vornehmen: mit dem Rauchen aufzuhören, abzunehmen, mit Sport zu beginnen, mehr Zeit der Familie zu widmen usw. Das sind jene, die so tun, als ob Motivation weniger mit ihnen selbst als viel mehr mit dem Jahreswechsel zu tun hätte. Das sind jene, die üblicherweise in ihrem Bemühen über den Dreikönigstag nicht hinaus kommen. Spätestens zu diesem Termin haben die alten, zuvor kritisierten Verhaltensweisen wieder Oberwasser, und es läuft alles wieder so wie vor dem Jahreswechsel. *Macht aber nichts*, denken diese Menschen dann sehr häufig, *denn in knapp zwölf Monaten kommt die nächste Gelegenheit, und da werde ich es wieder versuchen*. Das sind jene, die sich dem Motto verschrieben haben: *Hauptsache, ich habe es versucht!*

Ich denke, es gibt ein besseres Motto, ein viel besseres, nämlich: *ich tue es einfach, voll und ganz!*

Ich habe die Erfahrung gemacht, dass es wesentlich leichter ist, etwas Bestimmtes zu tun, als es nur zu versuchen. Bei einem beeindruckenden Seminar von Jörg Löhr habe ich eine Übung kennen gelernt, die diesen Gedanken gut verdeutlicht. Vielleicht möchten Sie den Unterschied zwischen *versuchen* und *tun* erfahren und sind motiviert genug, diese kleine Übung selbst auszuprobieren. Dazu brauchen Sie einen Stuhl und etwas Platz davor.

Übung: *versuchen* oder *tun*?

Versuchen Sie nun, sich auf diesen Stuhl zu setzen. Aber halt, Sie versuchen es ja nur. Setzen Sie sich nicht hin, sondern halten Sie inne, bevor Ihre Oberschenkel die Sitzfläche berühren. Verharren Sie so einige Augenblicke. Nach einiger Zeit werden Sie ein leichtes Ziehen in den Muskeln der Oberschenkel spüren. Je länger Sie in dieser Position bleiben, desto stärker wird dieses Ziehen. Ehe Sie Schmerzen verspüren, sollten Sie aufhören.

Sie haben also versucht, sich auf einen Sessel zu setzen. Okay. Sind Sie jemand, der üblicherweise nach dem ersten Versuch aufgibt? Nein? Gut, dann versuchen Sie nochmals, sich hinzusetzen. Achtung: nur versuchen! Wiederum sollten zwischen den Unterseiten Ihre Oberschenkel und der Sitzfläche ein bis maximal zwei Zentimeter Raum frei bleiben. Sie verharren wieder in dieser Position, bis Sie das schon bekannte Ziehen wieder spüren. Wahrscheinlich halten Sie es jetzt nicht mehr so lange aus wie vorhin und schon bald richten Sie sich wieder auf. Jetzt haben Sie es schon zweimal versucht.

Würden Sie sich als konsequent beschreiben? Ja? Gut, dann versuchen Sie noch ein drittes Mal, sich auf den Sessel zu setzen. Die Spielregeln kennen Sie ja bereits. Sie versuchen es bloß und halten wiederum einige Zentimeter, ehe Ihre Oberschenkel die Sitzfläche berühren, inne. Wie lange halten Sie es diesmal aus? Aus dem Ziehen wird ein Brennen, und Ihre Muskel tun schon nach kurzer Zeit weh? Das ist normal. Sie haben nun auch keine Lust mehr, einen weiteren Versuch zu starten? Das ist gut zu verstehen. Machen Sie trotzdem noch einmal mit. Diesmal ist es aber kein Versuch, sondern Sie setzen sich einfach hin! Sie spüren den Unterschied zwischen *versuchen* und *tun*. Es ist kraftsparender und einfacher, lustiger und motivierender, die Dinge einfach zu tun.

Sie kennen bestimmt auch Personen, die Ihnen sehr begeistert erzählt haben, dass sie mit dem Rauchen aufhören oder Geld in einen Fonds anlegen wollen – und es dann tatsächlich getan haben. Als wäre es das Selbstverständlichste und Einfachste auf der Welt. Vielleicht haben Sie sich gefragt, *wie machen die das bloß?* Das sind jene, die sehr klare Vorstellungen darüber im Kopf haben, was in ihrem Leben wichtig und somit als nächstes zu tun ist. Gehören Sie zu diesen Menschen? Ja? Dann sind die nächsten Schritte in Ihrem Leben für Sie eindeutig, weil Sie auf ein klares Ziel zugehen und genau wissen: *Wenn ich das jetzt durchziehe, dann komme ich meinem Vorhaben, meinem Ziel und meiner Vision wieder einen Schritt näher!*

Was braucht man, um motiviert zu sein?

Was macht nun den Unterschied zwischen den beiden Personengruppen aus? Aus welchen Gründen schaffen die einen ihre Vorhaben, und aus welchen Gründen scheitern die anderen?

Es gibt tatsächlich klare Unterscheidungsmerkmale, die diese beiden Personengruppen charakterisieren. Die relevanten Ursachen dafür kann man auf wenige Faktoren reduzieren. Es sind genau jene, die entscheiden, ob eine Person wirklich motiviert ist oder nicht, und die letztlich beschreiben, was Motivation bedeutet.

Motivation bedeutet

1. ein klares, konkretes Ziel vor Augen zu haben,
2. einen hohen Einsatz zu leisten, um dem Ziel näher zu kommen, und
3. konsequent und ablenkungsfrei an der Zielrealisierung dran zu bleiben.

Das sind die Zutaten, aus denen der Motivationscocktail gemixt wird. Motivation heißt nichts anderes, als dass eine Person ein sehr klares und konkretes Ziel vor Augen hat und versucht, diesem Ziel mit hohem Einsatz näher zukommen, und dabei konsequent und ablenkungsfrei bei der Sache bleibt. Derselbe Prozess lässt sich für unbewusst motivierte Handlungen beschreiben – mit einem Unterschied: das Ziel ist eben nicht klar und konkret, sondern verborgen.

Motivation kann auch als innerer Spannungszustand verstanden werden. Zum einen gibt es den realen Ist-Zustand, der als nicht mehr befriedigend bzw. ausreichend betrachtet und bewertet wird. Zum anderen gibt es einen, durch ein konkretes Ziel in der eigenen Vorstellung definierten Soll-Zustand. Durch die Differenz dieser beiden Zustände entsteht eine innere Spannung, die man tatsächlich spüren kann. Gelingt es Ihnen etwa, eine bestimmte Vorstellung in Ihrem Kopf so stark zu entwickeln, dass diese Bilder in Ihrem Gehirn an freien Nervenbahnen angedockt haben (z.B. durch die schon beschriebene 15-Minuten-Film-Übung), dann kann die daraus resultierende Spannung so stark sein, dass sie Sie in Bewegung setzt.

Erinnern Sie sich noch an das erste Kapitel dieses Buches, an die Geschichte vom Treppenläufer? Dabei hat das unterschiedliche Verhalten meiner damaligen Vorgesetzten Spannungszustände in mir ausgelöst, die wiederum mein Verhalten stark beeinflusst haben. Werden Verhaltensweisen positiv beeinflusst, nennen wir dies *Motivation*, werden sie hingegen negativ beeinflusst, sprechen wir von *Demotivation.*

Durch diese Definition von Motivation wird ersichtlich, dass die individuelle Komponente dabei eine bedeutende Rolle spielt. Den Zustand, motiviert zu sein, würden zwar die meisten Menschen sehr ähnlich beschreiben, die Gründe, die uns motivieren oder demotivieren, können aber sehr unterschiedlich sein. Was für den einen als Ansporn zu verstehen ist, bewegt einen anderen vielleicht überhaupt nicht.

Daher sind die meist gut gemeinten Versuche, andere Personen nach den eigenen Motivationsstrukturen zu bewegen, oft zum Scheitern verurteilt. Man muss sich schon die Mühe machen, den *richtigen Deckel für den bestimmten Topf* zu finden. Diejenigen, die das nicht tun, argumentieren dann mit Allgemeinplätzen wie, *diesen Mitarbeiter kann man einfach nicht motivieren.* Dass hier jede Persönlichkeit individuell zu bewerten ist, wird oft nicht berücksichtigt. Auch der jeweiligen Situation, in der die Handlung stattfindet, wird oftmals viel zu wenig Bedeutung beigemessen.

Dieses Verständnis von Motivation besitzt eine weitere wesentliche Einschränkung, die in anderen Ansätzen oft nicht dargestellt wird. Denn motiviert zu sein, bedeutet noch nicht automatisch auch zu handeln. Zunächst heißt es, dass jemand eine höhere Handlungstendenz aufweist, als andere Personen. Damit aus dieser erhöhten Handlungsbereitschaft eine beobachtbare, zielgerichtete Aktivität wird, sind weitere wesentliche Zutaten notwendig. John W. Atkinson, einer der bekanntesten Motivationsforscher formuliert in seiner Theorie drei entscheidende Bedingungen.

Bedingungen für die Durchführung einer zielgerichteten Aktivität:

1. Einen spezifischen Anreiz, der Nutzen bzw. Sinn stiftet,
2. eine reelle Erfolgswahrscheinlichkeit und
3. eine günstige Motivtendenz.

Diese drei Zutaten korrespondieren mit den drei Faktoren, die wir für meine Definition von Motivation verwendet haben und bilden Paare. So gehören das Ziel und der Anreiz ebenso zusammen, wie der Einsatz und die Erfolgswahrscheinlichkeit sowie die Konsequenz und die Motivtendenz.

• Ein klares, konkretes Ziel vor Augen haben – der Anreiz

Motivation ist ein biochemischer Prozess, der in mehreren Phasen abläuft. Dabei wird Spannung aufgebaut und Energie erzeugt. Diesen Ablauf kann man darstellen und messen. In der Wissenschaft kann man gut nachvollziehen, was in unserem Organismus passiert, wenn wir motiviert sind.

Gibt es eine konkrete Zielvorstellung, die stark genug in unserem Gehirn verankert ist, wird unser Organismus mit Energie versorgt, die im optimalen Fall zu einer zielgerichteten Handlung führt. Ist hingegen kein Bild von einem Ziel vorhanden, kann diese Energie nicht effektiv eingesetzt werden. Sie verpufft und ist nutzlos, weil nicht klar ist, was mit dieser Kraft, die zur Verfügung steht, geschehen soll. In der Geschichte vom Seepferdchen ist dieser Grundgedanke sehr anschaulich beschrieben.

Die Geschichte vom Seepferdchen

Es war einmal ein Seepferdchen, das eines Tages seine sieben Taler nahm und in die Ferne galoppierte, sein Glück zu suchen. Es war noch gar nicht weit gekommen, da traf es einen Aal, der zu ihm sagte: „Psst. Hallo Kumpel. Wo willst du hin?" „Ich bin unterwegs, mein Glück zu suchen", antwortete das Seepferdchen stolz.

„Da hast du es ja gut getroffen", sagte der Aal. „Für vier Taler kannst du diese schnelle Flosse haben, damit kannst du viel schneller vorwärts kommen".

„Ei, das ist prima", sagte das Seepferdchen, bezahlte, zog die Flosse an und glitt mit doppelter Geschwindigkeit von dannen. Bald kam es zu einem Schwamm, der es ansprach: „Psst. Hallo Kumpel. Wo willst du hin?"

„Ich bin unterwegs, mein Glück zu suchen", antwortete das Seepferdchen. „Da hast du es ja gut getroffen", sagte der Schwamm, „für ein kleines Trinkgeld überlasse ich dir dieses Boot mit Düsenantrieb; damit könntest du viel schneller reisen."

Da kaufte das Seepferdchen das Boot mit seinem letzten Geld und sauste mit fünffacher Geschwindigkeit durch das Meer. Bald traf es auf einen Haifisch, der zu ihm sagte: „Psst. Hallo Kumpel. Wo willst du hin?"

„Ich bin unterwegs, mein Glück zu suchen", antwortete das Seepferdchen. „Da hast du es ja gut getroffen. Wenn du diese kleine Abkürzung machen willst", sagte der Haifisch und zeigte auf seinen geöffneten Rachen, „sparst du eine Menge Zeit".

„Ei, vielen Dank", sagte das Seepferdchen und sauste in das Innere des Haifisches, um dort verschlungen zu werden.

Und die Moral von dieser Geschichte: Wenn man nicht genau weiß, wohin man will, landet man leicht da, wo man gar nicht hin wollte.

Viele Menschen leben nach der Philosophie des Seepferdchens. Obwohl sie etwas tun, vergehen Ihre Tage, ohne dass sie weiterkommen, geschweige denn an ein Ziel kommen. Diese Leute sind zwar aktiv, aber wenig produktiv. Sie schaffen nur wenig und sind nach einem langen Tag am Abend noch immer an der gleichen Stelle wie am Morgen. Solche Personen hört man oft sagen, *ich habe das Gefühl, in meinem Leben bewegt sich nichts.* Um ihr Handeln effektiv zu gestalten, müssten diese Menschen wissen, wozu ihre Handlungen dienen, wohin sie führen sollen und welches der rote Faden durch ihr Leben ist.

Dazu bräuchten sie aber eine konkrete Vorstellung von einem Zielzustand. Sie müssten wissen, wer und wie sie sein wollen, was sie wollen und vor allem, wohin sie möchten. So wie der Amerikaner Carl Lewis, der als erster Mensch die einhundert Meter unter 10 Sekunden lief. Als er unmittelbar nach dieser Leistung gefragt wurde, wie es sich anfühlt, erstmals unter 10 Sekunden geblieben zu sein, meinte er ziemlich erstaunt ob dieser Frage:

> *„Das war nicht das erste Mal. Ich bin die einhundert Meter schon sehr oft unter 10 Sekunden gelaufen – in meiner Vorstellung!"*

Während meines Studiums war ich mehrere Jahre lang in Bad Waltersdorf als Diskjockey tätig. An den Wochenenden zählten wir mehrere hundert Besucher, die zu der Musik tanzten, die ich auflegte. Obwohl die meisten Musiknummern sehr beliebt waren, kamen immer wieder Gäste zu mir und übten Kritik. Dieser Dialog spielte sich auffallend oft gleich ab:

Gast: *„Spiel´ nicht so einen Blödsinn!"*
Ich: *„Was möchten Sie den gerne hören?"*
Gast: *„Das weiß ich nicht, aber was anderes!"*

Motivierte Menschen wissen genau, was sie wollen und warum

Diese Szenen sind mir deshalb noch gut in Erinnerung, weil sie für das Leben mancher Menschen symptomatisch sind. Bezüglich der Musik konnten diese Leute sagen, was sie nicht hören wollten, sie waren aber nicht im Stande, ihre Vorlieben genau auszudrücken. In anderen Lebensbereichen ist dies ebenfalls zu beobachten.

Diese Personen haben keine konkreten Vorstellungen im Kopf wie und wohin ihr Leben verlaufen soll. Sie machen sich nicht die Mühe, darüber nachzudenken. Ihr passives Verhalten beruht möglicherweise auf einem folgenschweren Irrtum: Diese Leute glauben nämlich oft, sie hätten ohnehin keinerlei Möglichkeiten, etwas zu gestalten, zu bewegen oder zu verändern. Sie glauben, dass die Dinge eben kommen, wie sie kommen. Sie glauben, es sei sowieso alles vorherbestimmt. Sie glauben, dass Macht immer nur andere besäßen.

Sie gehören wahrscheinlich nicht zu dieser Gruppe, sonst hätten Sie dieses Buch nicht bis zu dieser Stelle gelesen. Sie wissen, dass Sie es selber sind, die Ihre Zukunft mitgestalten. Was Sie heute sehr intensiv denken, kann morgen Ihre Realität sein. Sie wissen, dass Sie nicht so mächtig sind, um alles bestimmen zu können. Möglicherweise ahnen Sie aber, dass wir mehr Möglichkeiten besitzen, als uns manchmal bewusst ist.

Wenn Sie nun denken, dass sich diese Gedanken zu einfach lesen, dann haben Sie Recht, denn so simpel ist dies alles wirklich nicht. Es genügt noch nicht, bloß einen Traum oder ein Ziel zu haben, um effektives Handeln zu gewährleisten.

Viele Menschen träumen ihr Leben, währenddessen das Leben an ihnen vorüberzieht. Oft viel zu spät stellen sie sich die Frage, ob das denn alles gewesen sei. Die Träume und Ziele, die wir in unseren Köpfen haben, müssen etwas Besonderes sein. Sie müssen zu uns passen, so wie ein Schlüssel nur zu einem ganz bestimmten Schloss passt. Hier gibt es keinen Generalschlüssel. Damit wir Träume und Ziele auch verfolgen, müssen diese einen entsprechenden Anreiz für uns aufweisen. Erst wenn der Anreiz, dieses Buch zu Ende zu lesen, für Sie groß genug ist, werden Sie das auch tun. Erst wenn der Anreiz eines bestimmten Zieles für Sie groß genug ist, erfolgt der berühmte *kick* und aus der Bereitschaft zur Handlung wird eine konkrete, zielgerichtete Aktivität.

In Unternehmen werde ich immer wieder mit Aussagen wie *Das sind ja nicht meine Ziele* oder *Das sind die Ziele der Chefs* konfrontiert. Damit bringen Menschen zum Ausdruck, dass die definierten Ziele für sie keinen entsprechenden Anreiz aufweisen. Wann aber empfinden wir Ziele als reizvoll? Was macht es aus, dass wir bei einigen Aufgaben und Zielen den *Kick* erleben und bei anderen nicht?

Ziele sind abhängig von Werten

Ziele werden dann als besonders reizvoll empfunden, wenn sie mit unserer individuellen Wertehierarchie korrespondieren. Das bedeutet, Ziele, die den eigenen Werten entspringen, und/oder die eigene Wertehierarchie festigen, üben auf uns eine sehr starke Anziehungskraft aus. Für diese Aufgaben setzen wir uns in Bewegung, sind wir bereit, Leistung zu erbringen und Engagement und Kraft zu investieren. Ziele hingegen, die nichts oder wenig mit unseren Werten zu tun haben, wirken auf uns wenig anregend, können uns nur schwerlich in Bewegung setzen. Oft verstehen wir dann nicht, was an diesen Dingen besonderes sein soll. Diese Gedanken ziehen eine deutliche Konsequenz nach sich. Wer sich mit seinem Wertesystem beschäftigt, wird daraus Ziele ableiten können, die mit dem entsprechenden Einsatz und der notwendigen Konsequenz realisiert werden können.

Der Anreiz, den Ziele bieten sollten, um motivierend zu wirken, ist aber nicht nur ideell und auf unsere Werte bezogen zu verstehen. Es kann davon ausgegangen werden, dass bei jeder Handlung die Frage, *was habe ich davon,* bewusst oder unbewusst eine gewisse Rolle spielt. Je stärker ein Nutzen zu erkennen ist, desto motivierter geht man an die Handlung heran. Neuste Ergebnisse der Neurobiologie weisen darauf hin, dass es möglicherweise einen – sozusagen – übergeordneten Nutzen gibt, auf den Menschen besonders ansprechen: *soziale Anerkennung.* In den *Belohnungszentren* im Gehirn, denen im Motivationsprozess eine besondere Bedeutung zukommt, hat man neben dem Hormon *Dopamin,* das zielgerichtete Handlungen unterstützt, auch das Hormon *Oxytocin* lokalisiert. Dabei handelt es sich um das klassische *Bindungshormon,* das bspw. ausgeschüttet wird, wenn ein Baby an der Mutterbrust saugt.

Ziele müssen eine weitere Bedingung erfüllen, um als attraktiv wahrgenommen zu werden: jene der Erfolgschance.

• Ein hoher Einsatz – eine Frage der Erfolgswahrscheinlichkeit

Von Michael Jordan, dem lange Zeit weltbesten Basketballspieler, erzählt man sich, dass er einen enormen Einsatz geleistet hat. Seine Trainer sind sich einig:

> *„Er war bei jedem Training als erster umgezogen. Wir haben nie einen anderen Spieler in der NBA härter trainieren gesehen als Michael."*

Nun stellt sich die Frage, ob Michael Jordan deshalb der weltbeste Spieler war, weil er einen so hohen Einsatz geleistet hat, oder ob er diesen Einsatz geleistet hat, weil er Weltklasse war. Diese Frage ist wahrscheinlich nicht zu beantworten. Sehr klar erscheint jedoch die Antwort auf die Frage, weshalb es dem Profispieler möglich war, einen derart hohen Einsatz über einen langen Zeitraum zu leisten.

So wie sich Ziel und Anreiz bedingen und ergänzen, bilden auch die Erfolgswahrscheinlichkeit, die eine Person einer bestimmten Aufgabe zuschreibt und der Einsatz, den sie für die Realisierung des Ziels leistet, ein Faktorenpaar. Die grundsätzliche Frage in diesem Zusammenhang lautet, welche Erfolgswahrscheinlichkeit eine Aufgabe aufweisen muss, damit jemand mit optimalem Einsatz an der Realisierung arbeitet. Die Attraktivität eines Zieles hängt nicht nur vom bereits dargestellten Anreiz ab, den es offeriert, sondern auch von der Wahrscheinlichkeit, mit der es erreicht werden kann. Dafür habe ich eine spezielle Motivationsmethode entwickelt, das so genannte *Biermodell*, das ich Ihnen bei einer späteren Gelegenheit noch vorstellen werde. Um den Zusammenhang zwischen Erfolgswahrscheinlichkeit und Attraktivität einer Aufgabe zu verdeutlichen, schlage ich Ihnen wieder ein kleines Experiment vor.

Experiment „Erfolgswahrscheinlichkeit"

Diese Übung besteht darin, dass ich Ihnen am Ende dieser Anleitung drei Fragen anbiete, aus denen Sie eine auswählen sollen. Die verschiedenen Fragen kennzeichne ich mit den Farben weiß, gelb und rot. Ihr Entscheidungskriterium soll dabei die Erfolgswahrscheinlichkeit sein, d.h. die Wahrscheinlichkeit mit der Sie die Frage richtig beantworten können. Da jede der drei Fragen eine andere Erfolgswahrscheinlichkeit aufweist, können Sie durch Ihre Wahl den Schwierigkeitsgrad der Aufgabe selbst bestimmen. Sie entscheiden sich also für eine von drei Fragen, deren Beantwortung unterschiedlich schwer fällt, da die Fragen verschiedene Erfolgschancen aufweisen. Sind Sie bereit?

Die weiße Frage:

Der sehr geringe Schwierigkeitsgrad bietet eine sehr hohe Erfolgswahrscheinlichkeit. Sollten Sie sich für diese Frage entscheiden, dann können Sie davon ausgehen, dass Ihnen die richtige Beantwortung dieser Frage leicht fallen wird und mindestens zu 97% sicher ist.

Eine derartige Frage wäre: „In welcher Stadt steht das Wiener Ernst-Happel–Stadion und wie heißt es?"

Die gelbe Frage:

Ihr mittlerer Schwierigkeitsgrad verteilt die Wahrscheinlichkeit von Erfolg bzw. Misserfolg ungefähr gleich. Sollten Sie sich für diese Frage entscheiden, dann können Sie davon ausgehen, dass Ihnen die richtige Beantwortung gelingen kann. Vorausgesetzt, Sie strengen sich an und vernetzen ihr Wissen. Es kann aber sein, dass Ihnen die richtige Beantwortung trotz hohem Einsatz nicht gelingt.

Eine gelbe Frage wäre: „Für welche Veranstaltungen wird das Wiener Ernst-Happel–Stadion hauptsächlich verwendet? Nennen Sie fünf verschiedene Möglichkeiten."

Die rote Frage:

Wegen des sehr hohen Schwierigkeitsgrades ist die Wahrscheinlichkeit, dass Sie diese Frage richtig beantworten, sehr gering und liegt unter 3%. Sie können davon ausgehen, dass Sie diese Frage aller Voraussicht nach nicht richtig beantworten können.

Eine Frage dieser Kategorie wäre: „ Wie viele Dauerkartenbesitzer für die österreichische Fußballnationalmannschaft gibt es im Wiener Ernst-Happel–Stadion und wie heißen diese?"

Wählen Sie nun aus, für welche Frage und welche Erfolgswahrscheinlichkeit bzw. Aufgabenschwierigkeit Sie sich entscheiden. Tragen Sie die Farbe Ihrer Frage ein:

Ich entscheide mich für die ______________ Frage.

Was waren die Gründe für Ihre Wahl? Versuchen Sie die wichtigsten Kriterien Ihrer Entscheidung zu benennen. Was hat Sie veranlasst, sich für die eine und nicht eine der beiden anderen Fragen zu entscheiden? Versuchen Sie Ihre Überlegungen kurz niederzuschreiben.

Ich habe mich für die ______________ Frage entschieden weil:

____

____

Lassen Sie uns das Experiment analysieren: Vermutlich kennen Sie die Science-Fiction–Serie *Raumschiff Enterprise* und haben wohl irgendwann einmal ein Abenteuer von Käpt´n Kirk und Mr. Spok im Fernsehen oder Kino gesehen. Was das mit unserem kleinen Experiment zu tun hat? Nun ja, Mr. Spok hätte sich eine weiße Frage ausgesucht, d.h. er hätte sich also für die Frage mit der größten Erfolgswahrscheinlichkeit entschieden. Der Grund seines Handelns liegt nahe. Mr. Spok ist Vulkanier und gehört zu einer Spezies, die ausschließlich sachbezogen nach logischen Gesichtspunkten vorgeht. Emotionen sind den Vulkaniern fremd. So hätte sich Mr. Spok einzig an den Wahrscheinlichkeiten orientiert und daher wohl die weiße Frage gewählt.

Die Spezies *Mensch* kalkuliert aber grundsätzlich anders, denn in unseren Überlegungen spielen Emotionen eine bedeutende Rolle. Der deutsche Verhaltensphysiologe Gerhard Roth wies in Versuchen und Experimenten nach, wie groß der Anteil unserer Emotionen bei Entscheidungen ist. So werden unsere Entscheidungen durch das Limbisch-Unbewusste, d.h. über unser emotionales Erfahrungsgedächtnis getroffen. Das Limbische System in unserem Gehirn ist für unsere emotionalen Zustände verantwortlich. Dort werden sie gesteuert und verwaltet. Wir haben festgehalten: Motivierte Menschen bewegen. Sich selbst, große Dinge und andere Menschen. Dies gelingt ihnen deshalb, weil sie z.B. andere *überzeugen, begeistern* und *anstecken* können. Das können sie deshalb so gut, weil sie eine sehr hohe Emotionalität besitzen, die sie als Kraftquelle verstehen und einsetzen.

„Es muss in Dir brennen, was Du in anderen entzünden willst",

wusste schon Augustinus, der damit den Kern der Sache trifft.

Für uns spielt es also eine entscheidende Rolle, welche Art von Aufgabe wir gemeistert haben. Damit wir Erfolgserlebnisse als solche empfinden können, müssen uns die Aufgaben zunächst herausfordern. Aufgaben, die jeder lösen kann, verschaffen kaum Befriedigung. Deshalb entscheiden sich die meisten – wie viele Untersuchungen und Experimente bestätigen – für die gelbe Frage, bei der die Möglichkeit von Erfolg bzw. Misserfolg ungefähr gleich verteilt ist.

Der Wert einer Aufgabe

Fragen Sie sich nun, warum sich nicht die meisten für die rote, also die schwierigste Frage entscheiden? Da ist doch die Herausforderung am größten. Also müsste auch die Motivation am stärksten sein. Das ist ein Trugschluss, denn die rote Frage wird von den meisten als Überforderung empfunden und deshalb nicht gewählt.

Wir können davon ausgehen, dass eine motivierende Zielsetzung sowohl von einer günstigen Erfolgswahrscheinlichkeit als auch von einem relevanten Erfolgsanreiz abhängt. Dabei steht die Erfolgswahrscheinlichkeit für die Erwartung, mit der ein Erfolg eintreten wird, der Erfolgsanreiz für den Wert, der einer Aufgabe beigemessen wird. Dabei gelten folgende Kausalitäten:

1. Je wertvoller ein Vorhaben empfunden wird, desto geringer wird die Erwartung eingeschätzt, dieses so wertvolle Ziel zu erreichen.
2. Je größer die Erwartung ist, ein angestrebtes Ziel zu erreichen, desto geringer wird der Wert dieses Vorhabens empfunden.

Eine motivierende Zielsetzung unterliegt daher folgender Bedingung: Erwartung und Wert müssen sich die Waage halten.

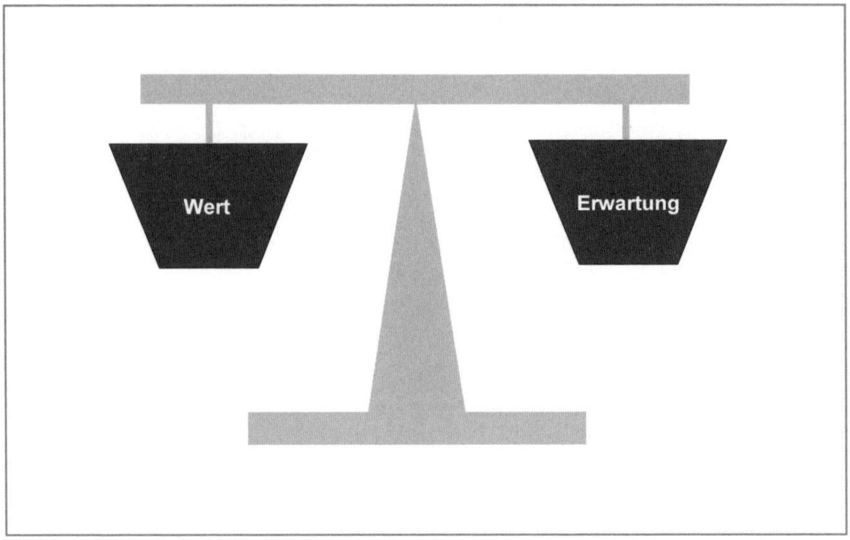

Abbildung 2

Eine rote, also extrem schwierige Frage bietet möglicherweise einen hohen Erfolgsanreiz (Wert), bleibt aber für die meisten unattraktiv und löst keine Motivation aus, weil die Erfolgswahrscheinlichkeit (Erwartung) zu gering ist. Bei der weißen Frage ist es umgekehrt. Da sie mit beinahe 100%iger Sicherheit zu schaffen ist (Erwartung), löst sie keinerlei Erfolgsanreiz (Wert) und damit auch keine Motivation aus. Der Einsatz für ein Ziel ist dann am größten, wenn es sich um mittelschwere bis schwere Aufgaben handelt, bei denen sowohl Erfolg als auch Misserfolg gleichermaßen möglich sind. Diese Aufgaben werden als anspruchsvoll empfunden. Es sind jene Tätigkeiten, die uns reizen und herausfordern, weil wir sie als realisierbar einschätzen und wissen, dass wir sie schaffen können, wenn wir uns sehr anstrengen. Dieses Gefühl stellt sich eben dann ein, wenn sich Wert und Erwartung die Waage halten. Es gibt allerdings eine kleine Einschränkung: Die Definition des Schwierigkeitsgrades einer Aufgabe kann nicht objektiv, sondern immer nur individuell erfolgen. Die Aufgabe, die objektiv einen gewissen Schwierigkeitswert aufweist, gibt es nicht. Eine Tätigkeit wird in der Motivationspsychologie niemals isoliert betrachtet, sondern im Kontext mit den Möglichkeiten jener Person, die diese Aufgabe zu lösen versucht und den Rahmenbedingungen, die sich aus der jeweiligen Situation, in der die Handlung stattfindet, ergeben.

Daher ist es eine wichtige und zugleich schwierige Forderung, sich realistische Ziele zu setzen bzw. mit Mitarbeitern zu vereinbaren. Im gleichen Atemzug muss aber darauf hingewiesen werden, dass sich die Forderung nach realistischen Zielen hervorragend als Ausrede verwenden lässt. Viele Menschen geben vor, dass bestimmte Vorhaben für sie nicht realisierbar wären, um sich so von vornherein auszureden, dass sie es doch könnten. Welche Vorstellungen damit in den Köpfen dieser Personen aktuell vorhanden sind, liegt auf der Hand.

An diese Selbstmanipulation gewöhnt man sich schnell. Genau so, wie man sich an die Mittelmäßigkeit gewöhnt. Haben Sie den Mut, Ihre Ziele etwas höher und anspruchsvoller zu formulieren. Wir wissen erst dann, was in uns steckt, wenn wir es herausgeholt haben. Lassen Sie Änderungen in ihrem Leben zu, tun Sie immer wieder mal was Neues. Halten Sie es mit Michelangelo.

• Konsequent und ablenkungsfrei am Ziel dran bleiben – eine Frage der Motivtendenz

Das dritte Faktorenpaar beschreibt die Ursachen dafür, ob eine Person konsequent und möglichst ablenkungsfrei ein Ziel fokussiert und dieses hartnäckig verfolgt oder ob sie nach einigen wenigen Versuchen aufgibt. Sie kennen wahrscheinlich Menschen, die vieles beginnen, aber kaum etwas wirklich zu Ende führen. Wie viele haben eine nagelneue, vollständige Golfausrüstung erworben, als Golf in Mode kam. Doch schon nach wenigen Spielversuchen klang die Euphorie ab, bis die Begeisterung schließlich ganz verschwand und die teure Anschaffung in einer Ecke abgestellt wurde.

Wahrscheinlich kennen Sie auch Leute, die in den letzten Jahren nichts Neues gelernt oder unternommen haben und Ihnen sehr ausführlich erklären können, wieso dies gerade für sie nicht möglich ist. Das sind vielleicht jene, die Ihnen dafür ganz genau sagen können, wie lange es noch bis zum Tag ihrer Pensionierung dauert. Dieses Verhalten hat vor allem mit der Motivtendenz dieser Personen zu tun.

Ich möchte Ihnen einen einfach durchzuführenden Selbsteinschätzungstest anbieten, den ich entwickelt habe, um Hinweise auf die individuelle Motivtendenz zu erhalten. Selbstverständlich liefert diese *Selbstauskunft* weder wissenschaftliche noch objektive Ergebnisse. Sie zeigt aber eine Tendenz an, die für Sie zutreffen kann. Dementsprechend wichtig ist die Auseinandersetzung mit dem Testergebnis. Stellen Sie sich die Frage, wie viel *von Ihnen* im Ergebnis *steckt.*

Sie finden in der Folge zwölf Aussagen, die jeweils als Gegensatzpaare zu verstehen und auf einer siebenteiligen Skala zu bewerten sind. Lesen Sie sich diese in Ruhe durch und überlegen Sie, inwieweit diese auf Sie und Ihr tägliches Handeln zutreffen. Wie bei vielen anderen Tests dieser Art, ist es wichtig, dass Sie nicht theoretisch richtig antworten, sondern so, wie es Ihrem tatsächlichen Verhalten entspricht. Hilfreich könnte sein, wenn Sie sich bei jeder Beurteilung fragen, woran ein Beobachter erkennen könnte, dass Sie sich tatsächlich so verhalten. Stellen Sie sich vor, dass jemand, der Sie gut kennt, Ihnen beim Beantworten über die Schulter schaut. Wenn diese Person nickt, dann machen Sie weiter, schüttelt sie jedoch den Kopf, dann überlegen Sie sich vielleicht Ihre Bewertung nochmals.

• Selbsteinschätzungstest – Meine vorherrschende Motivtendenz

Entscheiden Sie, welche der beiden Aussagen Ihre Persönlichkeit besser beschreibt bzw. genauer trifft und legen Sie sich auf einen der möglichen Werte auf der siebenteiligen Skalierung fest. Versuchen Sie sich dabei auf konkrete Erfahrungen zu stützen.

	7	6	5	4	3	2	1	
Bei dem, was ich tue, gehe ich immer wieder ein gut kalkulierbares Risiko ein.								Bei dem, was ich tue, gehe ich lieber auf „Nummer sicher".
Ich setze mir regelmäßig eigene Ziele oder versuche an der Zielgestaltung mitzuwirken.								Ich brauche keine Ziele, um zu wissen, was ich zu tun habe. Ziele erzeugen Stress.

	7	6	5	4	3	2	1	
Ich bevorzuge Aufgaben, die einen gewissen Neuigkeitswert aufweisen und Initiative und Kreativität verlangen.								Ich arbeite lieber an bekannten Aufgaben, die ich mit meiner Erfahrung gut erledigen kann.
Ich bevorzuge Aufgaben, im mittleren Schwierigkeitsbereich oder knapp darüber, die ich erreiche, wenn ich mich anstrenge.								Mich motivieren vor allem Aufgaben, von denen ich sicher weiß, dass ich sie schaffen kann, oder sehr, sehr schwierige.
Wenn ich richtig konzentriert bei der Sache bin, vergesse ich Zeit und Raum. Unterbrechungen stören mich dann sehr.								Für Störungen und Unterbrechungen habe ich Verständnis, sie beeinträchtigen mich nicht.
Ich bevorzuge Arbeitssituationen, in denen ich selbständig und eigenverantwortlich arbeiten und entscheiden kann.								Ich bevorzuge Arbeitssituationen, die klare Vorgaben und Reglements aufweisen und die möglichst standardisiert durchzuführen sind.
Ich brauche neben der eigenen Beurteilung meiner Arbeit auch Feedback von außen, also eine Fremdbeurteilung.								Mir genügt meine eigene Beurteilung, denn ich weiß, was ich kann und was meine Arbeit wert ist.
Ich erlebe auch Enttäuschungen, versuche aber meistens rasch herauszufinden, aus welchen Gründen es nicht geklappt hat.								Wenn etwas nicht funktioniert, brauche ich lange, um dieses Misserfolgserlebnis zu überwinden und mich neu zu motivieren.
Wenn ich etwas sehr gut gemacht habe, weiß ich, dass es hauptsächlich an meiner Leistung und Einstellung gelegen hat.								Wenn ich etwas gut gemacht habe, denke ich öfters „Glück gehabt" oder „das war doch sehr einfach" oder „das kann ja jeder".

	7	6	5	4	3	2	1	
Ich bin eher aktiv und suche mir immer wieder neue Betätigungen.								Ich lasse Dinge auf mich zukommen. Mit der richtigen Zeit kommen auch die richtigen Antworten.
Kritik sehe ich meistens als Möglichkeit, etwas dazuzulernen.								Wenn möglich, drücke ich mich vor Kritik, weil sie meist unsachlich vorgebracht wird.
Für meine Ideen exponiere ich mich auch gegen eine Mehrzahl anderer Meinungen.								Ich treffe meine Entscheidungen eher leise und kann sie auch gut für mich behalten.

Sie haben nun alle zwölf Gegensatzpaare beurteilt und bewertet. Zählen Sie die Punkte zusammen und tragen Sie die Gesamtsumme ein.

Meine Punkteanzahl: ___________

In vielen Untersuchungen zum Thema *Motivation* wurde deutlich, dass bei Menschen grundsätzlich zwei verschiedene Motivtendenzen ausgeprägt sein können. Die einen sind überwiegend durch die *Hoffnung auf Erfolg* geleitet – man nennt sie *Erfolgssucher* oder handlungsorientiert. Die anderen lassen sich durch *Angst vor Misserfolg* leiten, man nennt sie *Misserfolgsmeider* oder lageorientiert. Die beiden wesentlichen Unterschiede bestehen also darin, was sie erleben, wenn sie erfolgreich bzw. erfolglos sind, und welche Faktoren sie für das Ergebnis verantwortlich machen.

Zwei Komponenten – Erfolg oder Misserfolg

	Erfolgssucher	**Misserfolgsmeider**
Gefühl bei Erfolg	Erfolgserlebnis	Erleichterung
Gefühl bei Misserfolg	Enttäuschung	Misserfolgserlebnis

Während Erfolgssucher im positiven Fall ein aufbauendes und motivierendes Gefühl haben, eben ein Erfolgserlebnis empfinden, sind Misserfolgsmeider *nur* erleichtert und ziehen aus ihrer Handlung keinerlei Motivation. Sie machen häufig die Umstände für den guten Ausgang verantwortlich. *Glück gehabt* ist eine typische Erklärung. Der Erfolgssucher weiß zwar auch, dass er Glück benötigt um erfolgreich zu sein, die Leistung führt er aber zu einem wesentlichen Teil auf seine Kompetenzen, seinen Einsatz, seine Vorbereitung usw. zurück. Der Erfolg wird mit dem eigenen *Ich* in Verbindung gesetzt. Der Begründer der *Positiven Psychologie,* Martin Seligman, erforscht dieses Thema seit vielen Jahren. Er nennt drei wesentliche Faktoren, auf die Erfolgsucher Ihre Leistungen zurückführen:

1. Erfolge werden auf persönliche Stärken zurückgeführt.
2. Erfolge werden möglichst verallgemeinernd dargestellt.
3. Erfolge werden zeitlich möglichst unbegrenzt erklärt.

Das kann ich wirklich gut oder *meine Vorbereitung und mein Einsatz waren sehr gut.* So oder ähnlich könnten Erklärungen im Sinne eines inneren Dialogs formuliert sein. Deshalb steigt mit jedem Erfolg das individuelle Anspruchsniveau, d.h. der Erfolgssucher möchte nach jedem Erfolgserlebnis noch etwas besser werden. Metaphorisch gesprochen könnte man das Bild der Treppe benutzen, auf der der Erfolgssucher mit jeder guten Leistung eine Stufe nach oben steigt, ein Treppenläufer eben.

Bei Misserfolgen hingegen empfindet er Enttäuschung. Als erstes macht er sich jedoch klar, dass er etwas falsch gemacht haben könnte. Er reagiert zunächst emotional. Kurzzeitig kann Ärger dominieren, aber nach kurzer Zeit gewinnt das rationale Denken wieder die Oberhand. Die entsprechende Frage, die sich Erfolgssucher dann stellen, lautet: *Inwiefern muss die Strategie verändert werden, damit beim nächsten Mal das Vorhaben gelingt?*

Im Falle eines Scheiterns erklären Erfolgssucher ihren Misserfolg ebenfalls auf ganz spezifische Weise.

1. Misserfolg ist immer zeitlich begrenzt.
2. Misserfolg hat eine spezifische, genau zu benennende Ursache.
3. Misserfolg kann auch durch äußere Umstände und Faktoren erklärt werden.

Dieser Ansatz schützt das Selbstwertgefühl im Falle einer Niederlage. Die grundsätzliche Überzeugung, es zu können, bleibt bestehen. Diese Einstellung erleichtert es, Verbesserungsmöglichkeiten für die verfolgte Strategie zu finden.

Das Misserfolgserlebnis, das Misserfolgsmeider bei ihrem Scheitern haben, entspricht durchaus einer *sich selbst erfüllenden Prophezeihung*. Der klassische Misserfolgsmeider geht davon aus, dass sein Vorhaben nicht klappen wird. Die Hauptursache sieht er in seiner mangelnden Kompetenz. *Ich kann das einfach nicht,* oder *das hat mir der Herrgott nicht mitgegeben,* so oder ähnlich lauten Erklärungen für Niederlagen. Misserfolgsmeider machen für schlechte Leistungen also sich selbst verantwortlich. Hinzu kommt, dass sie dabei generalisierende Aussagen treffen.

Bestimmt können Sie sich vorstellen, wie schwer diesen Menschen eine aktive Rolle fällt. Deshalb nennt man sie *lageorientiert*, während Erfolgssucher als *handlungsorientiert* gelten. Damit ist die jeweilige Motivtendenz verdeutlicht.

Eine genauere Beschreibung dieser beiden unterschiedlichen Motivations-Typen finden Sie nun in der Auswertung des Selbsteinschätzungstests.

Meine vorherrschende Motivtendenz – Auswertung

Als Erweiterung zum wissenschaftlichen Ansatz, der grundsätzlich nur zwei Motivtendenzen kennt, habe ich für diese Auswertung zwei Mischtypen definiert. In meinen Seminaren und Vorträgen bestätigte sich nämlich immer wieder, dass viele Menschen weder genau das eine, noch das andere Extrem verkörpern, sondern irgendwo in der Mitte zwischen den beiden Extremen liegen. Anhand der Gesamtpunktanzahl, die zwischen 12 und 84 liegt, können Sie Ihr Verhalten im Wesentlichen mit einem der vier dargestellten Typen vergleichen.

84 bis 70 Punkte: Sie sind ein klassischer Erfolgssucher

Sie sind ein sehr selbstbewusster, sehr aktiver Mensch und suchen förmlich nach Erfolg. Ihre Ziele entsprechen Ihren Fähigkeiten, was darauf schließen lässt, dass Sie ein optimistischer Mensch sind. Sie finden Aufgaben mittlerer Schwierigkeitsgrade und/oder knapp darüber am attraktivsten. Das kann man auf Ihr Bestreben zurückführen, persönlich relevante Informationen zu erhalten bzw. Erkenntnisse über sich selbst zu gewinnen. Es wird Ihnen öfters passieren, dass Sie sich dabei Ihre *Hörner blutig schlagen*. Über Ihre Aktivitäten wünschen Sie sich unmittelbare Erfolgsrückmeldungen, was sich in diversen Wettbewerbsgedanken widerspiegelt. Sie spielen gerne, gegen sich selbst und gegen andere. Sie sind stärker *hoffnungsorientiert* als *furchtorientiert*, was erklärt, dass Sie neue Aufgaben meist als Chancen und Herausforderungen sehen. Für Ihren Erfolg machen Sie Ihre eigenen Fähigkeiten, Ihre Anstrengungsbereitschaft und Ihre innere Einstellung verantwortlich. Sie gelten in Ihrer Familie sowie in Ihrem Freundes- und Bekanntenkreis als sehr konsequent, manchmal vielleicht auch als verbissen. Sie haben permanent Ziele im Kopf und arbeiten hart daran, diese zu realisieren.

Es ist Ihnen aber auch klar, dass die jeweilige Situation ebenfalls einen Erfolgsfaktor darstellt. Daher wissen Sie, dass Sie immer wieder mal Schiffbruch erleiden werden. Das hat zwar eine kurzfristige Enttäuschung zur Folge, die aber recht schnell der Frage weicht, was Sie beim nächsten Mal anders machen müssen. Dies erklärt zum Teil auch, warum sie freiwillig leistungsorientierte Tätigkeiten unternehmen, wenn sich die Gelegenheit dazu ergibt.

69 bis 55 Punkte: Sie sind ein Erfolgssucher–Mischtyp

Sie gleichen im Grunde dem klassischen Erfolgssucher. Es gibt jedoch immer wieder Phasen, in denen Sie eher skeptisch sind und Ihre Fähigkeiten in Frage stellen. In diesen Phasen meldet sich der Misserfolgsmeider in Ihnen, der aber meist durch Ihre Aktivitäten, Ihr Selbstvertrauen und Ihren Mut zurückgedrängt wird. Sie sind ausgeglichen, da zu Ihrem Suchen nach Erfolg eine gesunde Portion Vorsicht und Langsamkeit kommt. Das schützt Sie davor, sich öfters zu verletzen (*die Hörner blutig zu schlagen*). Wie der klassische Erfolgssucher sind auch Sie in Ihrem Leben erfolgreich und wissen, dass es zum größten Teil an Ihnen liegt, was geschieht. Im Unterschied zum klassischen Erfolgssucher müssen Sie es aber nicht mehr der ganzen Welt beweisen, was Sie können. Sie gelten als ruhiger, ausgeglichener Mensch, der viel erreicht, aber nicht überall dabei sein muss.

54 bis 41 Punkte: Sie sind ein Misserfolgsmeider–Mischtyp

Sie sind ein vorsichtiger, eher unsicherer Mensch und tendieren im Grunde zum Verhalten des Misserfolgsmeiders. Es kommt jedoch vor, dass der Erfolgssucher in Ihnen das Kommando übernimmt. Dann starten Sie manchmal neue Vorhaben und sind danach überrascht, dass das Ganze doch funktioniert hat. Trotzdem bleiben Sie Neuerungen und Veränderungen gegenüber skeptisch eingestellt. So behält meist der Misserfolgsmeider in Ihnen die Oberhand. Sie trauen sich noch immer zu wenig zu und riskieren zu selten etwas Neues. Sie denken oft, dass die meisten Dinge ohnehin vorgegeben sind und ohne Ihr Zutun passieren. In Ihrer Familie sowie Ihrem Freundes- und Bekanntenkreis gelten Sie als eher passiver Mensch, den man zu einer bestimmten Aktivität überreden kann, wenn man sehr gute Argumente und eine gehörige Portion Ausdauer mitbringt.

40 bis 12 Punkte: Sie sind ein klassischer Misserfolgsmeider

Ihre innere Einstellung ist auf Misserfolg programmiert. Sie sind unsicher und passiv, was mit Ihrem geringen Selbstwertgefühl zusammenhängt. Sie trauen sich nicht wirklich viel zu und sehen die Dinge meist pessimistisch. Sie haben Angst vor Misserfolg den Sie bei der Ausführung einer Aufgabe eher erwarten als den Erfolg. Die negativen Erlebnisse eines Misserfolges bedrücken Sie stärker, als die positiven Erlebnisse eines Erfolges Sie freuen. Ein Misserfolg hat große Auswirkungen auf Sie und Ihr emotionales Befinden. Sie brauchen daher lange, bis Sie sich wieder motivieren können, etwas zu tun. Daher bevorzugen Sie Aufgaben, die entweder ganz einfach sind, so dass ein Misserfolg beinahe ausgeschlossen ist, oder die so schwierig sind, dass Ihnen niemand ein Versagen vorwerfen kann.

Sie sind eher *furcht-* als *hoffnungsorientiert*. Vor Rückmeldungen drücken Sie sich gerne, weil Sie fürchten, etwas Negatives zu hören. Sie fühlen sich bei neuen Aufgaben unwohl und versuchen diesen auszuweichen. Wenn Sie Erfolg haben, denken Sie, das wäre eine Sache des Glücks gewesen. Wenn Sie einen Misserfolg erleiden, machen Sie vor allem Ihre fehlende Kompetenz, die Schwierigkeit der Aufgabe und eine unbeeinflussbare Situation, in der Sie glauben, immer nur Pech zu haben, verantwortlich.

Eine historisch belegte Geschichte soll verdeutlichen, welchen Wert Konsequenz und Ausdauer besitzen können. Der Mann, um den es geht, setzte sich ein großes, schier unmögliches Ziel: Er wollte Politiker werden und eine bestimmte Position erreichen. Schon in ganz jungen Jahren begann er, dieses Ziel zu verfolgen. Hier die kurz zusammengefasste Version der Geschichte eines berühmten Amerikaners:

Biographie eines Erfolgssuchers

Es ist das Jahr 1831, der Mann ist gerade 22 Jahre alt und versagt in seinem Beruf. Heute würden wir dieses Ereignis *Konkurs* nennen. Ein Jahr später kandidiert er erstmals für ein politisches Amt und wird abgelehnt. Wiederum ein Jahr später scheitert er beruflich erneut. Mit 25 Jahren hat er ein Erfolgserlebnis: Er wird in die Legislative gewählt. Kurze Zeit sieht es so aus, als ob sein Ziel näher rücken würde. Da verstirbt überraschend seine Lebensgefährtin. Ein psychischer Zusammenbruch und langwierige Behandlungen sind die Folge. Drei Jahre dauert es, ehe der Amerikaner mit 29 Jahren einen erneuten Anlauf startet. Er wird jedoch als parlamentarischer Sprecher abgelehnt. Als er zwei Jahre später als Wahlmann kandidiert, erleidet er ebenfalls Schiffbruch. Mit 34 glaubt er immer noch an seinen Traum und setzt seinen Weg mit einer bemerkenswerten Ausdauer konsequent fort. Er kämpft um den Einzug in den Kongress, wird aber zum wiederholten Mal vernichtend geschlagen. Drei Jahre später gelingt es ihm jedoch, in dieses Gremium gewählt zu werden. Nur zwei Jahre später verliert er die Wahl und fliegt wieder hinaus.

Manch andere hätten spätestens in diesem Moment aufgegeben. Nicht so er: mit mittlerweile 46 Jahren kandidiert er für eine Position im amerikanischen Senat und – wird abgelehnt. Ein Jahr später tritt er als Kandidat für die Wahl zum Vize-Präsidenten an und scheiterte wieder. Mit 49 versucht er wie drei Jahre zuvor in den Senat zu gelangen. Es gelingt wieder nicht.

1860 jedoch schlägt die große Stunde, auf die dieser außergewöhnliche Mann 29 Jahre lang hingearbeitet hat. Am 6. November dieses Jahres wird Abraham Lincoln zum ersten republikanischen Präsidenten der Vereinigten Staaten gewählt. Der 16. Präsident wird am 14. April 1865 im Ford's Theatre in Washington nach dem Besuch der Komödie *Our American Cousin* vom Attentäter John William Booth, angeschossen und dabei so schwer verletzt, dass er am Morgen des 15. April 1865 stirbt.

Im zweiten Teil dieses Buches stehen Anleitungen, Werkzeuge und Übungen im Vordergrund. Zunächst ist es jedoch noch wichtig, zu wissen, aus welchen Zutaten der Motivationscocktail gemixt ist und wie diese Zutaten wirken. Dazu müssen wir uns den Motivationsprozess noch genauer anschauen.

4. Es tut sich was im Organismus – Der Motivationsprozess

„Es gehört oft mehr Mut dazu, seine Meinung zu ändern, als ihr treu zu bleiben."

Friedrich Hebbel

Es ist nicht zu übersehen, wenn Menschen motiviert an eine Tätigkeit herangehen. Der gesamte Organismus verändert sich so stark, dass man hoch motivierte Personen eindeutig von weniger motivierten unterscheiden kann. Nicht nur dadurch, dass motivierte Leute genau jene Handlungen setzen, die letztlich nach oft vielen Versuchen zum gewünschten Resultat führen. Motivation entsteht durch einen äußerst komplexen biochemischen Prozess, an dem zumindest drei innere Abläufe beteiligt sind. Erstens sind das kognitive Prozesse, wie das Bilden von Vorstellungen und Erwartungen sowie von konkreten Handlungsplänen. Zweitens spielen affektive Einflüsse wie die emotionale *Färbung* eines Bildes eine besondere Rolle. Drittens schließlich stellen physiologische Prozesse verschiedene Hormone – Erregungs- und Hemmungssubstanzen – zur Verfügung. Neben diesen inneren Einflüssen, die von der Persönlichkeit abhängen, gehören auch die Erziehung sowie diverse Umweltfaktoren zu jenen Parametern, die sich auf die Motivation eines Menschen auswirken.

Im motivierten Zustand werden einige Körperfunktionen verändert, die mit Hilfe der modernen Technik gemessen werden können: bspw. die Zirkulation des Blutes, die Atmungsintervalle und die Herzfrequenz. Außerdem vergrößern sich die Hautporen und die Konsistenz des Blutes ändert sich.

Achten Sie einmal auf die Körpersprache der Menschen in Ihrem Umfeld. Motivierte Leute erkennen Sie daran, dass sie eine aufrechte Körperhaltung haben, die ihre innere Spannung auch äußerlich sichtbar macht. Die Pupillen sind größer, die Mundwinkel zeigen leicht nach oben. Insgesamt lässt sich feststellen, dass diese Menschen mit Ihrem ganzen Körper sehr aufmerksam sind. All dem liegen jene biochemischen Vorgänge zugrunde, die ich in der folgenden Veranschaulichung des Motivationsprozesses erklären werde.

• Der Motivationsprozess – ein 4-Phasen-Modell

Der Motivationsprozess vollzieht sich in vier Phasen, die in einem kausalen Zusammenhang stehen. Zunächst braucht es ein klares, konkretes Ziel, damit dieser Vorgang überhaupt gestartet werden kann. Das Ziel hat zwei wesentliche Funktionen: Erstens bildet es den *Kick-off*, startet also den Prozess, zweitens beschleunigt es den Vorgang, je klarer und konkreter es vor Augen ist.

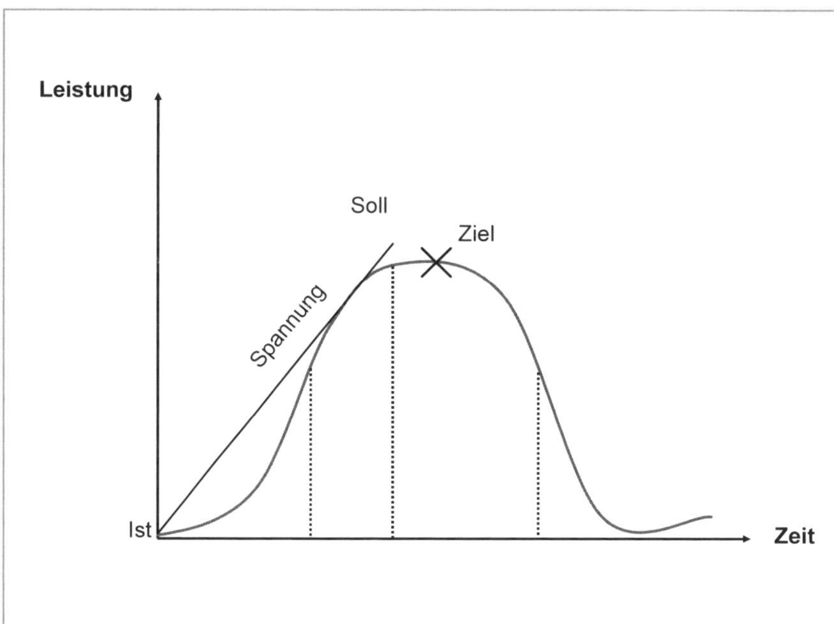

Abbildung 3

Nun denken Sie wahrscheinlich, dass jeder menschlichen Handlung ein Ziel zu Grunde liegt. Damit haben Sie völlig Recht. Hinter jeder Aktivität und sogar hinter jeder einzelnen Bewegung steht ein Ziel, eine besondere Absicht. Die Frage ist, ob das der handelnden Person auch bewusst ist. Oft erkennen wir nicht, welche Absichten und Wünsche, Sehnsüchte und Antriebe oder Befürchtungen und Ängste hinter unseren Handlungen – oder Nichthandlungen – stehen. Manchmal wollen wir es gar nicht wissen und wir verdrängen oder verschieben diese Absichten. Wir können also festhalten, dass jedes Verhalten eines Menschen immer auch einen Weg zu einem Ziel darstellt. Es gibt eben kein effizientes Verhalten ohne Ziel. Dies gilt auch dann, wenn das Motiv oder das Ziel der agierenden Person unbewusst bleibt.

Um die Möglichkeiten des Motivationsprozesses im Sinne einer Selbst- oder Fremdmotivation voll nutzen zu können, bedarf es eines bewussten, konkreten Zieles. Es muss eine kognitive Auseinandersetzung mit dem Zweck und dem Ergebnis der beabsichtigten Handlung stattfinden, damit der Prozess gestartet wird. Über Zieldefinitionen (darauf werden wir noch zu sprechen kommen) oder – wie schon ausführlich beschrieben – über die Arbeit mit Vorstellung von konkreten Ereignissen kann der Verlauf dieses Vorgangs günstig beeinflusst werden.

Allerdings weist diese Darstellung des Prozesses eine Schwäche auf. Es könnte der Eindruck entstehen, dass es jeweils nur eine solche Welle in unserem Organismus gibt. Tatsächlich sind in den Hirnarealen, die für Motivation und Verhalten zuständig sind, stets viele solcher Wellen vorhanden. Im Hinblick auf den Motivationsprozess – wobei von einigermaßen komplexen Aktionen ausgegangen werden kann – wird jedoch immer nur eine Aktivität ausgeführt. Diejenige mit der höchsten Priorität. Die Rangordnungen können durchaus wechseln. Denken Sie nur an eine alltägliche Arbeitssituation in Ihrem Büro.

Stellen Sie sich vor, Sie beschäftigen sich seit ungefähr einer Stunde mit einer bestimmten Tätigkeit. Zunächst war Ihre Konzentration noch sehr hoch. Doch nach und nach kommt Ihnen auch anderes in den Sinn. So könnte ein besonderes Stichwort einen anderen beruflichen Gedankengang auslösen, der Sie veranlasst, eine Notiz vorzunehmen und danach wieder am ursprünglichen Thema weiter zu arbeiten. Sie könnten aber auch daran denken, endlich einen Kaffe trinken zu gehen oder sich Ihre Mittagspause zu gönnen. Sie könnten daran denken, dass Sie für Ihren heutigen Hobby–Abend noch die eine oder andere Person anrufen müssen. Oder es fällt Ihnen ein, was Sie alles heute noch erledigen müssen usw.

All diese Gedanken repräsentieren potenzielle Motivationsprozesse, die gleichzeitig vorhanden sein können. Sobald Sie an diese Themen denken, sich mit Ihnen kognitiv auseinandersetzen, sind diese Prozesse gestartet. Das heißt aber nicht, dass diese Ideen auch tatsächlich realisiert werden. Sie könnten sich dafür entscheiden, die Notiz erst später zu machen, auf den Kaffee und die Mittagspause zu verzichten, und sich darauf verlassen, dass die notwendigen Telefonate für Ihren Hobby-Abend jemand anderer aus Ihrer Runde führt. Wie das nun konkret bei Ihnen sein wird, hängt vom Konkretisierungsgrad Ihrer Vorstellung ab. Vage Vorstellungen brauchen sehr lange, um aus einem Wellental zu steigen. Konkrete Vorstellungen hingegen tragen durch Ihre Klarheit eine erhöhte Umsetzungstendenz in sich. Unser inneres System startet jene Aktivitäten, die aktuell erfolgreich umgesetzt werden können. Dabei bildet sich bei mehreren verschiedenen Optionen eine Hierarchie heraus, die freilich sehr flexibel ist. So kann ein Vorhaben, z.B. die Telefonate mit Ihren Partnern aus der Hobby-Runde, immer wieder aufgeschoben werden, weil kurzfristige Ziele neu gestartet werden (müssen), denen Sie entweder eine größere Bedeutung (Wert = Anreiz) beimessen (müssen) oder die eine erhöhte Aussicht auf Erfolg aufweisen (Erwartung = Erfolgswahrscheinlichkeit).

Betrachten wir nun die einzelnen Phasen des Motivationsprozesses etwas näher.

1. Phase: Ein notwendiger *Kick-off*

Gleich einem alten Motorrad, das zum Anlassen einen Kick-Starter hat, braucht der Motivationsprozess ebenfalls ein *Ereignis*, das als Auslöser dient. Diese Funktion übernehmen unsere Motive. Sie sind ein theoretisches Konstrukt hinsichtlich Beweggrund, Antrieb, Ursache und Zweck des menschlichen Verhaltens. Wie bei einer alten Maschine spielt es auch beim Motivationsprozess keine Rolle wer den „Kick-Starter“ tritt. Wird er „getreten“, läuft der „Motor“.

Das Motiv bezieht sich dabei auf den Ablauf, das Ziel und vor allem auf die Intensität der konkreten Handlung. Das macht sich insbesondere die Kriminalpsychologie zu nutze. Wann immer ein schweres Verbrechen aufzuklären oder ein Täterprofil zu erstellen ist, wird versucht, eine Antwort auf das der Handlung zu Grunde liegende Motiv zu finden. Hat man erst das Motiv, dann wird die Suche nach dem Täter bzw. die Aufklärung der Tat etwas einfacher.

Alle alltäglichen Handlungen werden durch die Motive gesteuert. Nun können Sie sich fragen, welche Rolle die menschlichen Bedürfnisse im Motivationsprozess spielen. Sie bilden die Basis und stellen die Grundlage zur Ausbildung unserer Motive dar. Wie wir später bei der Bedürfnis-Hierarchie sehen werden, handelt es sich dabei nicht um viele einzelne, sondern jeweils um Bedürfnisgruppen.

In der Startphase des Motivationsprozesses geht es also darum, dass ein Bedürfnis oder ein Motiv aktuell aktiviert wird. Dies geschieht oft von alleine, nämlich immer dann, wenn sich in unserem Organismus ein bestimmtes Defizit äußert, etwa wenn unsere Grundbedürfnisse nicht befriedigt sind.

Für manche Menschen trifft zu, dass in ihrem Leben vieles eher zufällig passiert. Einige haben Glück, und das Richtige geschieht zur rechten Zeit. Wenn ich davon spreche, sich selbst oder andere zu motivieren, dann hat das nichts mit zufälligen Handlungen zu tun. Es hat wenig mit Glück zu tun, wie wohl wir Glück für erfolgreiche Aktivitäten brauchen. Motiviertes Handeln hat viel mehr mit gezielten Aktionen, die im eigenen Kompetenzbereich liegen, zu tun, die auf einen konkreten und bewussten Endzustand, auf ein konkretes Ziel, ausgerichtet sind. Wenn Sie also im Lotto einen hohen Gewinn machen, dann ist dieses Ereignis weniger auf Ihre Kompetenz zurück zu führen, als eher auf Ihr Glück und den Zufall, der die Zahlen verteilt hat. Möglicherweise hat Sie aber der Traum vom *großen* Geld dazu motiviert, Woche für Woche einen Spielschein auszufüllen und diesen in einer Annahmestelle abzugeben. Am Beispiel des Glücksspiels wird deutlich, wie groß die Bedeutung der emotionalen *Färbung* eines Zieles bzw. einer

Vorstellung sein kann. Rational betrachtet gibt es weder in Österreich noch in Deutschland eine realistische Chance auf einen Hauptgewinn. In Deutschland liegt die Wahrscheinlichkeit, den Höchstgewinn zu erzielen bei 1 zu 139838160 oder bei 0,000000000715%. In Österreich sind die Chancen zwar höher, mit 1 zu 8145060 oder 0,00000012% aber auch nicht gerade hoch. Trotzdem sind bei jeder Ziehung genügend viele Menschen motiviert und bereit einen Einsatz zu leisten, so dass zumindest die Lottogesellschaften und der Fiskus zu den regelmäßigen Gewinnern zählen.

Motivation bedeutet, Handlungen zu setzen, die man selbst beeinflussen kann. Es bedeutet *pro-aktiv* zu sein. Diese von Viktor Frankl beschriebene Verhaltensweise impliziert, dass jeder Mensch selbst für sein Leben verantwortlich ist. Unser Verhalten ist eine Funktion unserer Entscheidungen, und nicht nur der vorhandenen Umfeldbedingungen. Motiviertes Handeln bedeutet, zu wissen und zu spüren, dass man es selbst in der Hand hat, dass man mitgestalten kann, was geschehen wird. Beim Lottospielen wird Ihnen eine hohe Motivation zwar nicht schaden, sie wird Ihnen aber nicht die sechs Richtigen bescheren, da Sie es eben nicht in der Hand haben, welche Zahlen gezogen werden.

Es gibt Ereignisse im Leben eines Menschen, die einen an den gerade beschriebenen Gedanken zweifeln lassen. Sie kommen völlig unerwartet und treffen einen wie ein Faustschlag mitten ins Gesicht. Man kann diese Geschehnisse selbst nicht beeinflussen. Selbst in einem solchen Fall bleiben Ihnen jedoch Alternativen: Sie können selbst entscheiden, wie Sie mit einer derart extremen Situation umgehen. Sie selbst entwerfen die Bilder, die sich in Ihrem Gehirn festsetzen und Sie selbst wählen die Worte, mit denen Sie solche Situationen beschreiben.

Tipp:

> Hier könnte Ihnen folgender Gedanke helfen. Sie können nicht immer selbst entscheiden, was Sie tun (müssen) oder was sich in Ihrem Leben ereignet, aber Sie haben immer die Wahl, wie Sie mit diesen Ereignissen umgehen. Es ist Ihre Entscheidung, wie Sie diese Vorkommnisse bewerten, welchen Stellenwert Sie ihnen beimessen! Sie selbst sind es, der eine bestimmte Situation als großartig oder als

hoffnungslos definiert. Es sind Ihre Worte, Ihre Gedanken und vor allem Ihre Gefühle, die Sie mit bestimmten Zuständen verbinden, die Ihrem Gehirn entsprechende Bilder vermitteln. Und diese Bilder wiederum beeinflussen Ihr Verhalten.

Sie kennen möglicherweise Menschen, die sich in eine Sache so richtig hineinsteigern können und auf einen bestimmten Vorfall mit derart intensiven Emotionen reagieren, dass sie aus diesem Zustand kaum mehr herauskommen. Sie können nicht loslassen, weil sie ständig darüber reden. Sie kennen vielleicht auch jemanden, dem das *Schicksal* übel mitgespielt hat und der diese Situation gemeistert hat und eventuell gestärkt aus ihr hervorgegangen ist. Das gelingt Menschen, die sich bewusst dafür entscheiden, einem zunächst negativ bewerteten Ereignis eine andere Bedeutung zu geben. Das sind Menschen, die ihren Blickwinkel ändern können und darüber nachdenken, wie die Kehrseite der Medaille aussehen könnte. Diese Leute finden entsprechende Antworten und können sich dadurch von einer bestimmten Sichtweise lösen und befreien. Dafür eignen sich Gespräche mit vertrauten Personen. Bedeutend dabei ist die Wahl der Worte, d.h. welche Begriffe für welche Geschehnisse verwendet und welche Emotionen dadurch ausgelöst werden.

Können Sie sich noch an das Experiment erinnern, das wir zu Beginn dieses Buches durchgeführt haben? Ein Brett, der Grand Canyon und 1600 Meter Tiefe? Erinnern Sie sich noch an das Fazit dieser Übung: Es sind Ihre Vorstellungen, die Ihr Verhalten steuern. Das bedeutet, dass alles, was Sie sich in Ihrem Kopf konkret vorstellen können, potenziell möglich ist. Auch wenn Sie selbst zunächst noch viele rationale Argumente finden, die dagegen zu sprechen scheinen. Sobald aber diese ersten Gedanken über ein bestimmtes Ereignis vorhanden sind, ist der Motivationsprozess gestartet. Die Welle beginnt sich aufzubauen und somit entsteht die Spannung, aus der letztlich Energie geschöpft wird.

Der *Kick-off* des Motivationsprozesses ist umso stärker, je emotionaler das Ziel für Sie besetzt ist. Haben Sie sich schon einmal überlegt, wie es Ihnen gelingen könnte, Ihre Vorstellungen emotional stärker einzufärben?

Seit Sigmund Freud wissen wir um die Bedeutung des *Lustprinzips.* Demnach unterstehen unsere psychische Aktivität und damit unser vollständiges Handeln dem Ziel, sich Lust zu verschaffen und Unlust bzw. Schmerz zu vermeiden. Das bedeutet, dass unser Verhalten auf Lustgewinn und Schmerzvermeidung zusteuert.

Die Geschichte von Karl

Stellen Sie sich eine Person vor, die früh morgens aufwacht und sich überlegt, ob sie joggen soll. Nennen wir diese Person Karl. Karl wird also munter und denkt sich, *eigentlich sollte ich laufen gehen.* Damit hat er bereits eine erste Einschränkung gemacht, denn das Wort *eigentlich* lässt Alternativen zu. Karl steht auf, geht zum Fenster, zieht den Vorhang etwas zur Seite und blickt hinaus. Er sieht, dass es leicht regnet. *Ich hasse es, im Regen zu laufen*, denkt er. *Außerdem werden die Schuhe immer so schmutzig und ich möchte meine Schuhe nicht putzen müssen,* denkt Karl weiter. Er blickt auf seinen Wecker und überlegt: *Wenn ich jetzt nicht laufe, könnte ich noch eine ganze Stunde schlafen.* Dieser Gedanke vermittelt ihm ein sehr angenehmes Gefühl. Das warme Bett, noch ein bisschen träumen und dann in Ruhe ein gutes Frühstück. Karl überlegt nicht weiter, er zieht den Vorhang wieder zu und legt sich wieder hin. Er hat seine Entscheidung durch einige vordergründig Lust gewinnende Argumente unterstützt. Und den Schmerz, den er erleben wird, wenn ihn seine Kollegen fragen, ob er heute laufen war, kann er immerhin mit den Argumenten *Regenwette*r und *Schmutz* stark verringern. Außerdem hat Karl schon Routine darin zu erklären, warum er was nicht gemacht hat bzw. machen konnte, denn seine Entscheidungsfindung läuft öfter nach dem gleichen Prinzip ab.

Man könnte diese Methode aber auch anders einsetzen. So nämlich, dass wir jene Aktivitäten, die wirklich gut für uns wären, auch konsequent durchführen. Dafür müssen wir unsere Ziele mit möglichst starken positiven Emotionen besetzen, die uns Lustgewinn erwarten lassen. Zugleich müssen wir aber auch für die nötigen schmerzlichen Emotionen sorgen, wenn wir die Handlung nicht realisieren. So könnte Karl also am Fenster stehen und folgende Gedanken zulassen: *Es regnet, da ist es besonders herausfordernd. Meine Kollegen werden Augen machen, wenn ich ihnen erzähle, dass ich trotzdem gelaufen bin. Und wenn ich es nicht tue? Wenn ich einmal wegen etwas Regen eine Aus-*

nahme mache, dann verliere ich meine Konsequenz. Das will ich nicht, denn das ist eine meiner Stärken. Außerdem wollen wir doch heute Abend essen gehen. Wenn ich jetzt nicht laufe, dann habe ich ein derart schlechtes Gewissen beim Essen, dass es mir keinen Spaß machen wird. Ja, so ist es. Karl steigt in die Laufschuhe und denkt noch an das tolle Gefühl, das er anschließend in der Brause haben wird. *Ich werde mich richtig gut fühlen und obwohl der Arbeitstag noch gar nicht begonnen hat, werde ich schon etwas Tolles geleistet haben*, denkt er sich und läuft los.

Es gibt noch eine dritte Möglichkeit, wie Karl reagieren könnte: Nicht lange nachdenken, rein in die Laufschuhe und loslaufen. Ganz nach dem Motto *tu es einfach*! Dies schützt davor, negativen Gedanken und Gefühlen zu einer bestimmten Sache eine zu große Bedeutung zu geben. Vielleicht kennen Sie den Song *Weiß wie Schnee* vom österreichischen Liedermacher Wolfgang Ambros. Darin singt er: „*Überlange Wartezeit ist der Tod jeder Idee!*" Wenn Sie es einfach tun, obwohl ihre Gedanken und Gefühle dieser Sache zunächst skeptisch gegenüberstehen, wenn Sie sich also vielleicht zunächst dazu *zwingen*, wird Ihr Gehirn diese *kognitive Dissonanz* nicht lange aufrechterhalten können. Ihre Einstellung wird sich ändern, ihr Tun positiv bewerten und Ihre Stimmung wird steigen. Ich habe mir dieses Prinzip vor langer Zeit folgendermaßen zu nutze gemacht: Gibt es bei Seminaren eine Mittagspause von zumindest eineinhalb Stunden, laufe ich knapp eine Stunde, während die Teilnehmer essen. Das ist ein Ritual geworden. Es hilft mir, meine Asics-Kayano-Schuhe selbst dann anzuziehen, wenn das Wetter schlecht ist und die Aussicht zu laufen, keine große Lust in mir erzeugt.

2. Phase: Eine innere Spannung baut sich auf

Den Start eines Motivationsprozesses konnte ich bei Bekannten schon oft beobachten. Am besten dann, wenn sie von ihren Vorstellungen und Träumen erzählt haben. Als Berater und Coach kann man oft mitverfolgen, ob die kommunizierten Vorstellungen Realität werden oder nicht.

So habe ich einen Bekannten, der mir einmal ganz beiläufig erzählt hat, dass er für eine bestimmte Zeit aussteigen wolle. Wir haben uns dann längere Zeit weder gesehen noch gehört, doch als wir uns wieder getroffen haben, habe ich natürlich nachgefragt, was denn aus der Aussteigeridee geworden sei. Er erzählte mir, was er schon alles unternommen habe und wie diese Zeit aussehen solle. Kurz darauf trafen wir uns noch einmal und er eröffnete mir, dass er nun für ein Jahr nach Australien gehe. Die Formalitäten waren alle erledigt, seinen Job hatte er gekündigt und seine kleine Wohnung war bereits vermietet. Obwohl seine Firma ihm eine Wiedereinstellungsoption versprochen hatte, war das trotzdem ein sehr mutiger Schritt. Er hat diese Idee tatsächlich realisiert und war ein Jahr lang in Australien.

Wenn wir heute darüber reden, dann nennt er seinen damaligen Entschluss die wichtigste Entscheidung seines Lebens. Heute hat er einen anderen, besser bezahlten Job, der ihm sogar mehr Spaß macht als sein vorheriger.

Ein anderer Bekannter erzählt mir seit langem von einer ähnlichen Idee, nämlich für eine bestimmte Zeit nach Amerika zu gehen. Davon spricht er, seit ich ihn kenne, d.h. seit knapp 20 Jahren. Bis heute hat er es nicht geschafft, seine Idee zu realisieren. Worin besteht die Ursache, dass der eine das tut, was er sagt und der andere jahrelang nur davon träumt? Was ist der Unterschied?

Wenn wir uns auf den Motivationsprozess konzentrieren, dann können wir ganz unterschiedliche Muster bei diesen beiden Personen beobachten. Jener, der ein Jahr lang in Australien gelebt hat, hat aus seiner ursprünglichen Idee einen Traum gemacht. Dann wurde daraus ein Plan, den er schließlich in die Tat umgesetzt hat. Entscheidend ist es, einen möglichst konkreten Plan für die Umsetzung des Vorhabens zu erarbeiten. Für manche Persönlichkeitstypen ist es hilfreich, den Plan mit vertrauten Menschen regelmäßig zu besprechen. Dadurch steigt zwar einerseits der Druck, die Handlung ausführen zu müssen, andererseits erhöht sich aber auch die Erfolgswahrscheinlichkeit. Für diese Variante sollte man jedoch mit Druck gut umgehen können. Als ich meinen Bekannten damals fragte, wie er sich das mit Australien vorstelle, konnte er mir das so konkret erzählen, dass ich überzeugt war, dass es so ähnlich geschehen werde. Er wusste ganz genau, was er wollte und was er dafür tun musste. Er hat für seinen Traum hart gearbeitet und alle notwendigen Schritte zu Papier gebracht (entsprechende Übungen finden Sie im Umsetzungsteil).

Mein *Amerika–Bekannter* hingegen ist über die Traumphase nie hinausgekommen. Er hatte jedes Mal eine andere Idee, was er in Amerika machen könnte. Bis heute hat er es nicht geschafft, einen konkreten Plan für seinen Aufenthalt aufzustellen.

Ich begann vor langer Zeit meine Ziele genau zu fixieren und hatte diesbezüglich häufig heftige Debatten mit meiner Mutter. Sie vertrat lange Zeit die Ansicht, man solle nicht alles so genau planen. Unsere Diskussionen brachten kein Ergebnis und jeder von uns hatte irgendwie Recht. Einerseits ist eine konkrete Planung meist eine Voraussetzung für eine erfolgreiche Umsetzung, andererseits sollte man sich auch gewisse Freiheiten bewahren und nicht bis in letzte Details planen. So erhält man sich Spontaneität und Flexibilität. Dadurch erhält sich die Spannung.

Tipp: Steigern Sie die Spannung und planen Sie!

Es gibt ihn aber, diesen kritischen Punkt, an dem man beginnt, ja beginnen muss, aus Träumereien und losen Gedanken konkrete Pläne zu schmieden. Es ist eine Leistung, von den Vorstellungen zu konkreten Aktionen zu gelangen. Ich erreiche und spüre bei meinen Vorhaben diesen Punkt dann, wenn ich mich intensiv mit meinen Wünschen auseinandergesetzt habe. Irgendwann erkenne ich, welches die ersten Schritte sind, die es umzusetzen gilt. Wenn meine Vorstellungen bereits so konkret sind, dann beginne ich, einen Plan zu erstellen. Vergleichbar mit einer Straßenkarte, definiere ich die wichtigsten Aktivitäten, an denen ich mich orientiere. Nach dieser *inneren Landkarte* handle ich dann konsequent. Solange ich mich auf *Zielerreichungskurs* befinde, bleibe ich bei meiner Strategie. Erst wenn ich auf Hindernisse stoße, überlege ich mir die Ausweichroute und beginne – falls nötig – neu zu planen.

Das Planen konkreter Schritte zur Umsetzung des jeweiligen Vorhabens erfüllt im Motivationsprozess einen wichtigen Zweck. Wenn Sie sich mit Ihrem Vorhaben konkret auseinandersetzen, wirkt sich das günstig auf den Spannungsaufbau aus. Auf die Möglichkeit, Pläne mit anderen Personen zu besprechen, habe ich bereits hingewiesen. Seit langem habe ich es mir zur Angewohnheit gemacht, meine Ziele mit engen Freunden zu besprechen, noch bevor ich überhaupt weiß, wie ich diese Vorhaben angehen soll. Meine Freunde Josef Schieder, Robert Daghofer und mein Bruder Klaus stehen mir dafür in dankenswerter Weise seit langem zur Verfügung. Sie erleben oft, dass meine Vorhaben eine enorme Kraft besitzen und mich bewegen. Durch dieses *Öffentlichmachen* meiner Absichten gehe ich eine Art Verpflichtung ein, sie mit der notwendigen Konsequenz und dem entsprechenden Einsatz zu verfolgen. Ich weiß nämlich, dass mich meine Freunde immer wieder auf die beabsichtigten Aktivitäten ansprechen. Außerdem erhalte ich aus diesen Gesprächen oft wertvolle Hinweise, die mir später bei der Konkretisierung meiner Ziele hilfreich sind.

Je konkreter Sie sich also mit Details beschäftigen, je klarer Sie sich Einzelaktivitäten vorstellen, desto rascher kommen Sie zum Spannungshöhepunkt. Das ist dann der Augenblick, in dem Sie jene Energie zur Verfügung haben, die Sie benötigen, um Ihr Vorhaben zu realisieren!

Wie lange diese zweite Phase des Motivationsprozesses dauert, hängt erstens von persönlichen Faktoren ab, zweitens von der jeweiligen Situation, in der die Handlung stattfindet und drittens von der Quantität sowie Qualität des Ziels. Eines ist jedoch bei allen Menschen gleich. Diese Spannung baut sich im Sinne einer Welle so lange auf, bis sie zu einem Höhepunkt gelangt. Verschiedene Menschen halten unterschiedliche Motivationsspannungen aus, ja brauchen verschiedene Spannungszustände, bis sie aktiv werden. Wenn der Spannungshöhepunkt erreicht ist, reagieren jedoch alle Menschen gleich.

Um Ihnen ein besseres Bild von der zweiten Phase des Motivationsprozesses zu vermitteln, stelle ich Ihnen eine einfache Frage: *Wie lange kann man einen Luftballon aufblasen?* Einen ganz normalen Luftballon, den es für Kinder in Geschäften gibt. Wie lange denken Sie, kann man ihn aufblasen? Wenn Sie möchten, können Sie Ihre Antwort niederschreiben.

Antwort:

____

Meinten Sie gerade, dass man einen Luftballon solange aufblasen könne, bis er platzt? Diese Antwort geben mir die meisten Seminarteilnehmer. Diese Aussage ist zwar praktisch richtig, theoretisch jedoch falsch. Sie können einen Luftballon nämlich nur solange aufblasen, bis Sie an den kritischen Punkt gelangen. Der kritische Punkt markiert den Moment, in dem die Ballonhaut ihre maximale Ausdehnung erreicht hat: der Bruchteil eines Augenblicks bevor der Luftballon platzt. Wenn Sie den kritischen Punkt übergehen, können Sie den Ballon nicht mehr weiter aufblasen, da er bereits geplatzt ist.

Nun habe ich noch eine Frage an Sie: Was passiert, wenn ein Luftballon platzt? Richtig, es wird Energie frei, die mit einem lauten Knall aus dem Ballon entweicht. Da tut sich einiges, wenn ein Luftballon zerfetzt. Sehr ähnlich verhält es sich, wenn der Motivationsprozess zu seinem Höhepunkt gelangt. In dieser Phase haben wir enorm viel Energie zur Verfügung. Normalerweise genau so viel, wie wir zur Realisierung unseres Vorhabens benötigen!

Visualisierung der freigesetzten Energie

Abbildung 4

3. Phase: Energie wird frei

Wenn Sie Ihre Motivationsspannung durch Tagträume, innere Filme in der Dauer von zumindest 15 Minuten, konkrete Planungen und andere Techniken, die ich im zweiten Teil des Buches vorstelle, sukzessive erhöhen und zum Höhepunkt steigern, dann läuft etwas Phantastisches in Ihnen ab. Sie erhalten von Ihrem Organismus pure Energie. So viel Energie, wie Sie brauchen, um Ihr Vorhaben zu realisieren. Voraussetzung dafür ist allerdings, dass Sie sich ein klares und konkretes Ziel gesetzt und dieses entsprechend formuliert, in Einzelschritte zerlegt und – wenn möglich – niedergeschrieben haben.

Vereinfacht dargestellt funktioniert Ihr gesamtes Leben nach diesem Prinzip. Es ist nicht wesentlich komplizierter, auch wenn viele das vielleicht vermuten. Ihr Organismus stellt Ihnen exakt jene Menge an Energie zur Verfügung, die Sie benötigen, um Ihre Ziele und Vorhaben anzugehen und möglichst zu erreichen.

Jetzt stellen Sie sich einmal vor, wie viel Energie Menschen zur Verfügung haben, die nicht wissen, was Sie mit Ihrem Leben anfangen wollen. Spätestens jetzt erschließt sich das Zitat von Michelangelo, das am Beginn dieses Kapitels steht, in seiner ganzen Dimension. Je höher Sie sich Ihre Ziele stecken, desto mehr Energie haben Sie dafür zur Verfügung. Freilich gilt hier eine wesentliche Einschränkung: Ziele, die tatsächlich unrealistisch sind und die Sie niemals erreichen können, bewirken den umgekehrten Effekt. Beim Griff nach den Sternen erfahren viele Menschen Misserfolgserlebnisse. Wieder und immer wieder. Die Sterne hängen zu hoch. Dies führt mit der Zeit zu Frustration, der oftmals eine dauernde Passivität folgt. Vielleicht erinnert Sie diese kausale Kette an den Motivationstypen des *Misserfolgsmeiders.*

Es geht also vor allem darum, die *richtigen* Ziele zu finden. Eine Technik dazu folgt im zweiten Teil des Buches.

Wenn Sie also aus Ihrer Vorstellung (Ihrem Motiv) ein konkretes Ziel erarbeitet und dieses auch entsprechend geplant haben, dann können Sie davon ausgehen, dass die Energie, die Sie besitzen, zielgerichtet eingesetzt wird. Manchmal werden Sie das gar nicht merken. Sie können aber davon ausgehen, dass sich diese Energie in einer zielgerichteten Handlung beobachten lässt – diese ist zwar noch keine Erfolgsgarantie, aber sie ist die unabdingbare Voraussetzung für Ihren persönlichen Erfolg. Ist Ihnen Ihr Ziel wichtig und klar genug, werden so viele effiziente Einzelhandlungen folgen, bis Sie es erreicht haben. Wie wir schon besprochen haben, hängt diese Fähigkeit aber auch von Ihrer Motivtendenz ab. Erfolgssucher haben hier gegenüber den Misserfolgsmeidern natürlich klare Vorteile.

Diese dritte Phase, in der die handelnde Person auf sich allein gestellt ist, ist jene, die manche Kollegen *Motivation* nennen und zugleich behaupten, man könne andere nicht motivieren. Indem sie allerdings *motiviert sein* mit *handeln* gleichsetzen, gehen sie von einem falschen Ansatz aus. Wie Sie sich erinnern können, bedeutet Motivation zunächst ja nur eine erhöhte Handlungsbereitschaft. Erst durch das Zusammenspiel mit den Faktoren *Anreiz, Erfolgswahrscheinlichkeit* und *Motivtendenz* folgt eine zielgerichtete und motivierte Aktivität.

Es ist richtig, dass niemand für eine andere Person die konkrete Handlung vornehmen kann. Motivation ist jedoch ein äußerst komplexer Vorgang, der mit Sicherheit nicht nur aus der Aktivität besteht. Damit Motivation eine Chance auf Realisierung besitzt, müssen vorher und nachher bestimmte Prozesse im menschlichen Organismus abgelaufen sein. Unter diesem, motivationspsychologisch gesicherten, Blickwinkel steht fest: Motivieren von anderen Personen ist möglich!

Diese Erkenntnis ist gerade für Unternehmen von großer Bedeutung. Das Verhalten einer Führungskraft hat immer Auswirkungen auf den Motivationsprozess der Mitarbeiter und zwar unabhängig davon, ob die Führungskraft das möchte oder nicht, ob es der Führungskraft bewusst ist oder nicht. Hier verhält es sich sehr ähnlich wie mit der oft gestellten Frage, ob Führungskräfte Vorbilder sein sollen oder müssen. Diese Frage steht in keiner Weise zur Diskussion. Führungskräfte sind immer Vorbilder. In allem, was sie tun. Ob sie das wollen oder nicht. Entscheidend ist, mit welchem Vorzeichen Mitarbeiter das Vorbild ihres Chefs versehen. Steht ein *Plus* oder ein *Minus* davor? Auf die Motivation bezogen lautet die entsprechende Frage: Welche Auswirkungen hat das Verhalten der Führungskraft auf den Motivationsprozess des Mitarbeiters? Fördert es die Spannung und hilft es, Energie aufzubauen, um diese dann zielgerichtet einsetzen zu können, oder wirkt es kontraproduktiv und lähmend, so dass sich Mitarbeiter in Passivität flüchten?

Manchen Fußballtrainern wird die Eigenschaft eines *Motivators* zugeschrieben. In Österreich hatte Otto Baric einen Beinamen, der diese Eigenschaft ausdrückte, nämlich *Otto maximale.* Sein Verhalten beim Training und während eines Spieles an der Outlinie, hat auf viele Spieler offensichtlich derart anregend gewirkt, dass sie *über sich hinausgewachsen* sind. Der Höhenflug von Austria Salzburg bis in das Finale des Europacups, Mitte der neunziger Jahre, gibt dafür ein gutes Beispiel.

Sie erinnern sich noch an die Grundthese von Paul Watzlawick, zu Beginn des *neuen Treppenläufers*? *Sie können sich nicht nicht verhalten!* Alles, was jemand tut, hat Auswirkungen auf andere Personen. Sie können davon ausgehen, dass Sie diese *Macht* besitzen, und daraus schließen, dass diese Zustände für die Motivation der Menschen in Ihrem Umfeld entweder förderlich oder hinderlich sind. Es liegt also in Ihrem Einflussbereich, andere Menschen zu motivieren oder auch zu demotivieren. Damit kein Missverständnis entsteht: Eine Person – ein Trainer oder eine Führungskraft – ist immer nur *ein* Einflussfaktor für die Motivation eines anderen Menschen. Seine Wirkung kann jedoch nicht wegdiskutiert werden.

Wenn Ihre Energien es Ihnen ermöglicht haben, Ihr Vorhaben zu beginnen und im optimalen Falle auch zu realisieren, dann tritt die nächste Phase des Motivationsprozesses ein, nämlich der Spannungsabbau.

4. Phase: Entspannen

Wenn Sie längere Zeit auf ein Ziel hingearbeitet, einiges an Zeit und Engagement dafür investiert haben und das gewünschte Ergebnis tatsächlich oder annähernd erreicht haben, dann verlangt Ihr Organismus nach Entspannung. Im optimalen Fall gliedert sich diese Phase in zwei zusammenhängende Schritte. Erstens in eine Analyse, zweitens in eine Regeneration. Erst durch beide Aktivitäten wird gewährleistet, dass sich die zuvor physisch und psychisch aufgebaute Spannung wieder abbaut.

Generell ist die Motivationsforschung zu dem Ergebnis gekommen, dass Entspannung umso stärker auftritt und Regeneration umso wichtiger ist, je mehr Anstrengungen das realisierte Ziel erfordert hat. Das geht soweit, dass manche Personen, die große Leistungen erbracht haben, danach in ein so genanntes *Motivationsloch* fallen und von einer *inneren Leere* sprechen.

In vielen Coachings und Trainings habe ich die Erfahrung gemacht, dass diese *innere Leere* dann am besten vermieden werden kann, wenn diese vierte Phase durch bestimmte Aktivitäten gekennzeichnet ist. Damit meine ich, sich mit dem Geschehenen auseinandersetzen.

Dazu bieten sich Analyse- und Feedbackmethoden bestens an. Da künftiges Handeln durch die Erfahrungen aus vergangenem Handeln beeinflusst wird, liegen die Vorteile einer durchdachten Handlungsanalyse oder eines Feedbackprozesses auf der Hand. Es kann davon ausgegangen werden, dass die für vergangenen Erfolg bzw. Misserfolg verantwortlich gemachten Faktoren über künftigen Erfolg bzw. Misserfolg wesentlich mit entscheiden. Gerade wenn ein Ziel nicht vollständig erreicht oder gar verfehlt wurde, ist es besonders wichtig den Prozess in einer Analyse zu Ende zu denken und mit einem Feedbackprozess abzuschließen, egal ob das Ziel vollständig oder nur teilweise realisiert oder gar verfehlt wurde.

Durch die aktive Auseinandersetzung mit dem Ereignis tritt eine Beschleunigung der Entspannung auf. Menschen, die ihre Zielprozesse regelmäßig analysieren und Feedback erhalten, entspannen sich schneller und sind entspannter als jene, die weder Analysen durchführen noch Rückmeldungen erhalten. Diese beiden Methoden bieten einen bedeutenden Vorteil. Ist ein Ereignis erst einmal nach einer guten Methode analysiert und besprochen, dann fällt es leichter, es zu verarbeiten und sich davon zu lösen. Erst dann kann die den Motivationsprozess abschließende und wichtige Regenerationsphase beginnen.

Wird der Prozess nicht analysiert und beendet, kommt man unter Umständen nicht davon los. Manche erzählen dann ein halbes Jahr bei jeder Gelegenheit vom gleichen Erfolg oder von der selben Niederlage, je nach dem.

Nach Analyse und Feedback sollte schließlich kommen, was im Sport seit langem bekannt und alltäglich ist, im Arbeitsleben aber oft übersehen oder einfach nicht zur Kenntnis genommen wird. Hat eine Person eine Leistung erbracht und ein Ziel erreicht, dann braucht sie eine Regenerationsphase, damit vollständige Entspannung möglich ist. In vielen Seminaren meinen Manager bei diesem Gedanken oft, es wäre gar nicht gut, wenn Mitarbeiter vollständig entspannt seien.

Dann nehme ich noch einmal meinen Luftballon zur Hilfe und stelle zwei einfache Fragen. Erstens: *„Welche Leistungen sollten Ihre Leute erbringen können?“* Die am häufigsten gegebene Antwort lässt sich leicht erraten: *„Die größtmögliche Leistung!“* Dann nehme ich meinen Luftballon und stelle die zweite Frage: *„In welchem Zustand kann der Luftballon seine größtmögliche Leistung erreichen? Wann kann ich ihn am stärksten aufblasen?“*

Auch diese Antwort werden Sie sich gut vorstellen können. Die meisten nicken dann schon und meinen: *Wenn er völlig entspannt ist.* Unter Regeneration verstehe ich allerdings nicht, dass Sie oder Ihre Mitarbeiter nichts tun, sondern dass Sie etwas anderes tun als vorher. Entspannung hängt zeitlich immer davon ab, welche Leistung jemand erbracht hat. Nach einem sehr herausfordernden Kundengespräch, das eine Dreiviertelstunde gedauert hat, werden Entspannung und Regeneration nur einige Minuten in Anspruch nehmen, und schon können Sie das nächste Kundengespräch führen. Gesprächsprofis binden in ihre Analyse den Kunden ein, besprechen am Ende des Gespräches dessen Verlauf und fragen die Zufriedenheit des Kunden ab. Es genügt aber in vielen Fällen ein kurzes Nachdenken über den Verlauf des Gespräches. Sie können sich regenerieren, indem Sie etwas trinken, mit einem Kollegen reden, zu Hause anrufen oder auch einen Blick auf die Sportseiten der Tageszeitung werfen.

Haben Sie hingegen ein Projekt erfolgreich abgeschlossen, das Sie im letzten halben Jahr völlig beansprucht hat, werden Analyse und Regeneration andere Dimensionen aufweisen. Wahrscheinlich werden Sie eine standardisierte Analyse mit anderen Personen durchführen und die wichtigsten Erkenntnisse in Ihr künftiges Projektmanagement einbauen. Regenerierend könnte ein verlängertes Wochenende mit Ihrem Partner oder mit Ihrer Familie oder auch ein Urlaub wirken.

Erst wenn tatsächlich entspannt und regeneriert wurde, kann ein neuer Motivationsprozess in seiner vollen Kraft starten, erst dann ist man wieder in der Lage, Höchstleistungen zu bringen und sich neue Ziele zu setzen. Gibt es diese Phase nicht und muss sofort die nächste Handlung gesetzt werden, tritt folgendes Phänomen auf: Die Zeitspanne, die der Organismus benötigt, um erneut Spannung und Energie aufzubauen, wird länger, das Leistungsintervall jedoch verringert sich. Ich denke, ein gesunder Mensch ist durchaus in der Lage, mehrere Handlungen hintereinander durchzuführen. Fehlen Entspannungs- und Regenerationsmöglichkeiten jedoch auf Dauer – was dem aktuellen Zustand in vielen Unternehmen und Organisationen entspricht – steuert man direkt auf ein *Burnout* zu.

Der Motivationsprozess

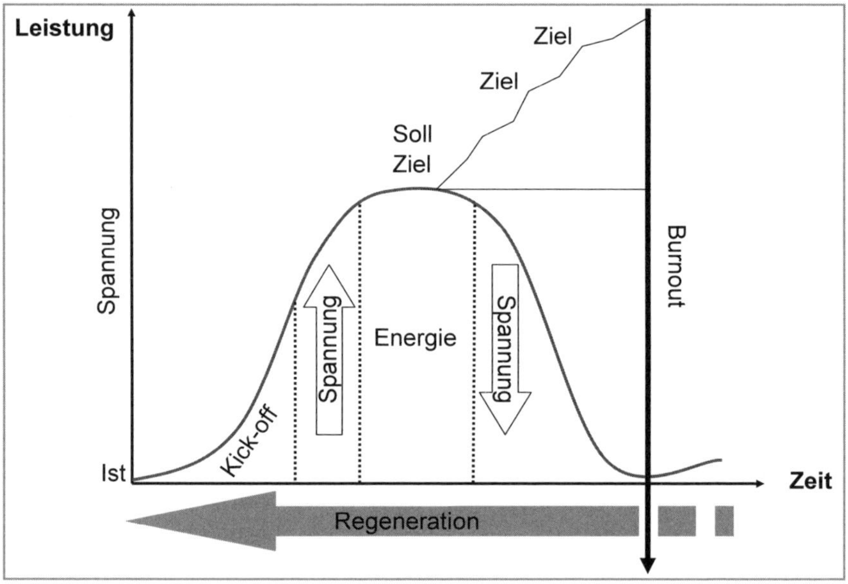

Abbildung 5

Der amerikanische Universitätsprofessor Richard Belson hat in einer Fachzeitschrift ein 10-Punkte-Programm veröffentlicht, wie man verlässlich in ein *Burnout* gerät. Diesen paradoxen Zugang möchte ich Ihnen nicht vorenthalten.

- **Arbeite so viel und so lange wie irgend möglich, besonders** nachts und an Wochenenden. Versuche möglichst, auch an den Feiertagen zu arbeiten.
- **Nimm möglichst viele, besonders belastende Fälle an** und leg dir die Termine so, dass du sie möglichst alle am gleichen Tag hast, am besten drei oder vier hintereinander. Vermeide Pausen und beschäftige dich möglichst oft mit diesen Fällen; denke auch daran, wenn du mal gerade nicht arbeitest: die Mittagspause oder nachts um drei Uhr sind gute Zeiten dafür.
- **Nimm dir höchstens einmal im Jahr Urlaub.** Und auch nur dann, wenn es sich gar nicht vermeiden lässt. Aber nimm dann wenigstens Fachliteratur mit, die du im Hotelzimmer, auf der Terrasse oder am Strand liest und vergiss nicht, täglich im Büro bzw. in der Praxis anzurufen, um zu erfahren, ob es irgendwelche dringenden Fälle gibt.
- **Lies immer dasselbe alte Zeug.** Bilde dich nicht weiter, sondern bleib bei deinem Gelernten, das hat sich doch über Jahrzehnte bewährt; sei nicht offen für Neues – insbesondere Informationen von anderen bzw. Betrachtungen verschiedener Standpunkte sind „bedrohlich“.
- **Merk dir besonders, wie fies deine Kunden sind.** Wie sie deine Bemühungen untergraben; wie sie dich erst zu mögen scheinen, um sich dann wegen irgendwelcher Nichtigkeiten gegen dich zu wenden; wie am Ende eines zermürbenden Beratungsgespräches voller Auseinandersetzungen und Ärger etwas vereinbart wird – um es dann doch nicht einzuhalten; wie sie sich und dich abwerten, wenn sie dein Büro verlassen.
- **Mach deine Selbstbestätigung ausschließlich von deiner Arbeit abhängig.** Versuche erst gar nicht, so etwas wie ein Privatleben zu führen; deine Kunden brauchen dich viel zu sehr.
- **Gib unter keinen Umständen Geld dafür aus, dein Büro schön herzurichten.** Warum solltest du dich auch den ganzen Tag über in einer angenehmen Umgebung aufhalten wollen?

- **Glaube fest daran, dass gerade du jeden Fall „lösen" kannst.** Du allein weißt, wie die Lösung für den anderen aussehen kann und muss.
- **Sei nicht an deinem eigenen Wohlergehen interessiert.** Rede nie über die positiven Seiten deiner Tätigkeit oder über berufliche Erfolge. Denke auch niemals daran, beruflich weiterzukommen oder dich gar finanziell besser stellen zu wollen.
- **Lebe dein Leben ohne Freunde, Partner oder Familie.** Solltest du zufälligerweise dennoch eine Familie haben, ignoriere sie einfach. Wenn du alleine bist, dann suche nach dem absolut idealen und völlig fehlerlosen Partner – auch wenn die Suche dein ganzes Leben lang dauert. Gib dich niemals mit einem normalen Menschen zufrieden, erwarte das Unmögliche.

• Ziele sind die Voraussetzung für Erfolgserlebnisse

Allein die Tatsache, dass eine Person ihre Ziele kennt, erhöht die Motivation beträchtlich. Bei einer wissenschaftlichen Studie zum Thema *Arbeitsmotivation* konnte ich statistisch belegen, dass jene Arbeitnehmer, die *hoch motiviert* sind, einerseits ihre Ziele kennen und diese andererseits regelmäßig besprechen. Dort wo Mitarbeiter *wenig motiviert* sind, sind kaum Ziele bekannt. Zwischen dem Vorhandensein von Zielen und der Höhe der Motivation gibt es einen signifikanten Zusammenhang. Werden Mitarbeiter in den Zielgestaltungsprozess eingebunden, dann steigt deren Motivation noch einmal an. Dort wo Arbeitnehmer *hoch motiviert* sind, ist der Anteil jener, die in diesen Prozess eingebunden werden, ungleich höher als bei jenen, die *wenig motiviert* sind.

Ich bin davon überzeugt, dass diese beiden Zusammenhänge auch in anderen Bereichen Gültigkeit besitzen. Also sollte man annehmen, dass die meisten Menschen klare Ziele für sich formulieren. 20 Jahre Erfahrung als Trainer, Coach und Berater zeigen mir, dass dem nicht so ist. In Seminaren und Vorträgen fällt mir auf, dass viele Teilnehmer Probleme damit haben, ihre wichtigsten Ziele zu formulieren. Viele handeln nach dem Motto *Es wird sich schon was ergeben* und warten auf ... ja, auf was eigentlich? Das wissen diese Leute oft selbst nicht. Es fällt ihnen auch nicht auf, dass sie in ihrer Sprache zwei besondere Formulierungen häufig verwenden. Wenn es sich um die Zukunft handelt, hört man oft:

Ja, wenn … dann hätte ich …

Betrachten diese Menschen ihre Vergangenheit, kann man öfter vernehmen:

Ach hätte ich doch nur …

Es ist ihnen also durchaus bewusst, dass eine Chance vergeben wurde. Trotzdem lernen sie wenig daraus und formulieren für ihre Zukunft wieder ihre gewohnte Phrase. Damit erklären und rechtfertigen Sie eine Tendenz zu passivem Verhalten und bewahren sich davor, etwas Konkretes tun zu müssen. Hinter diesem weit verbreiteten Verhalten steckt häufig mangelndes Selbstvertrauen, das von einem instabilen und wenig positiv besetzten Selbstwertgefühl beeinflusst wird. (Wie Sie diesen wichtigen Mechanismus positiv beeinflussen, lesen Sie im zweiten Teil dieses Buches).

Wenn wir Ziele setzen, weil uns die Angst im Nacken sitzt

Typische Beispiele dafür finden sich jeden Tag, bspw. in einem Krankenhaus. Stellen Sie sich einen Patienten vor, der eingewiesen wurde, weil der Hausarzt für einen positiven Befund keine zufriedenstellende Ursache und Erklärung fand. In der Klinik werden mehrere, auch unangenehme Untersuchungen durchgeführt. Möglicherweise denkt der Patient in unserem Beispiel, *ach, hätte ich doch nur …* Je größer die Angst vor positiven Befunden, desto massiver wird der Selbstvorwurf. In dieser Situation wird sich diese Person unter Umständen etwas vornehmen, sich ein Ziel setzen. Vielleicht mit dem Rauchen aufzuhören, sich gesünder zu ernähren, weniger zu arbeiten, etwas Sport zu treiben usw. Es werden lauter gute Vorsätze gefasst, weil ihm die Angst im Nacken sitzt.

Geben die Ärzte Entwarnung und der Patient wird ohne ernsthaften Befund entlassen, verlieren die Vorhaben an Anziehungskraft. Dann könnte der innere Dialog folgendermaßen ablaufen: *Ja, wenn die etwas festgestellt hätten, dann würde ich …* Die Folgen liegen auf der

Hand: Das gewohnte Verhalten setzt sich durch, die Zeit im Krankenhaus sowie die guten Vorsätze geraten in Vergessenheit.

Sich Ziele zu setzen, sollte weniger anlässlich aktueller Probleme, sondern aus einer grundsätzlichen Überzeugung heraus erfolgen. Jener Überzeugung nämlich, dass Ziele notwendig sind, um effektives Verhalten zu erreichen. Über die *Jahreswechsel-Ziele* haben wir bereits gesprochen. Dahinter steht meist ebenfalls wenig Überzeugung, als viel mehr eine Gewohnheit: *Zum Jahreswechsel nimmt man sich halt etwas vor.*

Vielen Menschen ist nicht klar, dass sie selbst es sein müssen, die sich verändern und etwas tun müssen. Sich zu fragen, in welche Richtung die eigenen Träume deuten, was man erwartet und daraufhin klare und konkrete Ziele zu erarbeiten, ist ein erster Schritt. Die Ziele müssen etwas mit der handelnden Person, mit ihren Werten, Einstellungen und Überzeugungen zu tun haben. Das ist der entscheidende Faktor eines Zieles. Er garantiert, dass der Motivationsprozess nachhaltig gestartet wird. Dasselbe gilt für die Fremdmotivation. Es gehört zu den wichtigsten Aufgaben einer Führungskraft, sich zu überlegen, welche Ziele für welche Mitarbeiter interessant und spannend sein könnten. Dieser individuelle Zugang erfordert jedoch Zeit, die sich manche Vorgesetzte nicht nehmen.

Welche Bedeutung haben Ziele für Sie? Wie gehen Sie mit ihnen um? Vielleicht hat Sie das eben Gelesene angeregt und Sie denken daran, in diesem Augenblick etwas Bestimmtes anzugehen. Vielleicht äußert sich dies zunächst nur als Tagtraum und Sie meinen, *wäre das schön ...* Lassen Sie solche Gedanken reifen, lassen Sie sich Zeit, aber vergessen Sie sie nicht und bleiben Sie dran. Schreiben Sie solche Gedanken in ein kleines Buch und arbeiten Sie von Zeit zu Zeit damit. So können aus Gedanken Ideen, aus Ideen Vorhaben, aus Vorhaben Ziele und aus Zielen konkrete Ergebnisse werden.

Die Bedeutung von Werten und Erwartungen

Diese Vorhaben müssen keine großartigen Dinge sein, müssen nichts Außergewöhnliches an sich haben. Oft sind es Kleinigkeiten, die in Summe aber große Veränderungen bedeuten können. Damit Sie an Ihren persönlichen Zielen tatsächlich effektiv arbeiten können, sollten

Sie sich zuvor mit Ihren Werten und Erwartungen beschäftigen. Dann können Sie Ihre Ziele darauf abstimmen. Haben Sie diesen Schritt erst einmal vollzogen, wird es Ihnen möglich sein, Vorhaben zu realisieren, von denen andere nur träumen.

Wenn Ihre Ziele in Zusammenhang mit Ihren Werten und Erwartungen stehen, dann können Sie davon ausgehen, dass Ihre Handlungen zielgerichtet und effektiv sein werden. Vieles von dem, was Sie sich vornehmen, werden Sie erreichen. Dabei kann Ihnen vielleicht ein Gedanke meines Freundes Josef Schieder helfen. Er ist Finanzvorstand eines erfolgreichen Unternehmens und meint:

> *„Was wir kurzfristig schaffen wird überschätzt, was wir langfristig schaffen können wird unterschätzt!"*

Folgende Abbildung veranschaulicht den Vorteil, der sich ergibt, wenn man mit klaren, konkreten Zielen, die der individuellen Wertestruktur und den Erwartungen entsprechen, arbeitet. Nur dann bündelt der Organismus all seine Energie in eine Richtung.

Abbildung 6

Zusammengefasst kann man den Motivationsprozess mit den Krimiklassikern von Alfred Hitchcock vergleichen. Diese sind deshalb so besonders gut und werden immer wieder gerne gesehen, weil sie in ihrer Dramaturgie einen dem Motivationsprozess ähnlichen Aufbau haben. Bewusst hat Alfred Hitchcock in seinen Handlungen immer wieder Spannungen aufgebaut, die so geschickt inszeniert sind, dass der Zuschauer davon *angesteckt* wird. Man kann förmlich den Druck spüren, dem James Stewart in *Das Fenster zum Hof* ausgesetzt ist, als er – durch ein Gipsbein an den Stuhl gefesselt – allmählich mitbekommt, wie der Nachbar seine Frau ermordet. Hitchcock verstand es vorzüglich, diesen Druck zu steigern und ihn erst an einem fulminanten Höhepunkt zu lösen. Jedoch haben nicht alle Zuschauer denselben Spannungshöhepunkt bzw. halten dieselbe Spannung aus. Für manche sind die Spannungshöhepunkte von Alfred Hitchcock zu extrem. Das wiederum bedeutet, dass diese Menschen früher Aktivitäten setzen als andere, um diesem Druck zu entkommen und ihn zu lösen. Dies äußert sich dann im Kino zum Beispiel darin, dass sie die Augen schließen, sich die Ohren zuhalten oder fortwährend Popcorn essen. Es kann schließlich soweit gehen, dass manche Zuschauer das Kino vorzeitig verlassen. Wenn nämlich der individuelle Spannungshöhepunkt erreicht ist, folgt unweigerlich eine Handlung. Liegt dem Spannungsaufbau auch ein klar formuliertes Ziel zu Grunde, so ist diese Handlung sehr effektiv auf die Realisierung dieses Vorhabens gerichtet.

Nun gibt es nur noch eines, was Sie berücksichtigen könnten. Einen Gedanken, der sich durch den *neuen Treppenläufer* zieht wie ein roter Faden. Erich Kästner hat gesagt, *„es gibt nichts Gutes, außer man tut es“*! Wenn Sie die Prinzipien des Motivationsprozesses berücksichtigen, können Sie einfach beginnen. Haben Sie die Bilder erst einmal in Ihrem Kopf als Geschichte oder als Film gespeichert, dann tun Sie das, was Sie schon immer tun wollten. Mit dieser Vorbereitung haben Sie eine große Chance, Ihr Ziel zu realisieren.

5. Was motiviert Menschen?

„Erfolg kommt mit *ich kann* und nicht durch *ich kann nicht*!“

Henry Brooks Adams

Was motiviert Menschen? Das ist eine häufig gestellte Frage in der Motivationswissenschaft. Namhafte Wissenschaftler haben dazu Klassifizierungen und Modelle entwickelt. Als ich Anfang der neunziger Jahre begann, mich mit dem Thema *Motivation* näher zu beschäftigen, hatte ich noch keine eigenen Gedanken oder Modelle entwickelt und griff auf bekannte Theorien und Ansätze zurück, die ich in meinen Seminaren und Vorträgen weitergab. Ich wollte aber eine eigene Antwort finden. Dementsprechend gestaltete ich meine Seminare.

Ich entwickelte einen Methodenmix aus theoretischen Inputs und praktischen Übungen, durch die ich die Teilnehmer in die Erarbeitung der Themen einbinden wollte. So stellte ich den vielen Personen zu Beginn – noch ehe ich theoretische Informationen gab – immer wieder die gleiche Frage. Ich wollte von ihnen wissen, was sie denn in ihrem Leben zu den Handlungen und den Leistungen, die sie als erfolgreich einstufen, motiviert hatte. Danach erst debattierten wir über verschiedene Ansätze. Besondere Aufmerksamkeit schenkte ich dabei der Bedürfnispyramide des amerikanischen Psychologen Abraham Maslow, die menschliches Verhalten erklärt. Ich erzählte also voller Überzeugung von den Wachstumsbedürfnissen, denen in der Bedürfnispyramide als einzige Gruppe die Fähigkeit zur Motivation zugestanden wurde.

Und in jedem Seminar geschah an dieser Stelle das Gleiche: Wir diskutierten über den Wahrheitsgehalt meiner Informationen. Viele Teilnehmer kritisierten gerade die Klassifizierung als bloße Theorie.

Als sie dann ihre zuvor erarbeiteten Antworten auf die Frage, was sie zu den Handlungen und den Leistungen, die sie als erfolgreich einstufen, motiviert hatte, der Bedürfnishierarchie zuordneten, lieferte diese Übung immer wieder ein Ergebnis, das es eigentlich nicht geben dürfte. Auffallend viele Antworten gehörten eindeutig in Bereiche, denen – nach Maslow – theoretisch keine Motivationskraft zugesprochen wird.

Nachdem mir das aufgefallen war, begann ich die Ergebnisse zu dokumentieren und auszuwerten. Dabei stellten sich vor allem zwei deutliche Abweichungen von der Theorie heraus. Die am häufigsten genannten Antworten betrafen die Themen *Geld* und *Beziehung* – beides Faktoren, die bei Maslow und auch bei anderen Wissenschaftlern, bspw. bei Frederick Herzberg, nicht zu den *Motivatoren* zählen.

In den ersten Seminaren, die ich als selbständiger Trainer und Berater 1993 hielt, führte ich diese heftigen Diskussionen darauf zurück, dass es mir nicht klar und gut genug gelang, die Differenzierungen in den theoretischen Ansätzen zu vermitteln. Nicht dass mich diese oft heißen Debatten gestört oder den Erfolg des Seminars negativ beeinflusst hätten. Es wurden ja viele gute und umsetzbare Ideen geboren und Argumente ausgetauscht. Trotzdem versuchte ich, meine Methodik und Didaktik zu verbessern. Ich bezog die Teilnehmer noch stärker in die Erarbeitung der theoretischen Inhalte ein und nahm mir mehr Zeit für die Darstellung der beiden Theorien. Ich war überzeugt davon, dass diese Diskussionen jetzt ausbleiben würden, weil die Leute die Informationen besser verstanden hätten.

Die Debatten allerdings hörten nicht auf. Sie verliefen umso heftiger, je genauer ich auf die Theorie einging. Erst allmählich begriff ich, aus welchen Gründen die Seminare eben in dieser Phase immer ähnlich heiß liefen. Die Übungseinheit war ja so aufgebaut, dass sich die Teilnehmer zuerst mit ihren individuellen Motivationsfaktoren beschäftigten. Sie formulierten sogar schriftlich, welche Faktoren sie für ihre Motivation verantwortlich machten. Das heißt, subjektiv betrachtet waren die Antworten für jeden einzelnen Menschen in meinen Seminaren die *Wahrheit*; zumindest das, was sie von ihrer subjektiven Wahrheit herzugeben bereit waren. Und nur kurz danach stellte ich diese Wahrheit in Frage, in dem ich die Antworten der Theorie zuordnete und in *Motivatoren* und *Defizitfaktoren* unterschied. Die Seminarteilnehmer kämpften förmlich um ihre *Wahrheit*, und ich begriff, dass zwischen ihrem Ansatz und jenem von Maslow erhebliche Differenzen bestanden. So begann ich, mich systematisch und wissenschaftlich mit dem Thema Motivation zu beschäftigen. Ich wollte wissen, wie es *wirklich* ist, was Menschen *tatsächlich* motiviert. Im Laufe der Zeit entwickelte ich eigene Ansätze und Modelle, von denen ich Ihnen in diesem Buch schon einige vorgestellt habe. (Weitere Möglichkeiten zur Umsetzung möchte ich Ihnen im Praxisteil des *neuen Treppenläufers* vorstellen).

• Menschliche Bedürfnisse und die Suche nach dem Sinn des Lebens

Seit es die Motivationsforschung gibt, versuchen Wissenschafter die Motive der Menschen zu klassifizieren, um sie so besser begreifbar zu machen und menschliches Handeln klarer nachvollziehen und besser voraussagen zu können. Die wohl bekannteste Klassifizierung stammt von Abraham Maslow, die so genannte Bedürfnishierarchie (Bedürfnispyramide). Dieser Ansatz geht von der Grundüberlegung aus, dass menschliches Handeln nach einem linear-horizontalen Prinzip erfolgt, in dem die einzelnen Ebenen nacheinander „begehrt“ werden. Und genau darin liegt meines Erachtens der grundsätzliche Gedankenfehler dieser Theorie. Menschliches Verhalten erfolgt in der Regel eben nicht nach Schwarz-Weiß-Mustern, orientiert sich selten an theoretischen Hierarchien, sondern erfolgt in beinahe unendlich vielen Grauschattierungen. Außerdem gibt es einen Beschleunigungsfaktor, der sich nicht an Hierarchien hält, sondern kreuz und quer herumspringt.

Die Bedürfnispyramide von Abraham Maslow

Abraham Maslow's Modell der Bedürfnispyramide entstand 1943, als man in der Humanistischen Psychologie bestrebt war, die Antriebe für das menschliche Handeln zu klassifizieren. Maslow's Einteilung unterscheidet sich in zwei Punkten deutlich von jenen Versuchen, die von anderen Wissenschaftern vor ihm unternommen wurden. Er grenzt nicht nur einzelne Motive voneinander ab, sondern ganze Motivstufen. Und er ordnet sie innerhalb einer wertebezogenen Hierarchie nach ihrer Rolle, die sie in der Persönlichkeitsentwicklung einnehmen. Die Spitze der Bedürfnispyramide bildet dabei das Bedürfnis nach Selbstverwirklichung.

Entwicklungspsychologisch gesehen ist gemäß Maslow folgender Zusammenhang interessant. Sollte während der Entwicklung der Persönlichkeit ein bestimmtes Bedürfnissystem nicht ausreichend befriedigt sein, dann könnten diese Bedürfnisse derart stark werden, dass sie unter Umständen ein ganzes Leben lang im Vordergrund stehen. Für das Verhalten eines Menschen würde das bedeuten, das ganze Leben von einem bestimmten Wunsch angetrieben zu werden und auf der Suche zu sein, und zwar nach etwas, das es für diese Person offensichtlich nicht gibt. Damit wäre deren Entwicklung zumindest sehr eingeschränkt. Maslow geht in seiner Theorie nämlich von einem *Prioritätenprinzip* aus, das linear von unten nach oben führt. Das heißt: Zuerst müssen die niedrigen Bedürfnisse befriedigt sein, damit höhere aktiviert werden können. Betrachten wir die einzelnen Stufen nun genauer.

Maslow's Bedürfnispyramide

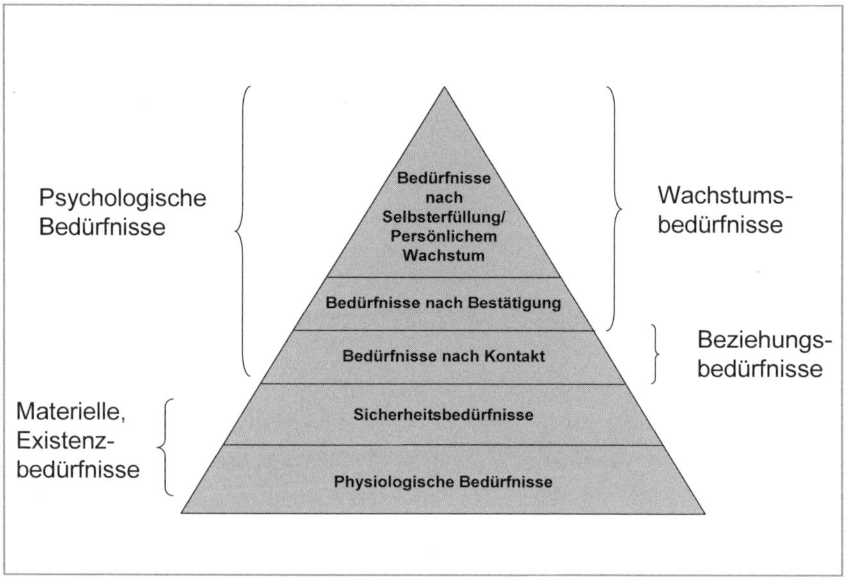

Abbildung 7

Die Materiellen Bedürfnisse oder Existenzbedürfnisse

In diese Kategorie fallen die Bedürfnisse der ersten und zweiten Stufe. Jene der ersten Stufe werden auch körperliche Grundbedürfnisse genannt. Ihnen schreibt man im unbefriedigten Zustand die stärkste Antriebskraft zu, so dass kein soziales oder geistiges Bedürfnis ihnen – im Normalfall – gleichkommt. Sie beziehen sich auf unmittelbare Körperfunktionen. Geht es um das physiologische Überleben des eigenen

Organismus, der eigenen Gene, dann stimmt dieser theoretische Ansatz. Dies bezieht sich dann in der Hauptsache auf die erste Stufe der Pyramide, weniger auf die zweite, die so genannten Sicherheitsbedürfnisse. Wenn nämlich unser Überleben gefährdet ist, dann treten tatsächlich sämtliche anderen Bedürfnisse in den Hintergrund. Mitunter können in einem solchen Fall enorme Kräfte freigesetzt werden, die unter normalen Bedingungen gar nicht zur Verfügung stehen. Als Beispiele führe ich in meinen Seminaren die enorme Kraft an, mit der sich ein Ertrinkender an den Retter klammert, nicht mehr loslässt und diesen damit beinahe mit in die Tiefe zieht.

Vielleicht kennen Sie das Gefühl, das man unmittelbar nach einem sogenannten Sekundenschlaf beim Autofahren hat. Stellen Sie sich vor, Sie nicken am Steuer Ihres Autos kurz ein, nur einen winzigen Augenblick lang. Plötzlich reißen Sie die Augen auf, sind mit einem Schlag wieder munter, Ihr Herz rast, Sie fühlen sich aufgeputscht, mit einem Blick, ohne lange nachdenken zu müssen, erkennen Sie die Gefahr, reißen Ihr Fahrzeug herum und haben wieder alles unter Kontrolle. Es dauert jedoch einige Minuten bis sich Ihr Körper wieder normalisiert hat. Bei beiden Beispielen konzentriert sich unser Organismus ausschließlich auf das Überleben. Alle anderen Funktionen treten in den Hintergrund. Die Reaktionen, die auf die Bedürfnisse des physiologischen Überlebens zurückzuführen sind, unterscheiden sich von allen anderen in einem Punkt sehr deutlich: Sie sind im motivationalen Sinne keine willentlichen und damit kognitiv gesteuerten Aktionen. Es handelt sich nicht um ein bewusstes Agieren.

Das Reptiliengehirn „passt auf uns auf"

Es handelt sich eher um Reaktionen, die automatisiert erfolgen und von einem Gehirnteil gesteuert werden, der entwicklungsgeschichtlich als der älteste einzustufen ist, dem Reptiliengehirn. Es schaltet sich immer dann über unser Denkhirn, wenn unser Sicherheitssystem aktiviert wurde, der Organismus also Angriff oder Gefahr signalisiert. Dazu muss die Gefahr nicht wie in obigen Beispielen wirklich lebensbedrohend sein. Viel öfter wird das Reptiliengehirn durch Emotionen aktiviert, die wir subjektiv als Gefährdung interpretieren. Das könnte dann der Fall sein, wenn wir in einer Diskussion felsenfest davon überzeugt sind, dass eine andere Person nur deshalb eine bestimmte Aussage getroffen hat, um uns damit anzugreifen oder bloßzustellen. Noch während dieser Gedanke in unserem Denkhirn abläuft, schaltet sich das Reptiliengehirn dazu, und schon reagieren wir. Meistens sind das Reaktionen, die für einen Dialog nicht förderlich sind. Wenn sich dieser älteste Gehirnteil einmal eingemischt hat, dann wird unser Verhaltensrepertoire stark beschränkt. Um exakt zu sein, bestehen dann nur noch fünf verschiedene Verhaltensmöglichkeiten:

- Aktivieren im Sinne eines Angriffs,
- Aktivieren im Sinne von flüchten,
- unterwerfen,
- Hilfe suchen und
- verstecken.

Aufgrund dieser Überlegungen müssen wir diese erste Bedürfnisstufe doch etwas anders betrachten als die übrigen vier. In diese erste Stufe gehören auch das Bedürfnis, Hunger und Durst zu stillen, frische Luft zu atmen, ausreichend Schlaf zu finden, sich gesund zu wissen, sexuell aktiv zu sein, Bewegung und ein Dach über dem Kopf zu haben. Natürlich kann auch der Wertewandel die Bedürfnisse verändern. So waren in der Nachkriegszeit viele Menschen in Europa froh, überhaupt etwas zu essen zu haben. Heute hat sich die Situation hierzulande trotz der Wirtschaftskrise weitgehend verändert. Es ist nicht mehr die Frage, ob es etwas zu essen gibt, sondern was und in welcher Reihenfolge gegessen wird.

In der zweiten Stufe von Maslow's Bedürfnishierarchie geht es vor allem um die Vermeidung von Bedrohung und Gefahr sowie um die Absicherung des Lebens und des Wohlstandes, bspw. um Alters- und Pensionsvorsorge. Auch das Bedürfnis nach einem sicheren Arbeitsplatz und einem damit verbundenen festen Einkommen gehören dazu. Es geht aber auch um Sicherheit und Schutz vor Schmerz, Furcht, Angst und Ungeordnetheit. Daher finden sich hier Bedürfnisse wie das nach Geborgenheit, jenes nach Grenzen, das nach Struktur und Ordnung und jenes nach Stabilität.

Bei den materiellen Bedürfnissen oder Existenzbedürfnissen gilt nach Maslow die Tendenz, dass befriedigte Bedürfnisse nicht mehr motivieren. Wenn man demnach satt wäre, müsste man aufhören zu essen. Wenn man seinen Durst gestillt hätte, müsste man aufhören zu trinken. Wenn man bereits ein Haus gebaut oder gekauft hat, müsste man davon ausgehen, dass es keine weiteren Träume über ein anderes Haus gibt usw. Nun wissen Sie aber genau so gut wie ich, dass diese Beispiele nicht zutreffend sind. Viele Menschen essen und trinken auch dann noch weiter, wenn Hunger und Durst längst gestillt sind. Viele träumen von anderen Häusern, obwohl das, in dem sie leben, von ihnen selbst erbaut wurde. Das bedeutet, dass wir entweder den Grad der Bedürfnisbefriedigung nicht zufriedenstellend festlegen können oder aber, dass sich in den Annahmen von Abraham Maslow ein Gedankenfehler eingeschlichen hat.

Die Beziehungsbedürfnisse

Zu den Bedürfnissen der dritten Stufe in dieser Hierarchie zählen vor allem der Wunsch nach Kontakt und Intimität, der Wunsch nach Geborgenheit und der Wunsch, Liebe zu geben und zu empfangen. Auch die Furcht vor Fremdheit und Einsamkeit gehören in diese Stufe. Viele Unternehmen setzen in ihrer Werbelinie auf die besondere Wirkung der Beziehungsbedürfnisse. So wirbt die Raiffeisengruppe in Österreich mit dem Slogan: *„Mein Land, meine Bank. Raiffeisen“*. Damit soll offensichtlich über ein Zugehörigkeits- und Kontaktgefühl erreicht werden, dass potenzielle und bestehende Kunden sich mit dem Institut identifizieren.

In Unternehmen lassen sich die Beziehungsbedürfnisse umso besser befriedigen, je positiver das Betriebsklima empfunden wird. Der Wunsch, bei der Arbeit einem funktionierenden Team anzugehören, drückt die Bedürfnisse dieser Stufe aus. Dem entspricht im Privaten der Gedanke, in einer intakten Familie zu leben, zu einer homogenen Gruppe zu gehören, etwa einem Verein, einer Clique oder auch einer Sekte. Hier spielen Beziehungen eine besonders große Rolle. Hinzu kommt, dass diese Zugehörigkeit durch äußere Zeichen demonstriert wird. Der Fußballfan bemalt sich mit den Clubfarben das Gesicht und trägt das Trikot seines Teams, das Lions-Mitglied trägt das Clubabzeichen am Anzug auf der linken Brust, die Ritter der Schlaraffia sprechen ihre eigene Sprache und Skinheads haben ihre typischen Frisuren usw. Bei vielen Clubs und Vereinen spielen aber nicht nur die Bedürfnisse der dritten Stufe eine entscheidende Rolle. Oft sind sie mit jenen der vierten, nämlich dem Bedürfnis nach Achtung und Anerkennung, verbunden.

Die Wachstumsbedürfnisse

Als Wachstumsbedürfnisse werden jene der vierten und fünften Stufe bezeichnet. Es handelt sich vorwiegend um solche, die für die persönliche Weiterentwicklung bestimmend sind. Im Unterschied zu den Existenzbedürfnissen gilt, dass hier Erfolgserlebnisse zu weiteren Aktivitäten motivieren.

Gemäß der Hierarchie von Maslow sind das also die Bedürfnisse, die nach *mehr* verlangen. Für alle anderen Gruppen konstatiert der amerikanische Psychologe diese besondere Eigenschaft nicht. Die Bedürfnisse der vierten und fünften Stufe sind also jene, denen Maslow tatsächlich Motivationskraft zuschreibt. Man kann sich das auch als das Hinaufsteigen auf einer Treppe vorstellen. Mit jeder Stufe, die man erreicht hat, spürt man den Erfolg. Und mit jedem Erfolgserlebnis will man weiter nach oben, immer weiter. Darüber berichtet auch Reinhold Messner in seinem großartigen Buch *Berge versetzen*, indem er seine Motivation als Grenzgänger beschreibt:

> *„Sich selbst bewusst an den Rand seiner Möglichkeiten und Existenz führen und dabei immer wieder einen Schritt weitergehen, ohne dabei umzukommen. Die Ziele wurden immer anspruchsvoller. Nun hat die Erde nach oben tatsächlich ein Ende; sie gipfelt im höchsten Berg der Welt."*

Die vierte Stufe der Hierarchie betrifft drei wesentliche Motive: Bestätigung, Achtung und Anerkennung. Hier unterscheidet man das Bedürfnis nach Selbst- und das Bedürfnis nach Fremdwertschätzung. Zu den wichtigsten Bedürfnissen der Selbstwertschätzung gehören jene

- nach Leistung,
- nach Stärke und
- nach Freiheit.

Maslow weist zwar in seiner Theorie nicht explizit auf die Leistungsmotivation hin, in seiner Hierarchie ist sie aber eindeutig in der vierten Stufe angesiedelt. So steckt hinter diesem Bedürfnis der Wunsch, etwas Besonderes zu machen oder etwas besonders gut zu machen. Für die Arbeitsmotivation ist dabei von besonderem Interesse,

1. ob es Arbeitnehmern gelingt, dieses Bedürfnis durch die Tätigkeiten in ihrem Beruf zu befriedigen. Dies ist in der Regel dann möglich, wenn sich die Aufgaben in irgendeiner Art und Weise an den individuellen Möglichkeiten der handelnden Personen orientieren.
2. ob es Führungskräften gelingt, das Bedürfnis nach Leistung zu wecken. Auch dieser Anspruch setzt einen individuellen Zugang zum Mitarbeiter voraus.

Immer wieder erzählen mir Seminarteilnehmer, die nur geringe Möglichkeiten sehen, ihr Leistungsbedürfnis in der Arbeit zu befriedigen, dass sie sich in anderen Gebieten – etwa besonders aufwendige Hobbies – spezialisieren. Dort werden sie bestätigt und erhalten ihre Erfolgserlebnisse. Jeder Mensch braucht das Gefühl, etwas zu leisten. Es ist ein wesentliches Element für ein stabiles Selbstwertgefühl. Ist das in der Arbeitswelt nicht möglich, stehen in unserer Zeit unzählige Ersatzfelder zur Verfügung.

Ähnlich verhält es sich mit dem Bedürfnis nach Stärke. Dahinter steckt der Wunsch, etwas bewirken und Einfluss nehmen zu können. Dies zeigt sich, indem man selber Probleme zu lösen im Stande ist und im sozialen Umfeld etwas zu sagen hat. Das spiegelt den Wunsch nach Macht wider, der grundsätzlich in jedem Menschen steckt: andere beeinflussen und steuern zu können. Hinter dem Bedürfnis nach Freiheit schließlich steht der Wunsch, individuelle Handlungsspielräume durch eigene Entscheidungen auszufüllen und selbst dafür verantwortlich zu sein.

Durch die Beschreibung dieser Bedürfnisgruppen wird deutlich, dass Motivation nicht eindimensional gesehen werden kann, sondern sich aus verschiedenen *Systemen* ableiten läßt. Die besonderen Charakteristika, die Unterschiede sowie das Zusammenspielen der sogenannten Leistungs-, Bindungs- und Machtmotivation beschreibe ich in meinem Buch *Balance als Führungsstrategie. Werkzeuge für gutes Management* ausführlich. An dieser Stelle sei angemerkt, dass es in der Auseinandersetzung mit dem Thema *Motivation* nicht nur darum geht, dass jemand etwas tut bzw. etwas unterlässt. Das *Warum*, das hinter den einzelnen Handlungen steht, spielt ebenfalls stets eine wesentliche Rolle.

Das „höchste Bedürfnis“ – die Selbstverwirklichung

Die fünfte und letzte Stufe dieser Hierarchie bildet das Bedürfnis nach Selbstverwirklichung. Die Frage, was Selbstverwirklichung bedeutet, ist von Maslow nicht zufrieden stellend beantwortet. Er weist lediglich darauf hin, dass es vor allem darum geht, die Möglichkeiten des eigenen Daseins zu realisieren. Im Sinne Maslow's werden des Öfteren drei konkrete Bedürfnisse zur Beantwortung dieser Frage angeführt. Der österreichische Motivationsforscher Hans-Jörg Herber beschreibt diese Bedürfnisse in seinem empfehlenswerten Buch *Motivationsanalyse* wie folgt:

Bedürfnisse der Selbstverwirklichung

- **Das Bedürfnis nach richtigen Bedingungen**
  Hier sind die Rahmenbedingungen gemeint, in denen sich Handlungen sinnrichtig abspielen können. So braucht der Sozialarbeiter Menschen, denen er helfen kann, der Offizier Rekruten, die er ausbilden kann usw.
- **Das Bedürfnis, zu wissen und zu verstehen**
  Damit ist gemeint, dass Menschen erkennen und begreifen wollen, was die Welt im Inneren zusammenhält und im einfacheren Fall, was rundherum los ist.
- **Das Bedürfnis nach Schönem**
  Bei diesem dritten Bedürfnis geht es schließlich darum, dass jeder Mensch in seinem Sinne schön sein möchte, Schönes haben möchte, Schönes wahrnehmen möchte und in einer schönen Umgebung leben möchte. Hier muss vermerkt werden, dass es sich bei der Einschätzung des Schönen um eine subjektive Kategorie handelt.

Wie breit die Antworten auf die Frage nach Selbstverwirklichung gestreut sind, verdeutlichen Antworten wie: Selbstverwirklichung habe zum Ziel, *dass man innere Reife erlangt, sich selbst entfaltet, im Beruf und in der Freizeit.* Ein anderer Ansatz reiht 13 konkrete Eigenschaften aneinander. Dabei wird der individuellen Komponente, die jede Motivation auszeichnet, offensichtlich wenig Bedeutung zugeschrieben. Die *eine* Art der Selbstverwirklichung für alle erscheint mir kein günstiger Ansatz zu sein.

Einen weiteren Kritikpunkt sehe ich in den Hypothesen der Bedürfnishierarchie, die entweder in die eine oder in die andere Richtung linear verlaufen. Maslow räumt zwar ein, dass es von der Persönlichkeitsstruktur und der individuellen Situation des Betroffenen abhängt, wieweit die niedrigeren Bedürfnisse befriedigt sein müssen, damit höhere aktiv werden können. Trotzdem bleibt er bei seiner *Hierarchie,* die davon ausgeht, dass die Bedürfnisse von unten nach oben befriedigt werden müssen.

Bedürfnisbefriedigung und Motivation sind aber mit Sicherheit keine linearen Funktionen und orientieren sich nicht in Maslow's Sinne. Wäre das der Fall, könnte sich Liebe zwischen zwei Menschen erst dann entwickeln, wenn deren sexuelle Bedürfnisse befriedigt wären. Das Ausleben der Sexualität sieht der amerikanische Psychologe in der untersten, Liebe in der dritten Hierarchiestufe. Diese könnte jedoch erst dann zur Gänze befriedigt sein, wenn dies auf die erste und zweite ebenfalls zutrifft. Ein anderes Beispiel zeigt den Maler, der nächtelang an seinem größten Bild arbeitet, in dem er sich selbst verwirklicht sieht, obwohl Kühlschrank und Geldtasche beinahe leer sind. Weitere Beispiele finden sich in vielen anderen Lebensbereichen.

• Das Märchen vom Geld, das nicht motiviert

Abraham Maslow sieht Geld in der zweiten Stufe seiner Hierarchie, den Sicherheitsbedürfnissen, angesiedelt. Demnach könnte Geld nicht motivierend wirken. In der Tat war dies als These jahrzehntelang unbestritten. Es galt quasi als Tabu, dies in Frage zu stellen. Wer es dennoch wagte, wurde als fachlich nicht kompetent dargestellt – um es nett auszudrücken. Das Interesse von Unternehmen, an dieser These festzuhalten, ist gut zu verstehen. Wenn Geld nicht motivierend wirken kann, stellt sich die Frage, ob Mitarbeiter *ordentlich* bezahlt werden sollen bzw. müssen, erst gar nicht.

Zu Beginn meiner selbständigen Tätigkeit als Trainer und Berater fiel mir die Diskrepanz zwischen diesem theoretischen Ansatz und der Realität auf. Wann immer ich die Teilnehmer an meinen Veranstaltungen befragte, was sie denn motiviere, spielte Geld eine bedeutende Rolle dabei. Also begann ich, systematischer vorzugehen. Ich wertete die angeführten Motivationsfaktoren aus und erkannte, dass *Geld* der am häufigsten verwendete Begriff war. Ob die konkrete Formulierung nun *Prämie, gute Bezahlung, leistungsgerechtes Gehalt* oder einfach *ausreichend Geld verdienen* lautete, es dreht sich alles um die eine Sache. Daraufhin beschloss ich, eine wissenschaftliche Studie darüber durchzuführen. Meine Dissertation *Motivation an österreichischen Arbeitsplätzen*, die ich in den neunziger Jahren des letzten Jahrhunderts vorantrieb, bot dazu eine Gelegenheit. Eine der zu überprüfenden Thesen lautete: *„Am Gelde hängt's, zum Gelde drängt's"*. Ich war davon überzeugt, dass Geld ebenso motivierend auf Menschen wirken kann wie viele andere Dinge. Das Argument, dass eine finanzielle Belohnung nur ein *Strohfeuer* auslöse und nicht dauerhaft wirke, entkräftete ich mit meiner Darstellung des Motivationsprozesses. Er zeigt ja deutlich, dass Motivation immer im Zusammenhang mit einer – eher kürzeren – konkreten Zeitspanne zu sehen ist. Es gibt nichts, das auf Dauer motiviert. Es ist schlichtweg unmöglich, auf Dauer motiviert zu sein.

Empirische Studie zur Steigerung der Arbeitsmotivation

Die Ergebnisse meiner wissenschaftlichen Untersuchung an der rund eintausend Menschen aus verschiedenen Branchen und unterschiedlichen hierarchischen Ebenen teilnahmen, konnten meine Thesen nicht widerlegen. Im Gegenteil, es gab weitere Befunde, die dafür sprachen.

Die Befragten wurden gebeten, aus einer Liste von 17 Faktoren jeweils jene drei mit dem größten Einfluss auf eine Steigerung der Arbeitsmotivation auszuwählen. Als mit Abstand wichtigster Faktor stellte sich *Geld* heraus. *Ein Gehalt, das meiner Leistung und meiner*

Arbeitssituation entspricht wurde sowohl als erster, als auch als zweiter und dritter Faktor jeweils am häufigsten genannt.

Heute sind sich internationale Experten weitgehend einig, dass Geld eine ungeheure Wirkung auf die Motivation eines Menschen auslösen kann. So etwa der amerikanische Psychologe Ed Diener: Er forscht seit über 25 Jahren zum Thema *Glück* und veröffentlichte seine Erkenntnisse in 250 Publikationen. Kein anderer Wissenschafter hat die Themen *Glück* und *Wohlbefinden* so umfassend untersucht wie er. Ed Diener zerstört den Mythos, wonach Lottogewinner durch ihren Gewinn nicht glücklicher werden. Er konnte schlüssig nachweisen, dass für diese alte These schlichtweg die Belege fehlen und alle neueren Studien das Gegenteil beweisen: Die allermeisten Lottomillionäre sind nach ein paar Jahren definitiv glücklicher als zuvor. Ed Diener behauptet deshalb: *„Aber natürlich kann Geld glücklich machen!“*

Meine Kritik an der Maslow'schen Darstellung richtet sich also nicht gegen die Beschreibung einzelner Bedürfnisgruppen, sondern gegen die eher starre Sichtweise einer linearen, eindeutig zuordenbaren Hierarchie. Für ein und dasselbe Verhalten können verschiedene Motive aus den einzelnen Hierarchiestufen verantwortlich sein. Im eher unflexiblen *Entweder-oder-Denken* sehe ich den entscheidenden Gedankenfehler in Maslow's Modell.

Sieht man seine Theorie jedoch im Kontext der Zeit, in der sie entwickelt wurde, dann wird diese Sichtweise etwas verständlicher. Damals waren viele Dinge klar und eindeutig zuzuordnen. Gegen Ende des 2. Weltkrieges gab es die klare Unterscheidung in Ost und West, eine kausale Trennung in Gut und Böse, in Gewinner und Verlierer, in Groß und Klein usw.

Selbst die technische Logik aber kennt heute in der *fuzzy logic* zwischen 0 und 1 verschiedene Möglichkeiten statt aristotelischer *Wahr- bzw. Falschaussagen.* Unsere Welt funktioniert in den meisten Belangen nicht nach einem *Entweder-oder-Prinzip*, auch wenn das vielleicht einiges einfacher machen würde. Für das äußerst komplexe menschliche Handeln gilt ein *Sowohl-als-auch-Prinzip.* Um diesem Gedanken Rechnung zu tragen, habe ich das Modell der Bedürfnis-Pyramide in meiner Dissertation adaptiert. Dadurch wurde es mir möglich, meine Sichtweise von Selbstverwirklichung in einem konkreten Bild zu verdeutlichen: Selbstverwirklichung ist die Summe der individuellen Bedürfnisse aus den einzelnen Hierarchiestufen, die sich zu einer Vision ergänzen. Folgende Graphik soll diesen Gedanken verdeutlichen.

Abbildung 8

Bei der Analyse dessen, was Selbstverwirklichung bedeutet, drängt sich die Frage nach dem Sinn des Lebens förmlich auf. Ich sehe einen starken Zusammenhang zwischen diesen beiden wesentlichen Themen. Wissenschaftliche Forschungen bestätigen, dass es *den einen* Sinn des Lebens offenbar nur selten gibt. Heiko Ernst zitiert in der April-Ausgabe (2010) der Zeitschrift *Psychologie Heute* einen entsprechenden empirischen Befund: Ältere Menschen wurden danach befragt, ob es ein überragendes, sinnstiftendes Leitmotiv in ihrem Leben gegeben habe. Die überwiegende Mehrheit der Interviewten konnte keines nennen. Meist wurden mehrere Hauptthemen – in der Regel vier bis sechs – genannt, die dem Leben Sinn verliehen. Sinn erscheint also im

Plural und verbindet mehrere Themen. Dieses Ergebnis spricht für mein Modell der adaptierten Bedürfnishierarchie und es deutet darauf hin, dass jeder Mensch selbst den Sinn seines Lebens finden kann. Äußerst treffend formuliert es der britische Literaturtheoretiker Terry Eagleton in seinem 2007 erschienenen Buch *Der Sinn des Lebens*. Er sagt:

> *„Der Sinn des Lebens ist das, was man daraus macht. Sinn findet sich nicht dort, wo sich das Leben auf einen einzigen Sinn reduzieren lässt, sondern dort, wo sich verschiedene Themen bzw. Faktoren zusammenfügen."*

Bei psychologischen Forschungen zum Thema *Lebenssinn* entdecke ich eine weitere Bestätigung meines theoretischen Ansatzes zum Thema *Motivation*. Menschen empfinden ihr Leben speziell dann als sinnvoll, wenn sie sich eigenständig Ziele setzen, ein Mindestmaß an Kontrolle ausüben und sich so als *selbstwirksam* erleben können. Motivation bedeutet, ein konkretes Ziel vor Augen zu haben!

Der Sinn des Lebens liegt also darin, glücklich zu werden und herauszufinden, worin dieses Glück liegen kann. Mein Lehrer und Freund Hans-Jörg Herber meint dazu:

> *„Werden zu können, was man gemäß seinem inneren Bilde werden soll."*

Sie fragen sich, wie das gelingen kann? Es sind, wie wir schon besprochen haben, im Großen und Ganzen zwei Faktoren, die Sie dafür benötigen. Zum einen brauchen Sie eine klare Vision für Ihr Leben als Geschichte und inneren Film in Ihrem Kopf. Zum anderen benötigen Sie den Willen, den Einsatz und den Mut, diese Geschichte in der Realität zu *leben*.

• Visionen als Bilder der Selbstverwirklichung

Die wohl wichtigste Frage ist nun, was man unter einer Vision versteht. Für mich bedeutet, eine Vision zu haben, die große, übergeordnete Idee des Lebens zu kennen, also zu wissen, was man mit seinem

Leben anfangen möchte (mit seiner Firma, seiner Abteilung usw.) und welche Werte und Überzeugungen dahinter stecken. Dadurch ergibt sich ein Handlungsspielraum, ein Handlungsrahmen, in dem Entscheidungen und Aktivitäten sinnvoll sind und eine Annäherung an die Vision bedeuten. Man weiß, ob einen das, was man tut, der eigenen Vision einen Schritt näher bringt oder nicht. Darin liegt meines Erachtens ein Schlüssel zu konsequentem Handeln. Können Sie sich noch an die *Jahreswechsel-Wünsche* erinnern, die mit großer Regelmäßigkeit am Ende jeden Jahres formuliert werden? Deren Kraft verpufft deshalb so schnell – spätestens am Dreikönigstag –, weil buchstäblich nichts dahinter steht. Es gibt keinen übergeordneten Gedanken, der dem Vorhaben einen konkreten Sinn gibt. Daher ist es kein Wunder, dass diese Art der Zielsetzung nur selten von Erfolg gekrönt ist.

Was immer Sie sich vornehmen, prüfen Sie, ob und wie dieses Vorhaben in Ihre Vision passt und welche Priorität Sie ihm geben. Wenn sich jemand vornimmt, mehr Zeit in die Familie zu investieren, dann sollte er sich klarmachen, welchen Stellenwert die Familie in der übergeordneten Idee seines Lebens besitzt. Erst wenn das Ziel, mehr Zeit dem Partner und den Kindern zu widmen, tatsächlich zu einer Vision gehört, kann langfristig konsequent gehandelt werden. Ansonsten sind das bloße Lippenbekenntnisse, die man macht, weil die Familie einen entsprechenden Stellenwert besitzen sollte, es sich also um eine soziale Erwartung handelt. Es könnte jedoch ein Mosaikteilchen einer Vision sein, mit seiner Familie gesund alt zu werden, die Kinder heranwachsen zu sehen, sich noch um die Enkelkinder kümmern zu können, mit dem Ehepartner viele Reisen zu unternehmen und fit zu bleiben. Dann ergibt das Ziel, mehr Zeit mit der Familie zu verbringen, einen Sinn.

In den zwanzig Jahren, in denen ich Seminare und Workshops durchführe, wurde mir bewusst, dass Menschen, die in ihrem Leben eine Vision zu realisieren versuchen, selten Motivationsprobleme haben. Freilich brauchen diese Personen Erfolgserlebnisse. Bestätigungen wie *Ziel erreicht* oder *der Vision wieder einen Schritt näher* sind für sie neuerliche Motivationsschübe. Diese Personen gehören jedoch zu einer Minderheit. Es sind wenige, die ihre große Idee klar beschreiben können. Viele Menschen, mit denen ich zu tun hatte, leben eher *auf kurze Sicht*. Dafür gibt es eine Erklärung. Die Verhaltenspsychologie nennt dieses Verhalten *hyperbolische Diskontierung.* Damit ist gemeint, dass Menschen ihre entfernte Zukunft nicht mit dem gleichen Maßstab bewerten wie ihre unmittelbare. Nutzen und Gewinnaussichten, die weiter in der Zukunft liegen, werden als weniger attraktiv gesehen als unmittelbare Chancen. Dies trifft auf Gefahren übrigens auch zu.

Eine wissenschaftliche Studie zur *Hyperbolischen Diskontierung*

In einer wissenschaftlichen Studie wurde den Versuchspersonen mitgeteilt, sie hätten bei einem Preisausschreiben gewonnen. Nun hätten sie die Wahl, zwischen einem sofort einlösbaren Scheck über einhundert Euro oder einem über zweihundert Euro, der jedoch erst in drei Jahren eingelöst werden kann. Die Mehrheit der Versuchsteilnehmer entschied sich für die kurzfristige Variante. Kurzfristiges Denken bezieht seinen Reiz daraus, dass Verhaltensweisen zu unmittelbaren Konsequenzen führen.

An dieser Stelle möchte ich einem Missverständnis vorbeugen. Ich halte es für äußerst wichtig, das Leben im Hier und Jetzt zu leben und es nicht auf *später* zu verschieben. Ein Leben im Hier und Jetzt ist jedoch dann besonders effektiv, wenn dahinter eine starke Vision steht. Wir treffen also wieder auf eine *Sowohl-als-auch*-Mentalität.

Eine Vision ist etwas Großes, etwas Übergeordnetes und zunächst ein Traum. Trotzdem ist der Bezug zur Realität wichtig. Kein Mensch bleibt erfolgsorientiert, wenn er über einen längeren Zeitraum keinen *Treffer* erzielt. Diesen Ansatz vertritt die *Verstärker-Theorie*, die davon ausgeht, dass jenes Verhalten künftig häufiger auftreten wird, das bislang vorwiegend erfolgreich war und Anerkennung mit sich brachte.

Ich habe in den letzten zwanzig Jahren sowohl Unternehmen als auch Personen dabei unterstützt, ihre Visionen zu entwickeln. Dabei habe ich den Begriff des *Visions-Puzzles* geprägt. Erst die verschiedenen, kleineren Teile ergeben das Ganze, eben eine vollständige Vision. Dementsprechend arbeiten meine Mitarbeiter und ich in unserem kleinen Trainings- und Beratungsunternehmen nach der Philosophie *Elemente zum Erfolg.*

Die Einzelteilchen einer Vision stammen – je nach Persönlichkeit – aus den verschiedenen Stufen der Bedürfnishierarchie. So spielt die Gesundheit bei manchen Visionen eine wichtige Rolle. Die Menschen, die sich aktiv darum bemühen, hören mit dem Rauchen auf, treiben regelmäßig Sport, ernähren sich bewusst usw. Bei anderen ist der sichere Arbeitsplatz ein Element ihrer Vision: Sie verzichten etwa zu Gunsten der Sicherheit auf ein höheres Gehalt oder andere Vorteile. Der Wunsch, in einer Großfamilie zu leben und Kinder zu haben, kann ebenso Teil einer übergeordneten Gesamtidee für das Leben sein. Für diese Personen ist es selbstverständlich, dass Eltern und Großeltern mit im Haushalt leben und diese bei Bedarf betreut werden. Andere wiederum sehen sich in Ihrer Vision die Karriereleiter nach oben steigen und nehmen dafür große Entbehrungen auf sich.

Ist eine Vision vorhanden, lassen sich die Fragen nach Sinn und Selbstverwirklichung deutlich leichter beantworten: Der eigenen großen Idee möglichst nahe zu kommen.

Für jeden gibt es in den einzelnen Hierarchiestufen Themen, die individuell als motivierend empfunden werden können. Würde man etwa die Handlungen von Hobbyköchen und Gourmets linear horizontal betrachten, wie Abraham Maslow das tat, dann würde man sie in die Stufe der physiologischen Bedürfnisse einreihen. Diese könnten der Theorie nach nicht motivierend, und schon gar nicht selbstverwirklichend sein. Es gibt aber viele Menschen, die sich gut dadurch motivieren (lassen), in dem sie tolles Essen zubereiten und/oder verzehren. Wenn Menschen mit Leidenschaft kochen, dann bedeutet das höchsten Genuss und Motivation. Allein das Aussuchen des richtigen Weines zu den Speisen ist für viele eine besondere Herausforderung, die bei manchen richtiggehend zelebriert wird.

Tatsächlich zeigt sich in unserer Gesellschaft, dass Essen dazu benutzt wird, soziale Sicherheit und Anerkennung zu erlangen. Das zugrunde liegende Motiv, den Hunger zu stillen, ist zweitrangig. Es überwiegen Genuss und Geselligkeit. Mit der Art des Essens wird der soziale Status demonstriert, Lebensmittel werden als Attribute der Persönlichkeit aufgefasst. Martin Suter beschreibt in seinem Roman *Der Koch* sehr eindrucksvoll die unterschiedlichen motivierenden Wirkungen und Bedeutungen von Speisen.

Vor diesem Hintergrund lässt sich die Maslow'sche Bedürfnispyramide durchaus anders darstellen: nämlich nicht als fünf linear aufeinander folgende, waagerechte Untergliederungen, die keine gemeinsame Schnittfläche haben, sondern als eine Treppe. Jede einzelne Stufe beinhaltet potentielle Themen zur Selbstverwirklichung und ist durch eine progressive, vertikale gemeinsame Fläche mit allen anderen Stufen verbunden.

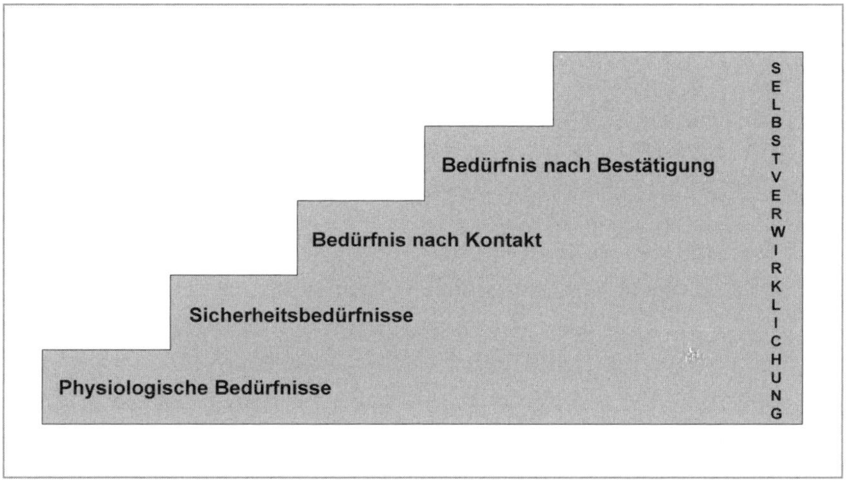

Abbildung 9

Der Begriff *Selbstverwirklichung* läßt sich nach diesen Ausführungen recht klar definieren: Das Bedürfnis nach Selbsterfüllung ist die *Verdichtung* der für das individuelle Glücksempfinden als entscheidend eingestuften Bedürfnisse der ersten vier Stufen. Wenn wesentliche Elemente daraus befriedigt sind, können wir von Selbstverwirklichung sprechen. Nur dann entsteht jene Authentizität, die starke Persönlichkeiten auszeichnet. Das ist jene Echtheit, die man mit seinem ganzen Körper ausdrückt. Man kommt gut an und ist überzeugend. Erst wer tatsächlich nach seinen eigenen Visionen und Vorstellungen lebt, wer selbst im Stande ist zu entscheiden, welche Bedürfnisse und Motive befriedigt sein sollen, wird das Gefühl der Selbstverwirklichung wirklich spüren können.

Mit anderen Worten: Selbstverwirklichung stellt nichts anderes dar, als die Summe der realisierten Ziele, die sich aus der Vision entwickeln. Wichtig erscheint mir dabei die Schlussfolgerung, dass es keine Ausschlusskriterien mehr für Bedürfnisse gibt, die früher als *niedere* Bedürfnisse bezeichnet wurden und denen man keine motivierende Wirkung zugesagt hat.

Motivation ist eine individuelle Angelegenheit, stellt sich für jeden Menschen etwas anders dar und ist immer im Kontext der Situation zu bewerten, in der sie stattfindet. Natürlich laufen die grundsätzlichen Prozesse, wie wir gesehen haben, in ihren Strukturen meist gleich ab. Aber schon wenn wir die Dimension *Zeit* hinzuziehen, wird Motivation etwas Individuelles. Wenn Sie sich an das Prinzip des Motivationsprozesses erinnern, wird dies ersichtlich: Der Aufbau des Spannungsbogens *funktioniert* bei jedem Menschen etwas anders. Sowohl in quantitativer als auch in qualitativer Hinsicht.

Es gehört zu den individuell wichtigsten Aufgaben im Leben eines Menschen, herauszufinden, welche Themen, Bereiche und Ereignisse als motivierend empfunden werden. Jeder sollte danach trachten, zu erfahren, was ihn anspricht und zu Leistungen bewegt. Diese Erkenntnis ist Voraussetzung für persönliche Entwicklung und Erfolg, für Zufriedenheit und Gesundheit.

Unsere Welt ist – trotz allem – wunderschön und das Leben ist etwas Großartiges und Wertvolles. Es ist zu kostbar, um es verstreichen zu lassen. Sie sollten entdecken, welche Möglichkeiten in Ihnen stecken, welche Potenziale, Besonderheiten und Stärken Sie auszeichnen und aus diesen Möglichkeiten etwas machen. Dies ist nun kein Aufruf zur dauernden Aktivität und zur Ruhelosigkeit. Zu lernen, das zu sein, was man sein möchte und sein könnte, diese beiden Faktoren in Einklang zu bringen, das ist wirkliche Lebensqualität.

Daher möchte ich Ihnen im zweiten Teil des *neuen Treppenläufers* einige Techniken, Modelle und Ideen vorstellen, mit deren Hilfe Sie herausfinden können, wie Sie sein wollen und wie Sie sich besser motivieren können.

II. Teil: Schaffen Sie die Voraussetzungen für Ihren persönlichen Erfolg – Werkzeuge und Übungen

6. Steuern Sie Ihr Selbstwertgefühl auf Erfolgskurs

„Wir selbst sind die Ursache all dessen, was uns geschieht.“

Meister Eckhart

Was bedeutet Selbstbewusstsein? Dieser Begriff ist äußerst bedeutsam, da er einen weiteren entscheidenden Unterschied zwischen wenig und hoch motivierten Menschen kennzeichnet. Zu wissen, was man zu leisten im Stande ist. Zu erkennen, dass man es für viele Bereiche selbst in der Hand hat, was geschieht. Zu spüren, dass das, was man tut, einen höheren Sinn hat. Ein verdammt gutes Gefühl zu haben, wenn man über sich selbst nachdenkt.

Woher ziehen nun motivierte Menschen dieses gute Gefühl? Es stammt aus einer Mischung von emotionalem Empfinden und kognitivem Bewerten. Es ist das Selbstbewusstsein und wird durch das Selbstwertgefühl gesteuert. Jenem Gefühl, das erstmals von Alfred Adler beschrieben wurde und uns mitteilt, wie wir uns sehen, wie viel wir uns wert sind. Das Selbstwertgefühl ist wichtiger Bestandteil unseres Selbstkonzeptes, denn dieses ist es, das uns sagt, wer wir sind, was wir bewusst aber auch unterbewusst glauben (dürfen). Es definiert unsere geistigen und körperlichen Möglichkeiten und Grenzen sowie unsere Stärken und Schwächen. Je stabiler und stärker unser Selbstwertgefühl, desto höher empfinden wir unser Selbstbewusstsein. Und obwohl es *Selbst*wertgefühl heißt, wird dieses so wichtige Empfinden nicht nur in einem Selbst ausgelöst und reguliert. Für ein wirklich starkes Selbstwertgefühl brauchen wir auch die dementsprechenden Reaktionen unserer Umwelt.

Es sind vier Kernbereiche, die für die Stabilität und Stärke des Selbstwertgefühles verantwortlich sind und deren Intensität geprüft wird. Freilich merkt man das selbst nur selten, da die meisten dieser Prozesse unbewusst ablaufen.

Folgende graphische Darstellung zeigt, wodurch das Selbstwertgefühl reguliert wird.

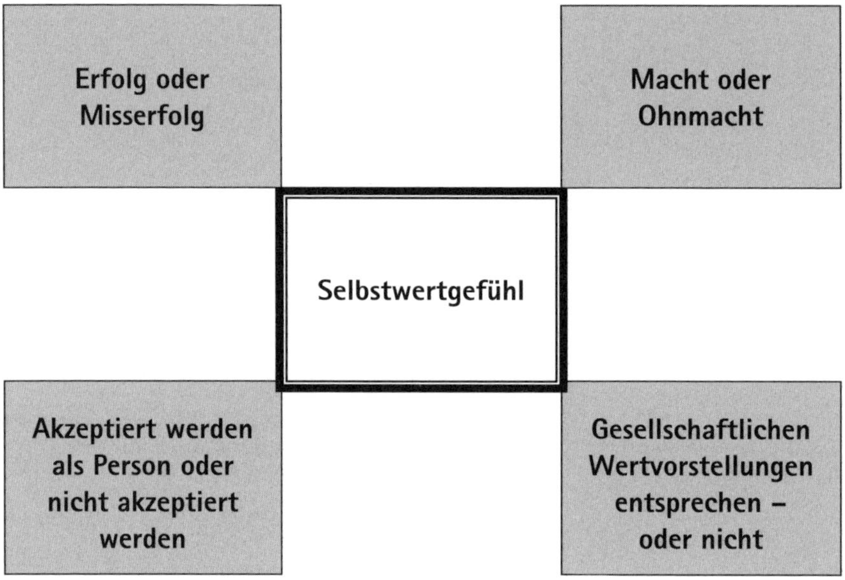

• 1. Faktor: Erfolg oder Misserfolg?

Das Selbstwertgefühl prüft ständig, ob Sie das, was Sie tun, erfolgreich tun. Wir haben zu Beginn des *neuen Treppenläufers* festgehalten, dass sich der Begriff *Erfolg* nicht eindeutig und eindimensional darstellen lässt und meist durch soziale und ökonomische Faktoren ausgedrückt wird. Im Zusammenhang mit dem *Selbstwertgefühl* ergeben sich zwei Perspektiven. Zum einen die subjektiv individuelle, zum anderen die der Umwelt. Individuell erfolgreich sind Sie dann, wenn Sie das, was Sie zu einem vorhergegangenen Zeitpunkt als Ziel definiert haben, auch genau so oder besser realisiert haben. Wenn Sie das, was Sie tun wollten, tatsächlich getan haben. In den Augen Ihrer Umwelt werden Sie in der Regel dann erfolgreich sein, wenn Sie das, was Sie tun, so tun, wie man das von Ihnen erwartet. Hier spielen also soziale Erwartungshaltungen eine besondere Rolle.

Freilich gibt es Ausnahmen von dieser Regel. In manchen Fällen können Handlungen, die unerwartet erfolgen, und nicht den allgemeinen Erwartungen entsprechen, zu großem Erfolg führen. Speziell in Zeiten, in denen Stars und Erfolg von gewissen Medien *gemacht* werden, treten solch paradoxe Situationen häufig auf. Denken Sie nur an die vielen Casting-Shows und deren Ergebnisse.

Wenn Sie erfolgreich sind, werden Sie etwas Besonderes erhalten, das in der Motivationspsychologie beinahe wie ein Zauberwort wirkt: ein Erfolgserlebnis. Dieses für unsere persönliche Entwicklung so wichtige Gefühl tritt immer dann auf, wenn Sie zu sich selbst sagen können: *Ich habe es geschafft* oder *so habe ich mir das vorgestellt* oder *es ist noch besser, als ich mir das vorgestellt habe.*

Dieses Gefühl ist, auf Ihre Psyche bezogen, genau so wichtig, wie Sauerstoff für unser physisches Überleben. Immer wenn das, was Sie gemacht haben, erfolgreich war, stärken Sie damit Ihr Selbstwertgefühl. Der erste und wichtigste Schritt dabei ist, sich selbst rückmelden zu können, dass die eigenen Handlungen gut (genug) waren. Das setzt voraus, dass Sie vor Ihrer Handlung darüber nachgedacht haben, zu welchem Ergebnis Ihre Aktivität führen soll, sich also ein Ziel gesetzt haben. Fehlt das Ziel als Grundlage, ist eine Kontrolle nicht möglich. Der zweite Schritt dabei ist, ob auch Ihre Umwelt Ihnen rückmeldet, dass das, was Sie getan haben, gut (genug) war. Immer wenn Sie sich selbst Ihren Erfolg bestätigen und/oder er aus Ihrer Umwelt rückgemeldet wird, steigt Ihr Selbstwertgefühl. Immer, wenn Sie sich selbst einen Misserfolg rückmelden und/oder dieser aus Ihrer Umwelt bestätigt wird, sinkt Ihr Selbstwertgefühl. Hier sehe ich ein grundsätzliches Problem. Immer wieder kann ich beobachten, dass lieber über Misserfolge gesprochen wird, als über Erfolge. Man nennt dieses Phänomen die *Deutsche Krankheit*. Die zugrunde liegende Überzeugung lautet: *Gute Leistungen setze ich voraus, über schlechte reden wir sofort!* Welche

Konsequenzen Rückmeldungen, die sich auf vergangene Handlungen beziehen, auf künftiges Verhalten haben, ist ausreichend untersucht und der Tenor ist eindeutig: Positive Feedbacks wirken stabilisierend und leistungsfördernd, negative hingegen verunsichern. Viele Menschen wissen das, trotzdem gelingt es selten, diese Erkenntnis in konkrete Handlungen zu übersetzen. Dies hat mehrere Gründe. Erstens werden negative Erlebnisse lange im Gedächtnis behalten. Sie können das überprüfen, indem Sie folgende Frage beantworten:

Welche Momente in Ihrem Leben haben Sie als besonders emotional und bewegend empfunden?

Fällt Ihnen auf, dass die Mehrzahl der Anlässe, an die Sie gerade gedacht haben, mit negativen Empfindungen verbunden ist, also eher Verlust- und Schmerzmomente darstellen?

Zweitens sind nach wie vor viele Personen davon überzeugt, dass man durch Korrektur und Kritik besser lernt als durch Lob. Dass es sich dabei um einen Irrtum handelt, ist wissenschaftlich abgesichert. Kritik stellt ein wichtiges Korrektiv dar, gibt Orientierung und sollte in einem wertschätzenden Umgang miteinander nicht fehlen. Zum Lernen eignet sie sich jedoch nur bedingt.

Drittens halten es manche Leute für oberflächlich, die positiven Aspekte einer Handlung in den Vordergrund zu stellen. Speziell Männer haben damit ihre Probleme. Viele Führungskräfte in Unternehmen und Trainer im Profisport handeln beinahe perfekt nach der *Deutschen Krankheit.*

Wie aber sollen sich Menschen motivieren oder motiviert werden, wenn sie andauernd zu hören bekommen, was sie alles nicht gut können? Viele tun sich sehr schwer, wenn Sie erzählen sollen, was sie in letzter Zeit toll gemacht haben. In Seminaren fallen mir immer wieder Personen auf, die bei Übungen, in denen es um individuelle Erfolgserlebnisse geht, nicht wissen, was sie auf ihr Arbeitsblatt schreiben sollen. Die Blätter bleiben leer und die Leute sind oft verunsichert. Sie sind es offensichtlich nicht gewöhnt, über Erfolge zu reden. In Gesprächen, die ich anlässlich solcher Erlebnisse führe, wird meine Vermutung oft bestätigt. *Es ist alles normal, was ich mache* oder *mir sagt nie-*

mand, dass ich etwas gut gemacht habe, so oder ähnlich lauten die Aussagen der Betroffenen.

Dabei ist es von enormem Nutzen, mehr über erfolgreiche Handlungen zu reden als über erfolglose. Menschen reproduzieren jenes Verhalten, über das am meisten gesprochen wird. Das hängt damit zusammen, dass unser Verhalten auch durch die Erwartungen, die an uns gestellt sind, gesteuert wird. Stellen Sie sich einen Mitarbeiter vor, der von seiner Führungskraft immer wieder hört, dass seine Leistungen nicht den Erwartungen entsprechen. Noch schlimmer sind Situationen, in denen es ein Mitarbeiter einem Chef niemals recht machen kann. Bestimmt können Sie abschätzen, welche Referenzerlebnisse sich im Gehirn des betroffenen Mitarbeiters abspeichern und welche Verhaltensweisen reproduziert werden. Dieses Phänomen nennt man den *Pygmalion-Effekt*. Dieser vom amerikanischen Psychologen Robert Rosenthal Ende der sechziger Jahre so benannte Effekt besagt, dass ein Mensch nicht so ist, wie er beurteilt wird, sondern dass er so wird, wie er beurteilt ist. Werden unsere Handlungen – durch uns selbst und/oder unsere Umwelt – in der Hauptsache günstig bewertet, besteht eine höhere Wahrscheinlichkeit, dass wir uns positiv entwickeln. Die andere Möglichkeit hat Max Frisch in seinem Schauspiel *Andorra* ebenso eindrucksvoll wie tragisch dargestellt.

Tipp:

Nutzen Sie den *Pygmalion-Effekt* und beeinflussen Sie Ihr Selbstwertgefühl. Folgende Anleitungen werden Ihnen dabei helfen:

- Haben Sie genug Vertrauen in Ihre eigene Leistungsfähigkeit und in die anderer Personen!
- Trauen Sie sich selbst Erfolg zu und definieren Sie Ziele, die Sie erreichen können, wenn Sie sich anstrengen!
- Trauen Sie auch anderen Erfolg zu (Ihrem Partner; Ihren Kindern; Ihren Mitarbeitern ...)!
- Sehen Sie bei sich selbst und anderen vor allem solche Leistungen, die gut gelungen sind!
- Sprechen Sie über Ihre Erfolge und die anderer Personen!

- Überlegen Sie sich positive Alternativen, ehe Sie jemanden kritisieren. Tadel des Tadelns wegen führt zu keinen positiven Veränderungen, sondern höchstens zu vermehrter Passivität!
- Machen Sie es sich zur Gewohnheit, Gutes anzuerkennen und zu verbalisieren. Geben Sie Ihrer Umwelt hauptsächlich positive Rückmeldungen und Sie werden ebenfalls viele erhalten!

Ich selbst habe es mir zur Gewohnheit gemacht, Leistungen anderer Menschen rückzumelden und mich dafür zu bedanken. Ob beim Friseur, in einem Restaurant oder an der Kasse im Supermarkt. Die Erfahrung, die ich damit gemacht habe, ist phänomenal. Die Menschen, an die meine Worte gerichtet sind, freuen sich und strahlen über das ganze Gesicht. Und das Tolle dabei ist, dass auch ich mich gut fühle und mit der Zeit selbst positive Rückmeldungen erhalte.

• 2. Faktor: Macht oder Ohnmacht?

Hatten Sie schon einmal einen Albtraum? Hat Sie darin jemand verfolgt und Sie wollten weglaufen? Sie haben es mit aller Kraft versucht, immer wieder, und Ihr Verfolger ist bedrohlich näher und näher gekommen. Aber Sie hatten keine Chance, von der Stelle zu kommen. Sie waren Ihrem Verfolger ausgeliefert und knapp bevor er Sie erreicht hat, sind Sie aufgewacht. Vielleicht waren Sie schweißgebadet, wahrscheinlich raste Ihr Herz. Jedenfalls waren Sie erleichtert, als Ihnen bewusst wurde, dass Sie nur geträumt hatten.

Was war das wirklich Schlimme an diesem Albtraum? Richtig, es war die Ohnmacht, die Sie verspürt haben. Sie hatten keine Chance, die Situation zu ändern oder zu beherrschen, Sie konnten sich nicht in Sicherheit bringen. Durch dieses einfache Beispiel können Sie erkennen, wie stark der Einfluss von Macht bzw. Ohnmacht auf Ihr Befinden ist. Dieser Einfluss wird von Zeit zu Zeit aktualisiert und wirkt sich dadurch auf unser Selbstwertgefühl aus.

Wenn von Macht die Rede ist, bilden sich bei den meisten Menschen negative Assoziationen. Der Grund ist, dass viele erlebt haben, wie Macht missbraucht wird. Wie ist Macht im Zusammenhang mit dem Selbstwertgefühl nun zu verstehen? Sie meint die Fähigkeiten, verschiedene Situationen selbst beeinflussen und gestalten zu können, es teilweise selbst in der Hand zu haben, was geschieht. Bspw. bestimmte – meist unangenehme – Situationen verlassen und beenden zu können, Einfluss und Kontrolle auf andere Personen und auf Situationen auszuüben. Sich sicher zu sein, dass das eigene Handeln die gewünschten Auswirkungen und Veränderungen nach sich zieht. Zur Macht gehört auch, optimistisch zu sein und vieles für möglich zu halten. Wie wesentlich Optimismus für ein erfolgreiches Leben ist, hat der amerikanische Psychologe Martin Seligman, der Begründer der *Positiven Psychologie* in seinem Buch *Pessimisten küsst man nicht* beschrieben. Er meint, dass die Art, wie eine Person über das eigene Leben denkt, wie sie gelungene und wie sie erfolglose Handlungen erklärt, künftige Verhaltensweisen wesentlich beeinflusst. Gedanken sind nach Seligman nicht einfach Reaktionen auf Ereignisse, sondern sie beeinflussen das Geschehen in der Zukunft.

Macht meint also die felsenfeste Überzeugung zu besitzen, das Leben beeinflussen zu können. Speziell dann, wenn man gescheitert ist, einen Misserfolg erlitten hat und wenn man *am Boden liegt*. Wenn Sie selbst in solchen Situationen überzeugt sind, dass Sie alles wieder in den Griff bekommen, dann wirkt sich das positiv auf Ihr Selbstwertgefühl aus. Niederlagen können Ihnen dann nicht viel anhaben, denn Sie wissen, dass Sie die Möglichkeiten haben, die Situation zu verändern.

Einen wichtigen Grundsatz zeigt das Lebensmotto des siebenmaligen Tour-de-France-Siegers Lance Armstrong. Er beschreibt in seinem spannenden und beeindruckenden Buch *Tour des Lebens* seinen Weg vom Krebspatienten zum Toursieger. Armstrong litt an Hodenkrebs mit Metastasen im gesamten Körper. Die prognostizierte Überlebenschance des Rennfahrers wurde von den Ärzten mit drei Prozent beziffert. Können Sie sich vorstellen, wie Sie in einer solchen Situation reagieren würden? Drei Prozent Überlebenschance. Es klingt unglaublich. In dieser Situation war das Lebensmotto des Amerikaners Gold wert und sprichwörtlich lebensrettend: N*ever give up*!

Lance Armstrong ist sich bewusst, dass er *verdammtes Glück* gehabt hat, wieder gesund zu werden und wieder Radrennen fahren zu können. Ich bin überzeugt davon, dass es zwischen optimistischen Gedanken und Glück einen positiven Zusammenhang gibt. Wenn Ihre Gedanken in der Hauptsache positiv sind und Sie vieles für möglich halten, wird Ihnen das, was wir Glück nennen, öfters passieren. Vielleicht erinnern Sie sich an die *sich selbst erfüllenden Prophezeiungen*, die ich zu Beginn des *neuen Treppenläufers* beschrieben habe. Ihre Vorstellungen steuern Ihr Verhalten.

Die Auswirkungen der *Erlernten Hilflosigkeit*

Ohnmacht hingegen bedeutet das, was Martin Seligman die *Erlernte Hilflosigkeit* nennt. Sie ist die Reaktion des Aufgebens und des Resignierens. Sie wurzelt im tiefen Glauben, dass die Art des eigenen Handelns keine Rolle spielt. Ohnmacht ist die Ausweglosigkeit des Vorherbestimmten und Vorgegebenen. Ohnmächtig fühlt sich, wer in den eigenen Handlungen keine Möglichkeiten sieht. Manche Menschen haben in dieser Beziehung ein ebenso einfaches wie gefährliches Programm entwickelt. Dieses besagt, dass es gerade ihnen vorherbestimmt sei, unglücklich zu sein. Demnach können diese Personen nicht zulassen, dass ihnen Glück begegnet. Es kann nicht sein, was nicht sein darf. Durch die Verwendung besonderer Erklärungsmuster bestätigen diese Personen ihre Einstellungen. Wieder handelt es sich um eine *sich selbst erfüllende Prophezeiung.*

Jedes Mal, wenn jemand denkt, dass das eigene Handeln nichts verändern kann, wird das Selbstwertgefühl geschwächt. Hält eine Person diese Erklärung über einen längeren Zeitraum aufrecht, wirkt sich das nachhaltig auf das Selbstbewusstsein aus. Es kann sogar die Selbstaufgabe eines Menschen zur Folge haben.

Die Umsetzung folgender Gedanken kann im Zusammenhang mit dem Faktor *Macht* Ihr Selbstwertgefühl stabilisieren und stärken:

Tipp:

- Gehen Sie davon aus, dass das, was Sie heute denken, morgen schon Realität sein könnte!
- Widersprechen Sie vehement all jenen, die Ihnen weismachen wollen, wir Menschen wären ausschließlich das Produkt unserer Umwelt!
- Seien Sie davon überzeugt: Unsere Welt ist so, wie wir sie machen!
- Machen Sie *„gib niemals auf"* zu Ihrem Grundsatz!
- Steigern Sie Ihren Optimismus und sprechen Sie in positiven Worten!
- Gehen Sie davon aus, dass Ihre Erfolge auf Ihre Fähigkeiten und Ihren Einsatz zurückzuführen sind!
- Seien Sie entschlossen und gehen Sie die Dinge aktiv und zügig an!
- Akzeptieren Sie Misserfolge als Teil Ihres Handelns und versuchen Sie es mit einer anderen Strategie von vorne!
- Denken Sie daran, dass Sie zwar nicht immer die Wahl haben, was Sie tun, aber immer die Wahl haben, wie Sie es tun!

Ich bin der festen Überzeugung, dass Vera F. Birkenbihl Recht hat, wenn sie sagt, dass die sicherste Methode, die Zukunft erfolgreich zu meistern, jene sei, die Zukunft selbst zu gestalten. Ich denke, dass viele Menschen mit dieser Macht ausgestattet sind. Sie müssen es sich nur hin und wieder bewusst machen und diese Möglichkeiten einsetzen.

• 3. Faktor: Akzeptiert sein als Person oder nicht akzeptiert sein?

In unserer Gesellschaft hat es oft den Anschein, als ob es nichts Wichtigeres gebe als Leistung. Viele Menschen definieren sich ausschließlich durch die Leistung, die sie zu erbringen im Stande sind. Das ist umso bemerkenswerter, weil unser Selbstwertgefühl nur zu einem Teil von diesem Faktor beeinflusst wird. In diesem Zusammenhang beobachte ich seit langem ein Phänomen, das in den letzten Jahren immer stärker wurde. Man kann es so beschreiben: Solange die Leistungen stimmen, ist man als Person akzeptiert. Lassen sie nach und entsprechen die Ergebnisse nicht mehr den Erwartungen, sinkt dadurch die Akzeptanz; ganz nach dem Motto: *Solange Du etwas leistest, bist Du okay, läßt Deine Leistung nach, bist Du nicht mehr okay!*

Die „Abhängigkeit" von Leistung und Beziehung

Die beiden Faktoren *Leistung* und *Beziehung* stehen in einer Wechselwirkung, die durch die eben beschriebene Bedürfnishierarchie dargestellt werden kann. Wenn die Beziehungsbedürfnisse eines Menschen nicht in jenem Ausmaß befriedigt sind, wie er sich das wünscht, dann kommt es oft zu so genannten Kompensationshandlungen. Diese finden in der Hauptsache auf der Leistungsebene statt. Geltungsstreben und Geltungsdrang können sich bis zur Geltungssucht steigern, sofern ein Mensch zu wenig Liebe, Geborgenheit und menschliche Wärme erfährt. Die mangelnde Akzeptanz lässt sich allerdings nicht, wie manche fälschlich meinen, durch erhöhten Arbeitseinsatz und durch besondere Leistungen ausgleichen. Wer in persönlichen Beziehungen ausreichend Anerkennung erfährt, braucht sich diese nicht am *öffentlichen Marktplatz* zu holen. Wenn Akzeptanz unabhängig von Leistung erfolgt, braucht man sie nicht durch Titel, Position und Erfolg im Berufsfeld darzustellen bzw. zu erzwingen. Dann findet die ständige Vermischung von sachlichen und sozialen Bezügen nicht statt.

Auch in der Erziehung beherrscht dieses Prinzip immer wieder die Beziehungen zwischen Eltern und Kindern. Stellen Sie sich ein Schulkind vor, das über einen längeren Zeitraum erfährt, dass es nur dann volle Akzeptanz bei den Eltern genießt, wenn die Leistungen in der Schule gut sind. Mit welchen Defiziten im emotionalen Bereich und mit welchen Einstellungen dieses Kind aufwächst, kann man sich denken. Aus derartigen Sozialisationen stammen oft jene Menschen, die verbissen auf Leistungen aus sind und Probleme im Umgang mit Emotionen zeigen. Das Gefühl auch dann wertvoll zu sein, wenn ihre Leistungen nicht besonders gut sind, kennen sie nicht. Also versuchen sie, um jeden Preis Anerkennung auf anderen Ebenen zu bekommen. Es sind oft jene Kollegen, bei denen man Lust und Spaß, Freude und Lockerheit bei der Arbeit vermisst. Auch wenn sie für Ihre Leistungen tatsächlich besondere Anerkennung erhalten, ist ihr Selbstwertgefühl nur oberflächlich stabil und stark. Im emotionalen Bereich bleibt ein Defizit zurück, das zwar verdrängt aber nicht ausgeglichen werden kann. Dementsprechend formulierte Alfred Adler das Selbstwertgefühl als *emotionale Qualität*. Dieser Ansatz ist durch die moderne Neurobiologie bestätigt. Soziale Anerkennung scheint für Motivation und menschliches Verhalten ein besonderer Einflussfaktor zu sein.

Fragen, die man sich diesbezüglich stellen kann, lauten:

- Bin ich auch dann volles Mitglied, wenn meine Leistungen schwach sind?
- Wie lange trägt mich ein System?
- Wie reagiert meine unmittelbare Umwelt, wenn meine Leistungen nicht besonders sind?

Je günstiger die Antworten auf diese Fragen ausfallen, desto stabiler stellt sich das Selbstwertgefühl dar.

Ein sicheres Anzeichen dafür, ob eine Person in Ihrem sozialen Gefüge unabhängig von ihren Leistungen akzeptiert wird, ist das Verhalten und die Einstellung in Bezug auf Fehler. In Gruppen, in denen Leistung der wichtigste Indikator für die Akzeptanz der Mitglieder ist, wird nicht offen über Fehler gesprochen werden. Vielmehr könnte man in solchen Organisationen den Eindruck gewinnen, dass überhaupt keine Fehler gemacht werden, denn man kehrt sie unter den großen *Zauberteppich*. Das ist ein Gruppenstandard, über den zwar niemals offen gesprochen wird, den aber trotzdem alle kennen und einhalten.

In echten Teams wird zwar von den Mitgliedern ebenfalls Leistung verlangt und erwartet, die Akzeptanz der einzelnen Personen hängt aber nicht ausschließlich davon ab. So werden Fehler offen besprochen und allen ist klar, dass aus Fehlern für die Zukunft gelernt werden kann. Einzelne haben keine Angst davor, Fehler zu machen und darüber zu sprechen. In einem derartigen Umfeld können sich Personen gut entwickeln. Zudem gibt es einen weiteren entscheidenden Punkt: Menschen, die sich sicher und wohl fühlen, haben wenig Motivation und kaum Interesse andere anzugreifen oder niederzumachen. Im Gegenteil, hier wird man beobachten können, dass mit Freude und

Lockerheit an die Arbeit gegangen wird und dass diese Personen Spaß daran haben, besondere Leistungen zu erbringen. In solchen Gruppen werden Leistungen von anderen anerkannt, auch wenn es nicht immer Spitzenleistungen sind. Menschen, die in einem derartigen Umfeld leben und arbeiten, stärken ihr eigenes Selbstwertgefühl durch die Art und Weise, wie sie mit ihren Mitmenschen umgehen. Dies ist eine Antwort auf die Frage, was Sie als Einzelner im Sinne der persönlichen Akzeptanz tun können, um Ihr Selbstwertgefühl weiter zu erhöhen und abzusichern:

Tipp:

- Leben Sie nach dem Motto *„wie man in den Wald hineinruft, so schallt es zurück"*!
- Unterstellen Sie den Menschen in Ihrer Umgebung – besonders denen, die Sie neu kennen lernen – dass diese okay sind!
- Geben Sie einen Vertrauensvorschuss, nach dem Motto *„Vertrauen ist die Leistung des Stärkeren"*!
- Machen Sie anderen Personen verbale Freuden, indem Sie auf Positives aufmerksam machen!
- Lächeln Sie andere Personen an!
- Seien sie freundlich zu anderen, auch in kritischen Situationen!
- Machen Sie sich klar, dass Sie Fehler machen und sprechen Sie mit anderen darüber!
- Bewerten Sie Fehler nicht als Katastrophe, sondern als Erkenntnis, dass es mit der versuchten Strategie nicht geht!
- Akzeptieren Sie sich selbst, mit Ihren Fähigkeiten, Stärken und Schwächen! Wer sich selbst nicht anerkennt, wird auch von anderen nicht akzeptiert werden.

Bei diesem, das Selbstwertgefühl beeinflussenden Faktor gibt es im Gegensatz zu den beiden anderen eine Umwegrentabilität. Indem Sie andere unabhängig von deren Möglichkeiten und Leistungen akzeptieren, schaffen Sie eine Voraussetzung, dass auch Sie von Ihrer Umgebung anerkannt werden. Und zwar auch dann, wenn Ihre Leistungen einmal eine Zeit lang nicht besonders gut sind. Dafür gibt es einen treffenden Vergleich.

Tipp:

Leben Sie das Prinzip *Geben*

Stellen Sie sich vor, Sie besitzen eine Torte, die in 12 Stücke geteilt ist. Mit jedem Stück, das Sie essen oder verschenken, geht eines verloren, wird die Torte kleiner. Emotional betrachtet sieht das freilich anders aus: Für viele Stücke, die Sie hergeben, bekommen Sie wiederum welche zurück. Unter Umständen ist das neue Stück sogar größer, als das von Ihnen gegebene. Vielleicht erhalten Sie auch nicht bloß ein Stück, sondern zehn zurück! So wird Ihre Torte niemals alle. Ist dies nicht eine tolle Vorstellung?

• 4. Faktor: Gesellschaftlichen Wertvorstellungen entsprechen

Der letzte Faktor, der unser Selbstwertgefühl beeinflusst, ist der Grad, in dem das, was wir tun, mit den allgemeinen Wertvorstellungen des gesellschaftlichen Systems, in dem wir leben, übereinstimmt. Dahinter stecken moralische, ethische und kulturelle Fragestellungen. Je größer die Übereinstimmung zwischen dem eigenen Handeln und den Werten der Gesellschaft ist, desto stabiler stellt sich das Selbstwertgefühl dar. Folgende Fragen sind diesbezüglich von Bedeutung:

Fragen zu persönlichen Werten

- Welchen *höheren Sinn* hat das, was ich tue?
- Wem nützt das, was ich tue?
- Verhalte ich mich so, wie man es von mir in meiner Funktion (z.B. am Arbeitsplatz) und in meiner Rolle (z.B. als Vater) erwartet?
- Halte ich die grundsätzlichen Regeln unseres Zusammenlebens ein?
- Leiste ich einen Beitrag zum System?

Im Gegensatz zu den drei anderen Einflussfaktoren wird dieser vierte nicht unmittelbar von Person zu Person abgehandelt. Zu den individuellen Sichtweisen und Wertungen kommen nun *übergeordnete* und *kollektive*, eben jene *der Gesellschaft*, hinzu.

Die Frage, ob man andere motivieren kann, habe ich mit einem eindeutigen *Ja* beantwortet und im Rahmen des Motivationsprozesses behandelt. Da ein stabiles Selbstwertgefühl und eine positive habituelle Motivation zusammenhängen, wird ersichtlich, welche Möglichkeiten sich dem Einzelnen bieten, um eine andere Person zu motivieren. Ohne die individuelle Macht überschätzen zu wollen, sollten wir zur Kenntnis nehmen, dass wir die Motivation anderer Menschen positiv wie negativ beeinflussen können.

Bleibt noch eine Frage zu beantworten, die mir in Seminaren und Trainings oft gestellt wird: Kann man ein zu hohes Selbstwertgefühl haben? Die Antwort ist eindeutig: *Nein.* Ein zu hohes Selbstwertgefühl kann man nicht haben. Hinter dieser Frage steckt die Beobachtung, dass manche Menschen ein *übertriebenes* Selbstwertgefühl zur Schau stellen, das sich mit den Begriffen *Arroganz, Wichtigtuerei* und *Angeberei* beschreiben lässt. Dies deutet auf ein mangelndes Selbstwertgefühl hin, das oft durch auffälliges Verhalten *überspielt* wird. Durch diese besonderen Verhaltensweisen wird versucht, die eigenen Mängel zu überdecken und Defizite zu kompensieren. Ein Mensch kann genau so wenig ein zu hohes Selbstwertgefühl haben, wie er zu viel gesund sein kann.

Warum sich die Umsetzung der vier Faktoren lohnt

Die Umsetzung einzelner Hinweise und Tipps aus den vier Einflussfaktoren kann Ihnen dabei helfen, Ihr Selbstwertgefühl zu stabilisieren und zu erhöhen. Dies wiederum wirkt sich positiv auf Ihre Motivation aus. So könnten Sie jeweils eine Umsetzung aus jedem Bereich auswählen und dieses Verhalten als mittelfristiges Ziel definieren. Vielleicht hilft es Ihnen, Ihr Vorhaben mit einer vertrauten Person zu besprechen und sich über Ihr Vorhaben und die Umsetzung auszutauschen.

Ihr stabiles Selbstwertgefühl wird den Menschen in Ihrem sozialen Umfeld auffallen. An Ihrer Mimik und Gestik wird man beobachten können, dass Sie selbstsicherer sind. Sie selbst werden feststellen, dass sich diese neuen Verhaltensweisen günstig auf Ihre Motivation auswirken. Menschen mit einem positiven und stabilen Selbstwertgefühl legen großen Wert darauf, die für sie passenden Herausforderungen zu finden und zu meistern. Sowohl im privaten, als auch im beruflichen Bereich. Die nächste Methode wird dafür hilfreich sein.

7. Das Biermodell© – eine etwas andere Motivationsmethode

„Für das Können gibt es nur einen Beweis, das Tun!"

Marie Ebner-Eschenbach

Zu Beginn meiner Tätigkeit als Trainer, Berater und Coach, vor knapp 20 Jahren, bin ich regelmäßig auf eine Frage gestoßen, auf die ich zunächst keine Antwort geben konnte und die ich als eine der Kernfragen in der Motivationsforschung betrachtete: *Unter welchen Voraussetzungen können Menschen über einen langen Zeitraum hohe Leistungen erbringen und trotzdem gesund und ausgeglichen sein?*

Je öfter ich mit dieser Frage konfrontiert war, desto größer wurde die Spannung in mir, eine Antwort zu finden. Viele Kollegen begegnen dieser Frage mit der Individualität in der Motivationspsychologie. *Das könne man nicht generell beantworten; das wird bei jedem Menschen anders sein; das hängt von der individuellen Struktur der jeweiligen Person ab.* Gewiss haben diese Kollegen recht mit der Behauptung, Motivation sei immer von der jeweiligen individuellen Persönlichkeit abhängig – den Person–Situations-Bezug der Motivation haben wir ja bereits zu Beginn des *neuen Treppenläufers* besprochen. Trotzdem stellten mich diese Antworten nicht zufrieden. Ich hatte zu Beginn noch keine Ahnung, wie es funktionieren könnte, aber ich wollte eine Methode finden, die eine gewisse Standardisierung in dieser Hinsicht zulässt. Ich wollte einen Ansatz entwickeln, der nicht nur an die Möglichkeiten der jeweiligen Personen geknüpft ist, sondern als möglichst allgemein gültiges Modell verstanden werden kann.

Das Flow-Modell als Grundlage für das *Biermodell*

Durch meine praktische Arbeit in vielen Unternehmen diverser Branchen mit den verschiedensten Menschen und durch meine Doktorarbeit zum Thema *Arbeitsmotivation* bekam ich eine immer klarere Vorstellung davon, wie ein derartiges Modell aussehen könnte. Als ich dann mit dem Buch *Das Flow-Erlebnis* von Mihaly Csikszentmihalyi konfrontiert war, fiel es mir wie Schuppen von den Augen. Ich hatte eine Antwort gefunden. Das *Biermodell* war in seinen Grundzügen geboren; wissenschaftlich anerkannt wurde es 1999 mit der Approbation meiner Dissertation. Mittlerweile ist diese Methode – die ich im Laufe der Zeit verfeinert habe – vielfach erprobt und hat sich in mehreren Projekten erfolgreich bewährt. Führungskräfte aus verschiedenen Organisationen und Branchen verwenden und nutzen das *Biermodell* in ihrer täglichen Arbeit.

Für die Darstellung dieser besonderen Methode, möchte ich die Definition von Motivation in Erinnerung rufen:

- Ein klares, konkretes Ziel vor Augen zu haben,
- einen hohen Einsatz zu leisten, um dem Ziel näher zu kommen und
- konsequent und ablenkungsfrei an der Zielrealisierung dran bleiben.

Wir haben auch besprochen, dass Motivation zunächst nur eine erhöhte Handlungstendenz bedeutet und weitere Zutaten braucht, damit konkrete Operationen starten. Es benötigt:

- Einen Anreiz, der einen Nutzen und Sinn bietet,
- eine reelle Erfolgswahrscheinlichkeit und
- eine günstige Motivtendenz.

Das bedeutet, dass hinter jeder motivierten Handlung zum einen eine konkrete kognitive Erwartung und zum anderen ein emotional bedeutsamer Anreizwert stecken. Die Erwartung bezieht sich auf die Erfolgswahrscheinlichkeit (*zu wie viel Prozent kann ich mit Erfolg rechnen?*). Der Anreiz hingegen bezieht sich auf den Wert einer Aufgabe. Wie ich im ersten Teil bereits ausgeführt habe, ist das Entscheidende dabei, dass die Kausalrichtungen der beiden Begriffe gegensätzlich verlaufen. Das heißt, je größer die Erwartung an eine bestimmte Aufgabe ist, umso kleiner ist der Wert, der ihr beigemessen wird. Wenn Sie also hundertprozentig wissen, dass Sie etwas locker und sowieso schaffen, dann werden Sie dieser Aufgabe wahrscheinlich einen geringen Wert beimessen. Je kleiner aber die Erwartung an eine Herausforderung ist, desto größer ist der Wert, der ihr subjektiv beigemessen wird. Wenn Sie berechtigterweise davon ausgehen, an einer bestimmten Aufgabe zu scheitern, dann muss diese schon eine besondere Angelegenheit sein. In der Motivationswissenschaft nennt man diesen, von James W. Atkinson entwickelten Ansatz das *Risikowahlmodell.*

Das Risikowahlmodell am Beispiel Profi-Sport

Ein Beispiel aus dem Sport soll diese These verdeutlichen. Im Rahmen der nationalen Fußballpokal-Wettbewerbe kommt es immer wieder zu *David-gegen-Goliath*-Spielen, in denen Proficlubs aus den höchsten Ligen auf Amateurmannschaften aus unteren Ligen treffen. Für die Profis besteht also wenig Erfolgsanreiz, wenn sie etwa gegen einen Drittligisten antreten müssen, weil die Presse und die Fans einen klaren Sieg erwarten. Tatsächlich verleiht diese Tatsache vielen Cupspielen diese besondere Brisanz, so dass Experten meinen, der Cup habe seine eigenen Gesetze. Belege dafür gibt es viele, ob in Österreich, Deutschland, der Schweiz, Italien oder Frankreich. Überall verlieren jedes Jahr in den Cupwettbewerben Profifußballer gegen Amateure. Die großen Clubs scheiden nicht deshalb aus, weil sie plötzlich nicht mehr Fußballspielen können. Sie verlieren, weil die Spieler in derartigen Situationen Schwierigkeiten haben, eine entsprechende Spannung aufzubauen. Es ist eine besondere Herausforderung für einen Profi, sich für das Spiel gegen einen drittklassigen Amateurverein zu motivieren. Das bedeutet keinesfalls, dass die Berufsspieler nicht *wollten*. Das wäre eine grobe Fehlinterpretation. Mit *Wollen* hat dieser Prozess nichts zu tun; mehr mit dem Abrufen ihrer Fähigkeiten in dieser spezifischen Situation. Die Trainer sind vor solchen Spielen besonders gefordert, den nötigen Spannungszustand aufzubauen. Gute Trainer schaffen das in der Regel, so dass sich in den meisten Fällen doch die höhere Qualität durchsetzt.

Für die individuelle Motivation bedeutet das: Nicht das *Nach-den-Sternen-greifen*, oder der Versuch, das Unmögliche zu erreichen, motiviert am stärksten. Energie entsteht in erster Linie dann, wenn sich bei einer Herausforderung Wert und Erwartung die Waage halten. Das Risikowahlmodell erklärt, wie das individuelle Anspruchsniveau – das, was sich jemand zu erreichen vornimmt – entwickelt wird.

Die für die Leistungsmotivation günstigsten Anspruchsniveaus bilden Aufgaben und Herausforderungen mit mittleren Schwierigkeitsgraden. Das sind jene, die man erreichen kann, wenn man seine Fähigkeiten und Möglichkeiten nutzt und sich besonders anstrengt. Ziele, die in einem mittleren Anspruchsniveau liegen, zeichnen sich dadurch aus, dass Erfolg oder Misserfolg gleichermaßen möglich ist. Diese werden als besonders attraktiv und anregend empfunden. Sie entsprechen jenen Schwierigkeitsgraden, die man mit vollem Einsatz meistern kann, bei denen man ohne Anstrengung jedoch mit Sicherheit Schiffbruch erleidet. So erhält man zudem verlässliche Rückmeldungen über den aktuellen Stand der eigenen Tüchtigkeit und Möglichkeiten auf dem betreffenden Gebiet. Daher kommt die Forderung nach *realistischen Zielen.*

Wann aber kann eine Aufgabe für einen bestimmten Menschen als realistisch gelten? Ist es für die Amateure eines kleinen, drittklassigen Fußballvereins ein realistisches Ziel, die Profis eines großen Klubs aus der Bundesliga zu besiegen? Oder wären die Amateure mit diesem Vorsatz eher überfordert? Sowohl im Sport- als auch im Wirtschaftsleben stellt sich die Vorhersage dessen, was letztlich *realistisch* ist, eher problematisch dar. Vielmehr handelt es sich um Überzeugungen und Vorstellungen – durchaus im Sinne von *sich selbst erfüllenden Prophezeiungen.* Es kann zwar in vielen Fällen auf bestimmte Wahrscheinlichkeiten zurückgegriffen werden, Sicherheit gibt es jedoch nicht. Herbert Prohaska, Österreichs Jahrhundertfußballer, erzählte mir, dass er in internationalen Wettbewerben oft gegen Mannschaften gespielt hat, die eindeutig höher einzuschätzen und einfach besser waren, als jene Teams bei denen er engagiert war. Die Wahrscheinlichkeit hatte also für diese Top-Teams und gegen ihn gesprochen. *Schneckerl* Prohaska, wie er genannt wird, behalf sich mit folgendem beeindruckenden Selbstgespräch. Er respektierte die Klasse der gegnerischen Teams und akzeptierte deren Überlegenheit, meinte aber vor jedem derartigen Spiel:

> *„Die sind zwar grundsätzlich besser als wir, aber wer sagt, dass sie es heute Abend sind?"*

Dadurch erschien der eigene Erfolg durchaus im Bereich des Möglichen zu liegen.

Wird einer Aufgabe ein zu hoher Wert beigemessen, dann erscheint sie als extrem schwierig. Dies wiederum kann zu einer Übermotivierung führen. Die Folgen sind eine Verkrampfung und Einschränkung der eigenen Fähigkeiten, die sich durch eine erhöhte Anzahl von Fehlern in einem schlechten Ergebnis ausdrückt.

In unserem Beispiel aus der Fußballwelt haben die Amateure einen entscheidenden Vorteil gegenüber den Profis. Sie können durch Methoden wie dem Mentalen Training die Erfolgserwartung an das Spiel beeinflussen und verändern, und trotzdem bleibt Ihnen ein hoher Wert erhalten. Mit einem guten Trainer geht jeder Hobbyspieler mit der felsenfesten Überzeugung auf den Platz, doch eine Chance zu haben. Die Erwartung wird jedoch niemals so hoch sein, dass sie in Überheblichkeit oder Unterschätzung des Gegners umschlägt. Für die Profis ist es ungleich schwieriger, einem Spiel gegen Amateure einen entsprechenden Wert beizumessen. Der Gegner ist und bleibt eine Provinzmannschaft, gegen die man gewinnen muss. Alles andere als ein deutlicher Sieg wäre lächerlich, eine große Enttäuschung und für die Boulevardpresse ein gefundenes Fressen.

Wie formuliert man realistische Ziele?

Was also sind realistische Ziele? In meinen Augen sind es solche, denen subjektiv zumindest eine gewisse Erfolgswahrscheinlichkeit zugrunde gelegt werden kann, die also nicht gänzlich unmöglich erscheinen und die dadurch ein höchstes Maß an Leistungsmotivation nach sich ziehen. Wir sprechen also von Vorhaben, die zwischen Unter- und Überforderung, also im *Flow-Bereich* angesiedelt sind. Das ist aber nur ein zentrales Element meiner Motivationsmethode. Das *Biermodell* geht über den Anspruch des *Flows* hinaus. Es genügt nämlich nicht, dass Sie darauf achten, dass Ihre Ziele im Bereich zwischen Über- und Unterforderung angesiedelt sind – das wäre nichts Neues. Mein Ansatz geht einen Schritt weiter und gliedert die Aufgaben, die in diesem Bereich liegen noch einmal in drei Gruppen. Dabei stellen die Aufgabenschwierigkeit und die Erfolgswahrscheinlichkeit die entscheidenden Kriterien dar.

Dieses Modell habe ich zunächst für die Motivation am Arbeitsplatz entwickelt. Ich erkannte jedoch, dass das Grundprinzip für viele andere Bereiche ebenso Gültigkeit besitzt: in Partnerschaft und Familie, aber auch bei Hobbies oder beim Lernen. Später sah ich bei Umsetzungen in unterschiedlichen Bereichen die positive psychosoziale Wirkung dieses Modells: Das *Biermodell* ist ein Element der Gesundheitsförderung an Arbeitsplätzen.

Stellen Sie sich nun vor, Sie seien eine Führungskraft in einem Unternehmen. Vielleicht sind Sie das ja in der Realität. Dann vergegenwärtigen Sie sich nun Ihre Position. Sie sind als Chefin bzw. Chef, besonders engagiert. Sie überlegen sich immer wieder, durch welche Aufgaben Ihre Mitarbeiter die größte Leistungsmotivation erreichen können und trotzdem gesund und ausgeglichen bleiben. Um diese Frage zu beantworten, sind zunächst zwei Voraussetzungen zu erfüllen. Erstens müssen Sie den Schwierigkeitsgrad, das heißt die konkrete Anforderung der Aufgabe, möglichst exakt bestimmen können. Dies gilt zweitens auch für das Leistungsniveau des betreffenden Mitarbeiters. Zudem sollten Sie in der Lage sein, die gewonnenen Erkenntnisse in ein direktes Verhältnis zu setzen. Sie müssen sowohl die Situation als auch die Person berücksichtigen. Dafür eignen sich Personalentwicklungsinstrumente wie Tätigkeitsprofile oder Ablaufbeschreibungen auf der einen, Mitarbeiterbeurteilungskriterien auf der anderen Seite. In vielen Fällen wird Ihnen Ihr Bauchgefühl verlässliche Auskunft darüber geben, ob ein bestimmter Mitarbeiter dafür geeignet ist, eine konkrete Aufgabe durchzuführen.

Nun besteht aber das Problem, dass der Flow-Zustand nicht von objektiven, sondern vielmehr von subjektiven Wahrnehmungen abhängt. Was wie schwierig ist, entscheidet in der Regel jene Person, die mit der Ausführung der Aufgabe betraut ist. Als Führungskraft sind Sie also gut beraten, den betroffenen Mitarbeiter in Ihre Überlegungen einzubeziehen und Gespräche zu führen.

Noch effizienter ist es, wenn der Mitarbeiter selbst diese Einschätzungen vornimmt, so dass es statt einer Fremddiagnose durch die Führungskraft zu einer Selbstdiagnose durch den Mitarbeiter kommt. Gute Zielvereinbarungssysteme berücksichtigen diesen Ansatz. Jedoch sind sie in vielen Unternehmen und Organisationen noch lange nicht Standard. Als schwerwiegenden Grund dafür beobachte ich das Misstrauen, das zwischen Arbeitgeber bzw. seinen Vertretern und zwischen Arbeitnehmern bzw. deren Vertretern herrscht. Oft erlebe ich, dass Führungskräfte grundsätzlich davon ausgehen, dass ihre Mitarbeiter nicht die *volle* Leistung bringen, wenn sie die Freiheit haben, zu wählen. Argumentiert wird dann mit Volksweisen wie: *Der Mensch wählt immer den Weg des geringsten Widerstandes* oder *gibst Du ihnen den kleinen Finger, wollen sie die ganze Hand* usw. 20 Jahre Erfahrung zeigen mir jedoch, dass es sich oft lohnt, davon auszugehen, dass viele Mitarbeiter ihre Aufgaben noch besser erfüllen, wenn sie bei der Aufgabengestaltung und –vergabe eingebunden sind.

Folgendes Beispiel soll Hintergründe des *Biermodells* verdeutlichen.

Ein Experiment zum Thema Überforderung

Wenn sich beispielsweise das Leistungsniveau eines Mitarbeiters im unteren Bereich befindet, weil dieser erst seit kurzem in der Organisation arbeitet, und genau er mit Aufgaben betraut wird, die von ihrem Anforderungsniveau her jedoch im oberen Bereich liegen, dann hat dieser Mitarbeiter kaum die Möglichkeit, Flow zu erleben, d.h. er wird keine hohe Leistungsmotivation aufbringen können, weil er mit den Aufgaben überfordert ist. Nach Versuchen, die ich in Seminaren durchgeführt habe, haben Teilnehmer beschrieben, was sie empfunden haben, nachdem sie vor eine Aufgabe gestellt waren, die sie nicht realisieren konnten, die sie überfordert hat. Die Reaktionen der Frauen und Männer, die bei diesen Experimenten freiwillig mitgemacht haben, waren durchaus unterschiedlich. In einigen Punkten ergaben sich freilich auffällige Übereinstimmungen. So berichteten die meisten von Stressempfindungen, als sie erkannten, dass sie die Aufgabe nicht lösen könnten. Diese Erkenntnis weckte die so genannten *Jetzt-erst-Recht-Mentalität,* die durch eine positive Gruppendynamik zusätzlich gefördert wurde. Eine Zeit lang arbeiteten die Teilnehmer intensiv an einer Lösung, wollten nicht wahrhaben, dass diese unmöglich sein soll. Zunächst führte diese unlösbare Aufgabe also zu erhöhter Motivation und vermehrter Anstrengung. Nach kurzem jedoch wurde den Frauen und Männern klar, dass ein *richtiges* Ergebnis immer noch in weiter Ferne lag. Dadurch stieg der Stress weiter an. Das war am Verhalten gut zu beobachten. Zusätzlich reagierten viele Teilnehmer auch mit Unsicherheit, weil sie nicht wussten, was sie nun tun sollten. Je stärker diese Unsicherheit empfunden wurde, desto gestresster und gereizter wirkten die Teilnehmer. In der Analyse des Versuchs ergab sich diesbezüglich hohe Übereinstimmung bei den teilnehmenden Personen. Bei einem weiteren Merkmal ergab sich eine nur etwas geringere Übereinstimmung. Aber immer noch auffällig viele teilten mit, dass sie nach dem *Jetzt-erst-Recht-*Versuch Frusterlebnisse gehabt hätten. Die Leute haben sich vergebens bemüht und der Frust hat sich bei einigen zu einem Gefühl der Angst entwickelt. Manche hatten tatsächlich Angst, die Aufgabe nicht lösen zu können und von den anderen Seminarteilnehmern als Versager abgeurteilt zu werden.

Ein anderer Fall wäre es, wenn sich beispielsweise das Leistungsniveau eines langjährigen, interessierten Mitarbeiters im oberen Bereich befindet und er dann mit Aufgaben betraut würde, die in einem unteren Bereich liegen. Auch er wird kaum die Möglichkeit haben, Flow zu erleben. Er wird keine hohe Leistungsmotivation aufbringen können, weil er mit den Aufgaben unterfordert ist.

Auch dazu habe ich in meinen Seminaren Versuche durchgeführt, indem ich Teilnehmern Aufgaben stellte, die äußerst einfach zu lösen waren und für die ich zudem viel zu viel Zeit vorgesehen hatte. Wiederum ergaben die Erzählungen der Betroffenen einige auffällige Übereinstimmungen.

Ein Experiment zum Thema Unterforderung

Zunächst schilderten viele, dass sie die Situation gelangweilt hätte, nachdem sie begriffen hätten, wie einfach die Aufgaben zu lösen seien. Mit Fortdauer des Experiments führte diese Langeweile zu

Stresserscheinungen. Diese wurden dadurch verstärkt, dass sich viele Teilnehmer die Frage stellten, was die *wirklichen* Aufgaben seien, denn *so einfach könne es ja wohl nicht sein*. Viele waren ob der zu leichten Aufgabe frustriert. Sie hatten sich mehr erwartet. Einige gaben später zu, *„sauer"* auf mich zu sein und beginnende Aggression wahrgenommen zu haben. Auch das scheint gut nachvollziehbar zu sein, stellt Frustration doch die Verhinderung einer Bedürfnisbefriedigung dar (frustra, lat. = zwecklos, umsonst, vergeblich), wie sie für Über- und Unterforderung gilt.

Diese Versuche, die freilich nicht einem wissenschaftlichen Anspruch genügen, zeigten mir, dass ich mit den Grundüberlegungen des *Biermodells* richtig lag. Wir können also festhalten, dass durch Über- bzw. Unterforderung jeweils eine kausale Kette ausgelöst wird, die im Laufe der Zeit – je nach individueller Konstitution – zu Verhaltensänderungen und –auffälligkeiten sowie zu ernsthaften Erkrankungen führen kann. Bei Überforderung führt diese Reihe von *Unsicherheit* zu *Stresssymptomen*, die wieder eine erhöhte *Fehleranfälligkeit* nach sich ziehen. Diese führen schließlich zu *Frustration*. Stellen Sie sich einen Menschen vor, der sich über einen längeren Zeitraum in dieser beschriebenen Situation befindet. Was wird die Konsequenz sein? Wie wird es dieser Person mit der Zeit gehen? Richtig, diese Verkettung führt früher oder später zu Angstzuständen und kann in schweren Fällen Depressionen erzeugen. Bei Unterforderung tritt eine beinahe identische kausale Kette auf, die sich nur durch einen Faktor unterscheidet: die *Langeweile*, die von den Betroffenen zunächst empfunden wurde. Am Ende dieser Verkettung stehen wiederum Angstzustände, die letztlich ebenso zu Depression führen können.

Dabei spielt meiner Erfahrung nach die Zeitspanne, die jemand einer Über- oder Unterforderung ausgesetzt ist, eine wesentliche Rolle. Wenn bekannt ist, wie lange eine solche Phase dauern wird, und es sich um kurz- bis maximal mittelfristige Zeitspannen handelt, dann kann diese Person durchaus motiviert an diesen Aufgaben arbeiten. Man kann sich darauf einstellen und weiß, wann diese außergewöhnliche Situation zu Ende ist. Wieder bietet der Sport dafür gute Beispiele. Im Fußball muss eine rote Karte gegen einen Spieler einer bestimmten Mannschaft nicht zwangsläufig ein Nachteil sein. Zunächst nimmt man an, dass diese Dezimierung bei zwei etwa gleich starken Teams eine deutliche Benachteiligung für den betroffenen Verein bedeutet. Viele Siege in Unterzahl belegen jedoch, dass sich eine derartige Situation auch anders entwickeln kann. Die Spieler sind zunächst *sauer* und *verärgert* über die Entscheidung des Schiedsrichters. Sie schaffen es aber, ihre hochkommenden Emotionen zu nutzen und für das Spiel zu verwenden. So könnte ein innerer Dialog folgender Weise ablaufen: *So ein Mist, diese rote Karte. Jetzt müssen wir extrem Gas geben, dann schaffen wir die letzten 15 Minuten zu zehnt auch!*

Die Weiterentwicklung des *Flow*-Modells

Als ich aus dem *Flow*-Modell im Laufe der Zeit in der praktischen Umsetzung das *Biermodell* erarbeitete, erkannte ich auch die Schwachstelle des Ansatzes von Csikszentmihalyi. Der Zusammenhang mit dem Risikowahlmodell wird nicht hergestellt. Beim *Biermodell* gehe ich davon aus, dass der Anreiz bei einer bestimmten Aufgabe, Erfolg oder Misserfolg zu haben, in der Hauptsache von der wahrgenommenen Schwierigkeit dieser Aufgabe abhängt. Dieses subjektive Empfinden hängt vom individuellen Leistungsniveau der betreffenden Person ab.

Gerade weil der Anreiz für eine bestimmte Aufgabe höher wird, je schwieriger sich diese darstellt (und umgekehrt), gehe ich beim *Biermodell* davon aus, dass es selbst im Bereich des *Flows*, also jenem Bereich, in dem Aufgabenschwierigkeit und Leistungsmöglichkeit des Mitarbeiters übereinstimmen, noch sinnvoll ist, Aufgaben zu unterscheiden.

Wenn Sie bspw. Ihre Arbeit nach dem *Biermodell* organisieren, dann erzielen Sie einen Effekt, der sich mit der *Yerkes-Dodson*-Kurve – einem Modell aus der Stressforschung, das den Zusammenhang von Stress und Verhalten beschreibt – gut darstellen lässt.

Yerkes-Dodson-Kurve

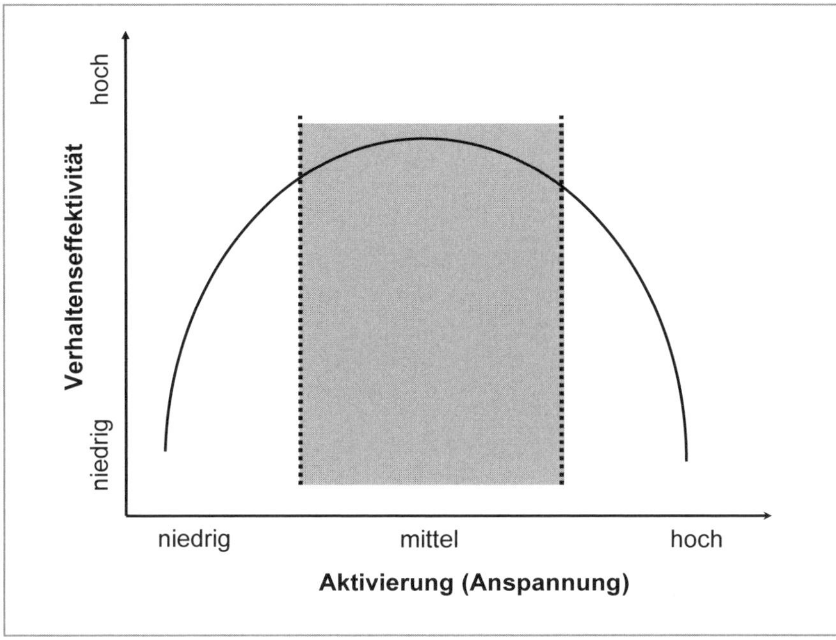

Abbildung 10

Die *Yerkes-Dodson*-Kurve zeigt ein auf den Kopf gestelltes *U*, das von den Parametern *Effektivität des Verhaltens* und *Aktivierung durch Stress* gebildet wird. Auf dem obersten Punkt dieses Halbkreises ist die menschliche Leistungsfähigkeit am effektivsten, weil in der Situation der mittleren Aktivierung die Fähigkeit, Erfahrungen und Wissen optimal einzusetzen am besten genutzt werden kann. Steigt die subjektiv empfundene Aktivierung weiter an, wird das Verhalten zunehmend ineffektiver. Stressüberproduktion ist in der Regel eine Reaktion unseres Organismus auf Gefahren und wirkt sich stets auf mehreren Ebenen aus. Kognitive Prozesse wie Wahrnehmung, Aufmerksamkeit und Entscheidungen werden mit zunehmender Stressproduktion immer stärker beeinflusst und sind in der Regel mit dem Erleben von negativen Emotionen verbunden. In solchen Situationen engt sich die Wahrnehmung ein und das Denken wird starr und unflexibel. Individuelle Fähigkeiten und spezifisches Wissen stehen bei Stressüberproduktion nicht mehr im gleichen Maß zur Verfügung, wie dies bei mittlerer Aktivierung der Fall ist.

Ein Beispiel für Stressüberproduktion – Die Prüfungsangst

Ein Beispiel aus dem Schulbereich verdeutlicht diesen Ansatz. Es gibt Schüler, die für anstehende Prüfungen rechtzeitig und gut lernen und genau wissen, was der Lehrer hören möchte. Und dennoch, die Situation der Prüfung versetzt diese Schüler in eine derartige Anspannung und Stresssituation, dass sie völlig blockiert sind. Das, was sie zu Hause noch auswendig einwandfrei wussten, ist plötzlich nicht mehr vorhanden. Die Fähigkeit, das Wissen abzurufen, ist nicht nutzbar. Manchmal versagen diese Schüler, weil sie die soziale Situation *Prüfung* so stark unter Stress setzt und nicht weil sie wenig gelernt haben.

Wir sollten also danach trachten, den Stress, der uns antreiben, aber auch lähmen kann, auf einem mittleren und damit optimalen Niveau zu halten. Dann können Sie davon ausgehen, dass Sie sich in einer optimalen Aktivierung befinden, eine gesunde Anspannung erleben und in höchstem Maße leistungsfähig sind. Individuelle Präferenzen gibt es natürlich. Jene Personen, deren optimales Stressniveau etwas unterhalb der mittleren Aktivierung liegt, nenne ich *30.-Juni-Typen.* Das sind jene, die Ihre Aufgaben und Projekte rechtzeitig beginnen wie beenden und üblicherweise rechtzeitig zu vereinbarten Terminen erscheinen. Menschen, die etwas mehr Stress brauchen, nenne ich die *31.-Dezember-Typen.* Erst wenn der Druck spürbar hoch ist und die Zeit drängt, können diese ihre Fähigkeiten voll zur Geltung bringen. Ihre Vorhaben schaffen sie sprichwörtlich in *letzter Sekunde* und ihre Pünktlichkeit lässt zu wünschen übrig.

Unsere heutige Arbeitswelt bietet wenigen Menschen die Chance, einer ausgeglichenen, mittleren Stressaktivierung. Viele Menschen erleben diesen Zustand selten. Dabei sind es nicht einmal die großen Ereignisse und Einschnitte im Leben, die die besonders gefährlichen Stressoren darstellen. Die Stressforschung hat herausgefunden, dass es viel mehr die kleinen, täglich wiederkehrenden Dinge sind, die uns krank manchen können. Dazu gehören Abläufe, die sich immer wieder gleich darstellen, die nichts Neues bieten, Routine also. Nicht umsonst spricht man von der *tödlichen Routine.* Und genau diese Routine, die uns sowohl in Beziehungen als auch in unseren Berufen abstumpfen lässt, kann das *Biermodell* verhindern.

Vom Bierglas zum *Biermodell*

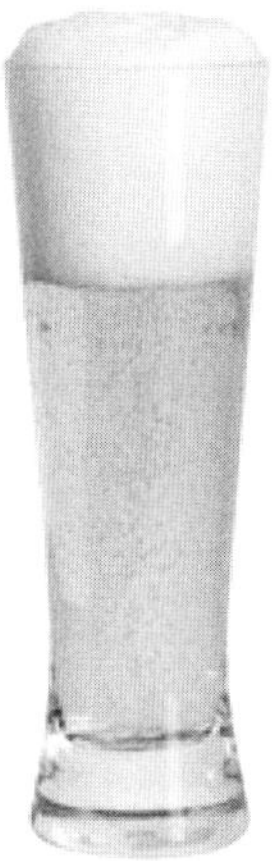

Abbildung 11

Vielleicht fragen Sie sich schon seit einigen Seiten, warum dieser Ansatz *Biermodell* heißt. Die simple Antwort findet sich in der optischen Gliederung eines Bierglases.

Die Krone des Bieres ist der Schaum, der in der Werbung stets besonders hervorgehoben wird. Den größten Teil macht die goldene Flüssigkeit aus, um die es eigentlich geht und am Boden des Glases setzt sich – zumindest bei manchen Biersorten – der Satz ab. Analog dazu gliedere ich den *Flow*-Bereich in drei Teile, die sich durch ihre Aufgabenschwierigkeit unterscheiden. So gibt es in meinem Modell erstens die *Schaumaufgaben*, zweitens die *Bieraufgaben* und drittens die *Satzaufgaben.*

Für diese Gliederung gilt: Je höher sich die Erfolgswahrscheinlichkeit darstellt, desto leichter wird die Aufgabe empfunden, je geringer die Aussicht auf Erfolg, desto schwieriger stellt sich die Aufgabe dar. Die klassischen *Flow*-Aufgaben, die Mihaly Csikzentmihalyi beschrieben hat, werden durch die *Bieraufgaben* repräsentiert. Das sind jene Tätigkeiten, die für den Mitarbeiter tatsächlich in einem mittleren Schwierigkeitsgrad liegen und die er bei entsprechendem Einsatz selbständig erfolgreich realisieren kann. Sie entsprechen der sogenannten *Kernkompetenz* des Mitarbeiters. Entscheidend ist, dass der Mitarbeiter diese Herausforderungen aufgrund seiner Ausbildung, seines Knowhows und seiner Erfahrung selbständig erfüllen kann und nicht auf fremde Hilfe angewiesen ist. Die Mehrheit der Einzelaufgaben eines Mitarbeiters – ungefähr zwei Drittel des gesamten Arbeitsmenüs gemessen über einen längeren Zeitraum – sollten dementsprechend *Bieraufgaben* sein.

Mit *Bieraufgaben* ist es freilich nicht getan, denn wo würde dann Entwicklung wie das Lernen neuer, schwierigerer Aufgaben stattfinden? Und wo Regeneration, die, wie Sie wissen, Voraussetzung für regelmäßige Motivation und für Wohlbefinden ist? Deshalb gibt es die *Schaumaufgaben*, deren Erfolgswahrscheinlichkeit geringer ist und die für den Mitarbeiter an einer oberen Schwierigkeitsgrenze, nahe der Überforderung liegen. *Schaumaufgaben* beinhalten immer neue Aspekte, die der Mitarbeiter noch nicht kennt. Daher ist er auf Hilfe – von Experten oder der Führungskraft – angewiesen. In diese Aufgabenkategorie fallen nicht nur neue Inhalte, sondern auch neue Methoden, die für bestehende Tätigkeiten angewandt werden. Hier geht es also nicht darum, permanent neue Jobs zu erfinden. Das ist nicht realistisch und wäre nicht günstig. Also kommt es darauf an, bestehende, gewohnte Abläufe hin und wieder zu verändern und so eine neue Komponente ins Spiel zu bringen. Die *Schaumaufgaben* sollten mit ca. 15 bis 20% im Tätigkeitsprofil repräsentiert sein. Dabei sollte wiederum ein mittelfristiger Zeitraum als Messgröße herangezogen werden.

Bei meiner Tätigkeit konnte ich beobachten, dass *Schaumaufgaben* in Unternehmen äußerst ungleich verteilt sind. In manchen Organisationen picken sich immer die gleichen Leute die *Rosinen* heraus. In anderen gibt es gar keine Möglichkeiten, etwas neu zu gestalten, weil die Routine und die Standards dies nicht zulassen. Dabei sind neue Herausforderungen eine wesentlicher Bestandteil des Konzepts vom *lebenslangen Lernen.* Für Führungskräfte hat das eine besondere Auswirkung. Zum einen müssen sie dafür sorgen, dass jeder einzelne Mitarbeiter die Chance erhält, an *Schaumaufgaben* zu arbeiten, zum anderen gilt es aber, diese nach individuellen Gesichtspunkten zu vergeben.

Ähnlich der dritten Kategorie, den *Satzaufgaben*. Das schließlich sind jene, deren Realisierung in gewisser Weise eine Art Regeneration bzw. Erholung darstellen. Zu ihnen zählen einfachste Standards, deren Erfolgswahrscheinlichkeit als sehr hoch eingestuft werden kann und die an der unteren Grenze des mittleren Schwierigkeitsgrades nahe der Unterforderung liegen. Dadurch ergibt sich manchmal tatsächlich ein Regenerationscharakter. Oft sind das Dinge, die *eben auch getan werden müssen*. Der Anteil der Satzaufgaben im gesamten *Arbeitsmenü* sollte mit etwa 10 bis 15% der geringste sein.

Die Aufgaben im Überblick

Aufgabe	Eigenschaften	Anteil
Satzaufgabe	Eher die einfachen Aufgaben, die sogar Regenerationscharakter aufweisen und ohne viel Aufwand und ohne größere Anstrengung gelöst werden können. Diese Aufgaben besitzen einen geringeren Wert, dafür aber eine hohe Erwartung bezüglich des Erfolgs.	10–15%
Bieraufgabe	Jene Aufgaben, die selbständig und erfolgreich umgesetzt werden können, wenn sie die Mitarbeiter entsprechend vorbereiten und einsetzen. Entsprechen den Kernaufgaben. Wert und Erwartung halten sich die Waage.	ca. 65%
Schaumaufgabe	Eher die schwierigen Aufgaben mit erheblichem Neuigkeitswert (inhaltlich oder methodisch), die alleine nicht erfolgreich umgesetzt werden können, bei denen Anleitung und Hilfe gebraucht wird. Diese Aufgaben besitzen einen hohen Wert, dafür eine geringere Erwartung bezüglich des Erfolgs.	15-20%

Zwei entscheidende Bedingungen knüpfe ich nun an diese Methode. Zum einen ist das die zeitliche Rotation von *Satz-, Bier- und Schaumaufgaben*, zum anderen die freie *Menüwahl.* Mit der zeitlichen Rotation meine ich, dass ein Mitarbeiter – um wirklich dauerhaft motiviert, leistungsstark und gesund tätig sein zu können – in zeitlich begrenzten Intervallen Aufgaben aus allen drei Bereichen durchführen sollte. Dadurch entstehen immer wieder neue Anforderungen und Aktivierungsniveaus. Dies bietet einen guten Schutz gegen eine gleich bleibende und uninteressante Routine. Die freie *Menüwahl* bedeutet, dass es optimal wäre, wenn die Mitarbeiter ihre Aufgaben selbst wählen könnten. Manchmal protestieren Seminarteilnehmer gegen die freie *Menüwahl. Man könne doch die Mitarbeiter nicht selbst entscheiden lassen, was sie tun sollen, denn dann würden sie ja den Weg des geringsten Widerstandes gehen.* Manche Führungskräfte glauben zu wissen, dass bei freier *Menüwahl* keiner ihrer Mitarbeiter mehr arbeiten würde. Öfters kommt das Argument, *dass dann jeder das machen würde, was er wolle und deshalb könne man sie keinesfalls einbinden.* Dafür habe ich mir eine Replik überlegt.

Wenn diese Argumente angeführt werden, erzähle ich den Teilnehmern, dass ich etwas vergessen hätte. Ich hätte es versäumt, die Nachricht bezüglich des Essens (mittags oder abends) weiterzugeben. Vom Seminarhotel hätte es den Vorschlag gegeben, eine besondere Speise zuzubereiten. Diese müsste jedoch von allen bestellt werden. Wenn ich im Seminarhotel *Schreiner* in Laimbach am Ostrong bin, ist das stets ein *Waldviertler Pfandl.* Bin ich beim *Retter* am Pöllauberg, dann spreche ich vom *Hirschbirnenleberkäse.* Ich gebe vor, meine Zusage zu dieser Essensänderung bereits gegeben zu haben. Die Seminarteilnehmer würden also nicht das zu essen bekommen, was Sie sich ausgesucht haben, sondern das, was ich für sie bestimmt habe. Ich entschuldige mich bei den Leuten und frage dann scheinheilig, „*ob es ihnen eh nichts ausmachen würde*“. Viele sind äußerst nett und würden mir zu Liebe diese Speise essen. Gott sei Dank gibt es aber in jeder Gruppe welche, die weder mit der Vorgehensweise, noch mit der Speise einverstanden sind. Diese regen sich zu Recht auf. Auffallend oft sind das jene, die zuvor Bedenken bei der Einbeziehung der Mitarbeiter geäußert haben. Wenn ich die Situation dann auflöse, und auf die Prioritäten von Essen und Arbeit zu sprechen komme, verstehen die meisten meine Botschaft. Viele denken um und sehen die Einbindung von Mitarbeitern in das Arbeitsprogramm danach anders. Oft gelingt es, die meisten der Teilnehmer davon zu überzeugen, dass es ja keine bessere Ausgangssituation für Höchstleistungen gibt, als dass jeder das macht, was er zum einen am besten kann und zum anderen am liebsten macht.

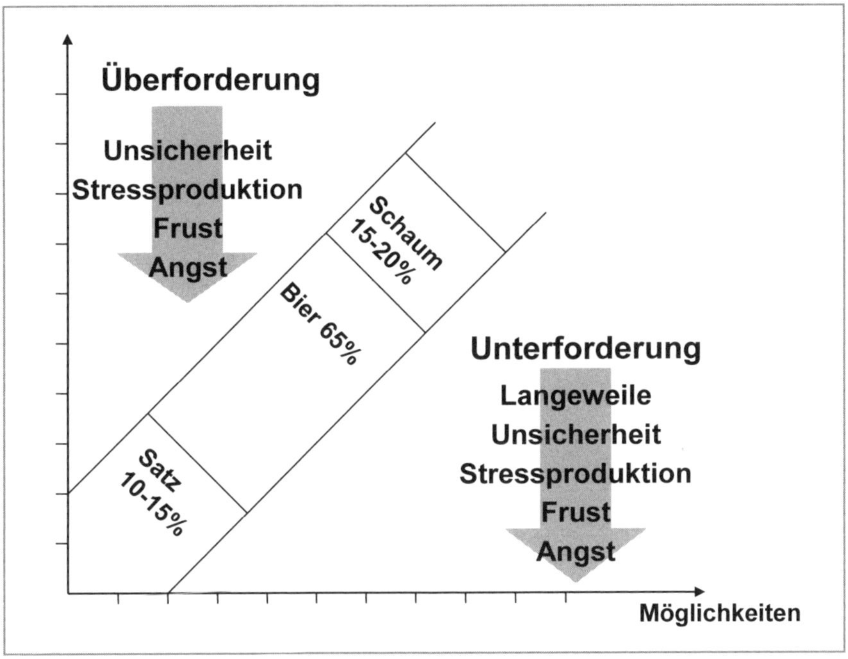

Abbildung 12

Als Unterstreichung meiner Behauptung suche ich mir dann aus der Seminargruppe eine Person aus, die als Hobby eine Sportart angegeben hat. Wenn das etwa Tennis ist, dann stelle ich darüber einige Fragen: „*Welche sind die Grand-Slam-Turniere? Wer ist die Nummer 1 der ATP-Weltrangliste bei den Damen bzw. den Herren? Wer gewann wie oft Wimbledon? Welcher Spieler hat den kräftigsten Aufschlag?*" Die meisten Fragen werden immer wieder richtig beantwortet. Viele andere Teilnehmer – vornehmlich jene, die Tennis nicht interessiert – staunen dann. Nach den richtigen Antworten kommt meine entscheidende Frage: „*Wie lange haben Sie gelernt, um all diese Einzelheiten zu wissen?*"

Die Person, die zu diesem Zeitpunkt im Mittelpunkt steht, ist ob dieser Frage oft verwundert, zögert etwas und meint dann, *sie habe diese Informationen nicht gelernt. Das seien Dinge, die man als Tennisspieler einfach wisse.* Ich frage dann nach, weshalb man das einfach wisse, und erhalte immer wieder die gleichen Antworten: *Wenn man sich für etwas interessiert, wenn man etwas gerne tut, dann braucht man viele Dinge nicht angestrengt zu lernen, das meiste ergibt sich von alleine.* Diese Aussagen sind oft so überzeugend, dass selbst die letzten Zweifler zustimmend nicken.

Die Diskussion über Routine und Abwechslung wurde übrigens bereits Mitte des 18. Jahrhunderts, beim Heraufdämmern des industriellen Kapitalismus, geführt. Damals gab es zwei Denkrichtungen im Hinblick darauf, wohin sich immer wiederholende Arbeit entwickeln könne. Eine positive und fruchtbare Ansicht über die Routine wurde von Denis Diderot vertreten und in seiner großen *Encyclopédie* (1751-1772) beschrieben. Die kritische Sicht vertrat Adam Smith, der die Folgen in seinem Werk *Der Wohlstand der Nationen* (aus dem Jahr 1776) dramatisch darstellte.

Denis Diderot war der Meinung, die Arbeitsroutine könne wie jede andere Form des Auswendiglernens zu einem Lehrmeister der Menschen werden; Adam Smith hingegen glaubte, Routine stumpfe den Geist ab. Er führte seine Ideen am Beispiel einer Stecknadelfabrik aus, in der jeder Arbeiter eine konkrete Aufgabe zu erfüllen hatte. Dieses Prinzip der Arbeitsteilung gibt dem Ausführenden keine Möglichkeit der Variation bzw. Flexibilität. Smith erkannte damals schon, dass die Arbeitsteilung in der Produktion die einzelnen Arbeiter zu einem abstumpfend langweiligen Arbeitstag verurteilte, bei dem sie Stunde um Stunde mit einer immer gleichen Tätigkeit verbringen würden. An einem bestimmten Punkt wird die Routine selbstzerstörerisch, weil die Menschen die Kontrolle über ihre eigenen Handlungen verlieren; der Verlust der Kontrolle über die Arbeit bedeutet, geistig abzusterben. Wenn Sie sich an die Ausführungen zum Selbstwertgefühl erinnern: Dort habe ich die Bedeutung der Macht und Kontrolle auf die eigene Leistungsfähigkeit beschrieben.

Heute stellt sich diese Form in ihrer reinen Ausprägung als Fließbandarbeit dar. Es gibt sie aber nicht nur in Produktionsbetrieben, sondern überall dort, wo Menschen immer die gleichen Tätigkeiten durchführen (müssen), wo keine Möglichkeiten zur Abwechslung bestehen. In Krankenhäusern, Banken und Versicherungen konnte ich dies oft beobachten. Das *Biermodell* könnte dies in vielen Bereichen ändern.

Entscheidend für das Funktionieren dieses Prinzips erscheint mir die Abstimmung aller Einzelaufgaben aus den drei Schwierigkeitsbereichen mit dem übergeordneten Gesamtziel eines Teams und einer Organisation oder eines Unternehmens. Auch wenn Sie das *Biermodell* für den nicht-beruflichen Bereich anwenden wollen, sollten Ihre einzelnen Vorhaben auf ein übergeordnetes Ganzes bspw. Ihre Lebensvision abgestimmt sein.

Verschiedene Unternehmen und Organisationen haben das *Biermodell* in ihren Arbeitsalltag übernommen und positive Erfahrungen damit gemacht. Arbeitsabläufe werden gemäß der *Satz-, Bier- und Schaumaufgaben* definiert, und die Mitarbeiter gestalten ihr *Arbeitsmenü* mit.

• Umsetzung des *Biermodells*

Im Winter 2008 veröffentlichte die *Europäische Agentur für Sicherheit und Gesundheit am Arbeitsplatz* eine Untersuchung, aus der hervorgeht, dass bereits 22% der europäischen Arbeitnehmer von arbeitsbedingtem Stress betroffen sind. Andere Quellen nennen noch höhere Quoten. So führen die Autoren des ausgezeichneten Buchs *Psychosoziale Gesundheit im Beruf* an, dass 60% der Erwerbstätigen in Europa meinen, *dass ihre Arbeit sie krank mache.* 28% davon nennen einen *hohen Arbeitsstress* als Ursache dafür. Experten gehen davon aus, dass diese Gruppe weiter wachsen wird.

Schon im Jahr 2002 meinte Alfred Pritz von der Universität Wien in seiner Rede anlässlich eines Symposiums beim Psychotherapie-Weltkongress,

> *„dass europaweit bis zu 70% aller Arbeitnehmer über negativen Stress klagen. Bereits jeder zehnte Firmenangehörige sei alkoholsüchtig oder zumindest -gefährdet."*

Als wichtigste Ursachen für arbeitsbedingte seelische Störungen nannte der Wissenschafter und Therapeut unter anderen drei Faktoren, die in direktem Zusammenhang mit dem *Biermodell* stehen.

1. Eine Arbeit, die nicht den Interessen des Menschen entspricht, kann langfristig krank machen. Mit der Umsetzung des *Biermodells* soll genau diese *Entfremdung* vermieden werden. Die Mitarbeiter entscheiden sich im Rahmen der organisatorischen Möglichkeiten für jene Tätigkeiten, die sie am besten können und die ihnen am meisten Spaß machen.
2. Monotone Arbeiten belasten die Seele genauso wie Zeitdruck. Aber auch Menschen, die sich durch Ihren Job unterbeschäftigt fühlen, können Probleme bekommen. Die zeitliche Abwechslung von Aufgaben mit unterschiedlichen Schwierigkeitsgraden bedeutet eine spannende Arbeitsweise, stellt immer wieder andere Herausforderungen an die Arbeitnehmer und verhindert monotones Tun.
3. Wenn die Arbeit des einzelnen nicht gebührend anerkannt wird, entstehen Probleme, denn dadurch verringert sich das Selbstwertgefühl. Durch Einbindung in den Prozess und den individuellen Ansatz wirkt das *Biermodell* stabilisierend auf das Selbstwertgefühl.

Das *Biermodell* geht nun davon aus, dass jeder das macht, wofür er sich am besten eignet. Es bricht mit den traditionellen Gedanken, dass jeder Mitarbeiter einer Gruppe gleich viel tun müsse. Vielmehr geht es von einem individuellen Ansatz aus. Und es bietet eine gute Basis, den Arbeitnehmern ernsthaft zu vermitteln, dass sie nicht nur als Arbeitskräfte, sondern auch als Person wichtig sind.

• Umsetzung in der Arbeitswelt

Für die praktische Umsetzung in Arbeitsteams sind folgende Schritte zu berücksichtigen:

1. Information:

Die Mitarbeiter werden über die wesentlichen Grundsätze und Hintergründe des *Biermodells* sowie über den Ablauf des Projektes informiert. Offene Fragen werden beantwortet, eine Diskussion über Arbeit und Aufgabenverteilung ist willkommen.

2. Team–Workshop:

Ziel ist es, alle Tätigkeiten zu Papier zu bringen, die im Team durchgeführt werden. Jeder Mitarbeiter schreibt pro Tätigkeit ein Moderationskärtchen. Dabei sollte so konkret wie möglich vorgegangen werden. Jobs, die aus einzelnen Teilaufgaben bestehen, werden gegliedert. Die einzelnen Aufgaben werden in *Bier-*, *Schaum-* und *Satzaufgaben* aufgeteilt.
Wenn die Mitarbeiter ihr aktuelles Arbeitspensum definiert und zu Papier gebracht haben (dies kann natürlich auch auf einem Flipchart-Blatt erfolgen), beginnt im Team der wichtige Kommunikationsprozess: der Austausch über die Sichtweisen der Einzelnen. Wenn ich mit Teams arbeite, bitte ich die Beteiligten, die Kärtchen, auf denen sie ihre Jobs notiert haben, vor sich auf den Boden zu legen. Dies schaut meist nicht nur beeindruckend aus, sondern erzeugt Neugier und steigert die Aufmerksamkeit. Jeder Mitarbeiter erhält dann die Gelegenheit, über sein „*Arbeitsmenü*“ zu sprechen. Folgende Fragen können dabei berücksichtigt werden und hilfreich sein:

- Wie beurteile ich mein Menü insgesamt?
- Besitze ich Aufgaben, die Entwicklung bedeuten, etwas Neues bieten, also *Schaumaufgaben* darstellen?
- Besitze ich Aufgaben, die „mir gehören“?
- Besitze ich Aufgaben, die mich wenig fordern und Regeneration zulassen, also *Satzaufgaben* sind?
- Besteht der größte Teil meines Arbeitsspektrums aus Tätigkeiten, die ich selbständig bewältigen kann, also *Bieraufgaben* darstellen?
- Wie verteilen sich die verschiedenen Aufgabenkategorien der Quantität nach?
- Welche Aufgaben erfülle ich sehr gerne, welche weniger gerne?
- Gibt es Aufgaben, die ich gerne neu übernehmen möchte?
- Gibt es Aufgaben, die ich gerne abgeben würde?
- Wie müsste mein Arbeitsmenü verändert werden, um meine Motivation und meinen körperlichen und geistigen Zustand zu verbessern?

Die Herausforderungen an den Vorgesetzten einer Arbeitsgruppe in diesem Gruppengespräch sind vielfältig: So sollte er bedenken, dass ein und dieselbe Aufgabe für eine Person eine *Schaum-*, für eine andere aber eine *Bieraufgabe* sein kann (ich nenne sie *Chamäleon-Aufgaben)*. Ebenso muss er berücksichtigen, dass nicht alle seine Beschäftigten gleich viel oder gleich lange und schon gar nicht an den gleichen Aufgaben arbeiten müssen. Vielmehr sollte jeder Mitarbeiter die von ihm verlangten, individuellen Tätigkeiten und Ziele erfolgreich realisieren können. Die Führungskraft muss in diesem Prozess klarstellen, dass es nicht darum geht, *ob* sondern *wie* die Aufgaben des Teams in Zukunft verteilt und erledigt werden. Also, wer in welchem Ausmaß mit welchen Kompetenzen in Zukunft welchen Job übernimmt. Im Zweifelsfall bleibt dem Manager nichts anderes übrig, als sich auf einen niedrigen Beteiligungsgrad zurückzuziehen und die Verteilung der Aufgaben anzuordnen.

3. Adaptieren der Organisation:

Nachdem jeder Mitarbeiter sein Statement gegeben und möglicherweise neue Jobs erhalten bzw. alte abgegeben hat, muss geprüft werden, ob die Veränderungen eine Adaption der Aufbau- und Ablauforganisation notwendig machen. Es muss geprüft sein, wie sich die Gruppe organisieren muss, um das *Biermodell* umzusetzen. Dabei müssen andere Abteilungen bzw. Instanzen, zu denen Nahtstellen bestehen, informiert werden.

4. Evaluation:

In der Umsetzungsphase sollte die Führungskraft ihre Leute gut beobachten, um feststellen zu können, wie die neue Jobverteilung funktioniert und ob die gewünschten Wirkungen eintreten. Dabei stehen viele Gespräche auf der Tagesordnung, um die Sichtweisen der Betroffenen zu erfahren. Nach frühestens sechs, spätestens neun Monaten sollte der Veränderungsprozess in einem Meeting evaluiert werden. Darin sollte erhoben werden, wie zufrieden die Mitarbeiter mit dem neuen System sind und wie es um ihre Motivation bestellt ist. Ebenso muss festgehalten werden, was korrigiert und verändert werden muss.

Wenn das *Biermodell* in dieser Struktur umgesetzt wird, werden alle wichtigen Motivationssysteme berücksichtigt. Somit trägt es wesentlich zur Balance in Unternehmen bei. Die Wahlmöglichkeit des Arbeitsmenüs berücksichtigt u.a. das Bedürfnis nach Gestaltung und Wirkung aus der Machtmotivation. Die inhaltliche Differenzierung in drei verschiedene Aufgabenschwierigkeiten befriedigt die Neugier und bspw. das Motiv nach fachlicher Entwicklung aus der Leistungsmotivation. Die Besprechung im Team schließlich orientiert sich etwa am Bedürfnis nach Austausch untereinander und Zugehörigkeit zur Gruppe aus der Bindungs- und Anschlussmotivation. Auf diese Weise erhält das *Biermodell* eine besondere Bedeutung. Das bestätigen die Evaluierungen jener Projekte, in denen ich die Einführung des *Biermodells* in verschiedenen Teams begleitet habe. So hat diese Motivationsmethode in jedem Projekt zu einer höheren Arbeitszufriedenheit und stärkeren Motivation der Beteiligten geführt. In manchen Fällen waren diese Steigerungen sehr deutlich. Vor allem hat sich bei vielen Menschen, die an derartigen Projekten beteiligt waren, der psychische Gesundheitszustand verbessert. Dies belegen Aussagen wie:

- *„Ich fühle mich wohler, weil der Druck weg ist."*
- *„Mein Frust ist nicht mehr da und ich bin ausgeglichener geworden."*
- *„Ich empfinde wieder Freude beim Arbeiten."*
- *„Ich gehe jetzt wieder mit einer positiven Stimmung in die Arbeit!"*

Wenn Sie das *Biermodell* umgesetzt haben, dann haben Sie sehr professionell die Bedingungen einer möglichst hohen, organisationsabhängigen Arbeitsmotivation erfüllt. Sie haben Ihren Mitarbeitern die Wahl der Ziele, Anreize und der Aufgabenschwierigkeit ermöglicht. Sie werden mit entsprechenden Leistungen und guter Stimmung reagieren.

• Umsetzung in Partnerschaft und Beziehung

Als ich das *Biermodell* entwickelt habe, stand die Arbeit in Organisationen in meinem Fokus. Erst nach und nach wurde mir klar, dass dieser Ansatz nicht ausschließlich auf die Arbeitswelt beschränkt ist, sondern dass die zugrunde liegenden Gedanken auf Beziehungen ebenso übertragen werden können. Freilich musste ich dafür die Definitionen der drei Aufgabenbereiche adaptieren. Der Grundgedanke ist jedoch derselbe.

Sowohl in einer Beziehung, als auch in einem Job ist zu große Routine ein bedrohliches Element. Wenn es sich in einer Partnerschaft nur noch um Routinen handelt, gibt es wenig Spannung und man stumpft unweigerlich ab. Man empfindet nur mehr gedämpft und ist nicht mehr besonders empfänglich für die Anliegen des Partners. Die Achtsamkeit, die das Stadium des Verliebtseins auszeichnet, ist nicht mehr vorhanden. Erkennt man das, ist der erste Schritt schon getan. Wie bei der Umsetzung im betrieblichen Alltag könnte auch im Privaten der Slogan gelten: *Routine raus, Abwechslung rein!*

Auch eine Partnerschaft lebt davon, dass es einen ausgewogenen Mix an Bekanntem und Neuem, Spannung und Erwartetem, Gemeinsamkeit und Freiraum gibt. Nur so kann die Motivation in einer emotionalen Beziehung über einen längeren Zeitraum aufrechterhalten werden.

Denkt man das *Biermodell* für Beziehung und Partnerschaft durch, dann muss man diesen Ansatz um eine wesentliche Dimension erweitern. Genügten für die Umsetzung in der Arbeitswelt die beiden Parameter *Möglichkeiten der Person* und *Anforderung der zu erfüllenden Tätigkeiten,* so kommt nun eine dritte hinzu. Diese klärt, ob die Aktivitäten von jeweils einem Partner oder von beiden gemeinsam durchgeführt werden. Glaubt man den jährlichen Scheidungsstatistiken, ist das ein wichtiger Punkt, der so manche Partnerschaft scheitern lässt. In einer funktionierenden Beziehung braucht es sowohl Zeit für gemeinsame Erfahrungen, als auch Freiraum für Aktivitäten, die jeder alleine durchführt.

Eine weitere Unterscheidung zur Umsetzung im beruflichen Kontext ist zu treffen. Wendet man das *Biermodell* auf die Partnerschaft an, so geht es nicht mehr in erster Linie um Aufgaben-, sondern vielmehr um Erlebnis- und Handlungsbereiche. Es steht also nicht die Leistungsmotivation im Vordergrund, sondern die Möglichkeit gemeinsamer oder eben individueller Erlebnisse. Es geht darum, ob man Aktivitäten alleine oder eben gemeinsam mit dem Partner erlebt. Dahinter bleibt die

Frage bestehen, ob das, was man alleine oder gemeinsam erlebt, bekannt und einfach oder unbekannt und schwierig ist. Diese Grundüberlegung des *Biermodells* bleibt also erhalten. Eine Beziehung läuft dann gut, wenn sich die Partner durch den jeweils anderen und die aktuelle Situation, in der diese Verbindung stattfindet, optimal aktiviert fühlen.

Wie sieht das *Biermodell* nun für die Umsetzung im privaten Bereich aus? Der *Satzbereich* stellt einerseits jene Handlungen dar, die einzelne Partner gut alleine durchführen können. Das können Aufgaben sein, die einer erledigt, obwohl auch der andere betroffen ist und diese Tätigkeit ebenfalls ausführen könnte. Tägliche Erledigungen im Haushalt gehören in diese Kategorie.

Zusätzlich muss der *Satzbereich* aber auch in einem anderen Sinne verstanden werden. Er soll nämlich Regeneration vom Partner bieten und individuelle Freiräume schaffen. Die Partner agieren alleine in einem Segment, in dem der Andere nicht vorkommt oder nicht zwangsläufig vorkommen muss. Hobbies, die man alleine oder in einem Verein, aber ohne Partner betreibt, sollen hier exemplarisch stehen. Vom ursprünglichen Gedanken des *Biermodells* können das *Satz-*, *Bier-* oder auch *Schaumaufgaben* sein; nur ist dabei die dritte Dimension von entscheidender Bedeutung: dass die Handlung alleine ausgeführt wird. So gelten wieder die ursprünglichen Bedingungen. Der *Satzbereich* sollte analog zur Arbeitswelt einen kleineren Teil der Handlungen in einer Partnerschaft ausmachen.

Der *Bierbereich* hingegen sollte in einer Beziehung der größte sein und in etwa zwei Drittel der Ereignisse umfassen. Hier finden sich zum einen jene Handlungen, die ein Miteinander erfordern und von beiden Partnern durchgeführt werden sollen bzw. müssen. Die Erziehung der Kinder fällt ebenso in diese Kategorie, wie das Vorbereiten, Besprechen und Treffen wichtiger Entscheidungen. Zum anderen finden sich hier Aktionen mit einem höheren Qualitätsanspruch, die jedoch erfolgreich umgesetzt werden können. Das Miteinander spielt die entscheidende Rolle. Durch das Zusammenwirken beider erfährt die Handlung eine qualitative Steigerung. Dazu ist ein hoher persönlicher Einsatz notwendig. Das bedeutet, dass gerade im *Bierbereich* viel miteinander kommuniziert werden muss. Es ist jedes Mal aufs Neue die Frage zu klären, wie die vielen Aufgaben, die Herausforderungen und manchmal die Probleme, die in einer Beziehung auftreten, gemeinsam bewältigt werden.

Der *Schaumbereich* schließlich meint jenes Feld, in dem neue Erfahrungen gemacht werden, Neues gelernt und ausprobiert und der Alltag hinter sich gelassen wird. Und zwar gemeinsam. Hier geht es also nicht darum, dass einer der Partner neue Erfahrungen macht, sondern, dass diese miteinander gemacht und erfahren werden. Im *Schaumbereich* der Beziehungen braucht es im Gegensatz zum beruflichen Kontext aber nicht unbedingt fremde Hilfe. Vieles kann mit dem Partner entdeckt, versucht und unternommen werden. Natürlich können das auch Aktivitäten sein, in denen man gemeinsam eine Ausbildung absolviert. Ich frage mich manchmal, ob deshalb Tanzkurse dermaßen boomen. Entscheidend ist in diesem dritten Bereich, dass dieses Besondere und Neue, dieses Ungewisse und vielleicht auch mit etwas Risiko Behaftete, beiden miteinander und zeitgleich geboten wird. Hier erfolgt immer wieder eine neue Aktivierung, die Weiterentwicklung einer Beziehung, indem neue Felder aufgemacht werden, von denen man zunächst nicht genau weiß, was sie bringen werden. Damit eine Beziehung auf Dauer spannend und interessant bleibt, sollte der *Schaumbereich* – analog zur Umsetzung im Beruf – etwa 20% der gemeinsamen Handlungen umfassen.

Wenn Sie die Qualität Ihrer Beziehung einmal prüfen wollen, dann besprechen Sie mit Ihrem Partner, inwieweit die eben geschilderten drei Bereiche in Ihrem Alltag abgedeckt sind. Besprechen Sie zunächst nur die Kriterien der drei Bereiche miteinander. Wichtig ist hier, dass beide das gleiche verstehen. Danach reflektieren Sie die Beziehung zu Ihrem Partner. Hier ist die individuelle Sichtweise gefragt. Erst danach wird ausgetauscht und diskutiert. Klären Sie, ob es ausreichend individuelle Freiräume gibt, in die sich jeder von Ihnen zurückziehen kann, prüfen Sie, ob die Verteilung der Tätigkeiten, die der Einzelne für die Partnerschaft einbringt, gut ist. Besprechen Sie außerdem, ob das Miteinander bei den Herausforderungen gut funktioniert, deren Qualität durch das Mitwirken des Partners steigt, und diskutieren Sie schließlich, worin in Ihrer Beziehung der *Schaum* liegt bzw. liegen könnte.

Dieser Ansatz kann freilich nur ein kleiner Teil des großen, umfassenden Programms darstellen, wie Beziehungen gut und stabil funktionieren. Dabei muss ich an ein Zitat von Otto König denken:

„Jeder sagt, auf die einzelne Schneeflocke kommt es nicht an. Aber die Lawine besteht auch nur aus einzelnen Schneeflocken."

Durch das *Biermodell* haben Sie eine Technik zur Verfügung, die Ihnen die Möglichkeit gibt, zu prüfen, wie Ihre Aufgaben- und Tätigkeitsfelder organisiert sein sollten. Auf den nächsten Seiten stelle ich Ihnen einige Übungen vor, mit deren Hilfe Sie den roten Faden Ihres Lebens erarbeiten können. Erst wenn Sie diesen roten Faden kennen, sind Sie in der Lage, sich die *richtigen* Ziele zu setzen, die Ihnen zu höherer Effektivität und tiefer Zufriedenheit verhelfen.

8. Der rote Faden Ihres Lebens

„Ziel eines sinnvollen Lebens ist,
den Ruf der inneren Stimme zu hören und ihm zu folgen.
Der Weg wäre also, sich selbst erkennen, aber nicht über sich richten
und sich ändern wollen, sondern das Leben möglichst der Gestalt
anzunähern, die als Ahnung in uns vorgezeichnet ist."

Hermann Hesse

Je konkreter Ihre Vorstellungen davon sind, was in Ihrem Leben noch alles geschehen soll, desto größer ist die Wahrscheinlichkeit, dass diese Ereignisse eintreten. Aber es sind nicht nur Ihre Bilder, Träume und inneren Filme, die für eine konsequente Umsetzung sorgen. Hier kommt ein weiterer, wesentlicher Aspekt hinzu. Es macht einen großen Unterschied, woher diese Bilder, Träume und inneren Filme stammen. Man kann sagen: *„Manche Menschen träumen ihr Leben und manche leben ihre Träume"*.

Wissen Sie, was die Einen von den Anderen unterscheidet? Es ist die Frage nach den Quellen und Ursprüngen der Träume, Bilder und inneren Filme. Die Einen kennen das *Warum*, das hinter ihren Handlungen steht, die Anderen haben davon keine Ahnung. Dieses Wissen, woher die Impulse und Gründe für die eigenen Handlungen kommen, ist *der* Hauptantrieb des menschlichen Handelns. Der größte Teil unserer Aktivitäten entspringt aus dem *Warum* und nur ein kleiner Teil aus dem *Was* und dem *Wie*. Das menschliche Gehirn stellt sich stets die Frage, *warum* es etwas initiieren und die Ausführung veranlassen soll. Auch dann, wenn es der betreffenden Person gar nicht bewusst ist. Wissenschaftler gehen davon aus, dass in etwa 80% der Motivation dem *Warum* entspringen und nur 20% aus dem *Was* und dem *Wie* stammen. Was ist nun das Besondere an diesem *Warum*?

Wenn Ihre Träume und Vorstellungen, die Ihre Handlungen steuern, aus einem bewussten *Warum* entspringen, dann wirken diese wie der Turbo eines Formel-Eins-Boliden, weil Sie sich durch dieses *Warum* als Person selbst definieren. Im *Warum* stecken jene Antriebe, die aus Ihrem Innersten stammen. Es sind jene Elemente, die in Summe Ihre Selbstverwirklichung ausmachen und Ihr Leben sinnvoll machen.

Motivation von Mitarbeitern anhand des roten Fadens

Das bedeutet keinesfalls, dass man andere nicht motivieren kann. Vielmehr steckt darin die Aufforderung, sich mit den Menschen, die man motivieren möchte, auseinander zu setzen. Eine Führungskraft bspw. muss viele Informationen über ihre Mitarbeiter haben, um sich überlegen zu können, welche Ziele bei den Mitarbeitern tatsächlich Interesse hervorrufen. Die Fragen folgender drei Kategorien sollte jeder Vorgesetzte über seine Mitarbeiter beantworten können:

Die Persönlichkeit des Mitarbeiters:

- Wer ist dieser Mitarbeiter?
- Welche Charaktereigenschaften und besonderen Merkmale zeichnen ihn aus?
- Mit welchen Stärken und Schwächen ist er ausgestattet?
- Wie sieht das soziale Umfeld aus, in dem sich der Mitarbeiter privat aufhält?

Was ist diesem Menschen wichtig?

- Welche Werte verfolgt er?
- Wofür steht er ein?
- Was ist ihm wirklich wichtig?

Welche Geschichte zeichnet diese Person aus?

- Welche Ausbildungen und Qualifikationen hat der Mitarbeiter?
- Wie ist der individuelle Werdegang?
- Gibt es besondere Ereignisse bzw. Stationen?

Kennt die Führungskraft genügend Antworten auf diese Fragen, wird es ihr gelingen, die *richtigen* Ziele zu definieren und den Motivationsprozess in Gang zu setzen. Und zwar deshalb, weil die Ziele mit dem individuellen *Warum* des jeweiligen Mitarbeiters zusammenhängen.

Der persönliche rote Faden

In meinen Seminaren bin ich immer wieder damit konfrontiert, dass Menschen nicht wissen, wie ihr *Warum* aussieht, welches der rote Faden ihres Lebens ist. Diese Leute können die Frage, was sie mit ihrem Leben anfangen und wo und wie sie einmal ankommen möchten, nicht beantworten. Das sind jene, bei denen man beobachten kann, dass sie keinen eindeutigen Weg verfolgen. Sie sind sehr sprunghaft in ihrem Verhalten, wählen das eine Mal die eine Abbiegung, das andere Mal eine völlig andere Richtung. Für diese Leute gilt der bekannte Seminarspruch, dass sie *über einen vierzehntägigen Urlaub wesentlich intensiver nachdenken als über den Rest ihres Lebens.*

Menschen, die den roten Faden ihres Lebens kennen, wissen hingegen, welche Wege sie gehen müssen, um dort anzukommen, wo sie hinwollen. Sie handeln konsequent und verfolgen klare Ideen, die sie für ihr Leben haben. Sie kennen den Sinn, der hinter ihren Aktivitäten steht und können daraus ihre konkreten Ziele für ihr Leben formulieren. Sie lassen sich durch Misserfolge nicht erschüttern und wissen, dass viele einzelne Schritte notwendig sind, um ans Ziel zu kommen. Diese Menschen kennen die Grenzen, außerhalb derer ihre Aktivitäten ihren Ideen zuwiderlaufen. Menschen, die den roten Faden ihres Lebens kennen, leben nach einer Vision, die ihnen Sicherheit, Kraft, Optimismus und Ausdauer gibt.

Ich möchte Sie bitten, kurz über folgende Fragen nachzudenken. Nutzen Sie diese kurze Reflexion, um mehr Klarheit über sich und Ihr Leben zu erhalten. Es genügt, wenn Sie entweder mit *Ja* oder mit *Nein* antworten.

Der rote Faden meines Lebens

- Kenne ich den roten Faden meines Lebens?
- Habe ich eine Vision für mein Leben?
- Kenne ich die Werte, die meinem Handeln zugrunde liegen?
- Weiß ich, wo und wie ich einmal ankommen möchte?
- Kenne ich das *Warum,* das hinter meinen Handlungen steht?
- Kenne ich den Rahmen, in dem meine Handlungen zu meiner Vision führen?

Sie haben all diese Fragen mit *Ja* beantwortet? Herzlichen Glückwunsch, Sie sind ein Treppenläufer! Sie wissen genau, woraus Sie den größten Teil Ihrer Motivation beziehen: Aus Ihren klaren Vorstellungen über Ihr Leben. Nutzen Sie die folgenden Übungen zur Überprüfung Ihrer Vision.

Sollte sich bei Ihren Antworten aber das eine oder andere *Nein* befinden, dann möchte ich Ihnen einige Übungen vorschlagen. Sie werden Ihnen helfen, Klarheit über sich und über Ihren Weg zu gewinnen. Aus der Durchführung dieser Aufgaben werden Sie Kraft und Zuversicht schöpfen. Sie werden die Wirkung der folgenden Übungen spüren. Manche sind zwar nicht ganz einfach durchzuführen und werden Sie herausfordern. Lassen Sie sich darauf ein, Sie können daraus einen großen Nutzen ziehen. Nehmen Sie sich die Zeit, die Sie brauchen, sie ist gut investiert.

Die erste Übung dreht sich um Ihre Werte, genauer gesagt um die Prioritäten, die Sie ihnen geben. Unter dem Begriff *Werte* wird ein Übereinkommen bezüglich des menschlichen Verhaltens verstanden.

Werte definieren, was den Menschen in einer Kultur zu- oder abträglich ist. Daraus ergeben sich grundlegende Handlungs- und Orientierungsmaßstäbe. Werte beeinflussen als innere Einstellungen das menschliche Verhalten nachhaltig. Dabei spielt der Kontext eine große Rolle. So stellt sich bspw. beim Wert *Treue* die Frage, wem man treu ist (Der Ehemann seiner Gemahlin? Der Mitarbeiter seinem Unternehmen? Der Mafiosi seinem Padrone?).

Natürlich sind diese verhaltenssteuernden Elemente Veränderungen unterworfen – man spricht vom *Wertewandel.*

In der Psychologie geht man von einer individuellen Hierarchie aus, die eine Rangordnung der Werte darstellt, von denen die peripheren eher aufgegeben werden, als die zentralen. Je klarer eine Person über die eigene Wertehierarchie Bescheid weiß, desto effizienter werden ihre Handlungen. Dies gilt übrigens in gleicher Weise für Teams und Unternehmen. Erst wenn Mitarbeiter einer Organisation wissen, welches die wichtigsten Unternehmenswerte darstellen, können Sie sich entsprechend verhalten.

Dabei können viele Firmen der Versuchung nicht widerstehen, zu viele Werte auszuwählen. Das ist verständlich. Wer möchte nicht Begriffe wie *aufrichtig, fähig, hilfreich, liebevoll, positiv, verantwortlich, erfolgreich, erfinderisch* usw. auf seine Fahnen schreiben? Besser ist es, wenn sich Firmen wie einzelne Personen auf ihre zentralen Werte besinnen, diese dafür aber konsequent berücksichtigen. Die folgende Übung kann Ihnen helfen, Ihre zentralen Werte zu finden und sie in Ihre täglichen Handlungen einfließen zu lassen.

• Übung 1 – Die Hierarchie Ihrer Werte

In dieser Übung setzen Sie sich Schritt für Schritt mit Ihren Überzeugungen auseinander, so dass zuletzt nur mehr wenige, dafür aber die wirklich wichtigen übrig bleiben. Versuchen Sie dabei so realistisch wie möglich vorzugehen.

1. Schritt:

Überlegen Sie sich bitte Ihre wichtigsten Werte und notieren Sie diese in der folgenden Tabelle:

______________________	______________________
______________________	______________________
______________________	______________________
______________________	______________________

2. Schritt:

Bei welchen dieser Werte hegen Sie hin und wieder Zweifel und würden unter Umständen auch dagegen handeln bzw. Kompromisse eingehen? Bitte notieren Sie diese Begriffe.

______________________	______________________
______________________	______________________
______________________	______________________
______________________	______________________

3. Schritt:

Wenn Sie auf die Ergebnisse der ersten beiden Schritte schauen, welche Werte bleiben übrig, sind Ihnen tatsächlich wichtig?

______________________	______________________
______________________	______________________
______________________	______________________
______________________	______________________

4. Schritt:

Welche der Werte aus Schritt Nr. 3 stellen für Sie eine fest definierte Handlungsmaxime dar? Für welche Werte sind Sie bereit, öffentlich einzustehen? (Es sollten nicht mehr als drei sein – weniger ist auch in diesem Fall mehr)

5. Schritt:
Erarbeiten Sie im fünften Schritt, was die Umsetzung dieser Werte für Sie bedeutet und in welchem Kontext sie stehen. Legen Sie fest, wie die Normen zu Ihren Werten aussehen. Stellen Sie sich dazu für jeden Ihrer wichtigsten Werte zwei Fragen:

1. Woran können andere Menschen erkennen, dass hinter meinem Verhalten der entsprechende Wert steht?
2. Welches konkrete Verhalten entspricht diesem konkreten Wert?

Wenn etwa das *Positivsein* einen Ihrer wichtigsten Werte darstellt, dann sollte beobachtbar sein, dass Sie zuversichtlich sind und Ihren Stärken und Fähigkeiten sowie denen anderer Personen vertrauen. Das würde bedeuten, dass Sie optimistisch sind, nicht jammern und dass Sie Probleme eher als Herausforderungen betrachten.

Arbeiten Sie auch hier nach dem Grundsatz *weniger ist mehr*. Es genügt, wenn Sie für jeden Wert wenige, dafür jedoch konkret beobachtbare Umsetzungen definieren.

Absolut wichtiger Wert-1:

Woran können andere Menschen erkennen, dass hinter meinem Verhalten der entsprechende Wert steckt?

Welches konkrete Verhalten entspricht diesem Wert?

Absolut wichtiger Wert-2:

Woran können andere Menschen erkennen, dass hinter meinem Verhalten der entsprechende Wert steckt?

Welches konkrete Verhalten entspricht diesem Wert?

Absolut wichtiger Wert-3:

Woran können andere Menschen erkennen, dass hinter meinem Verhalten der entsprechende Wert steckt?

____

____

Welches konkrete Verhalten entspricht diesem Wert?

____

____

____

____

Wenn Sie das für jeden Ihrer wichtigsten Werte gemacht haben, dann verfügen Sie über einige Verhaltensnormen, mit denen Sie sich eine Zeit lang bewusst beschäftigen sollten. Dann kann aus Ihren Überlegungen eine Art innere Landkarte werden, auf die Sie ähnlich wie bei einem Navigationsgerät jederzeit zurückgreifen können. Erfolgreiche Menschen kennen ihre wesentlichen Grundsätze ganz genau. Und vor allem: sie handeln danach.

Die nächsten Übungen[1] helfen Ihnen, eine starke Vision zu entwickeln. Haben Sie diese schon erarbeitet, helfen Ihnen die folgenden Aufgaben dabei, mehr Klarheit darüber zu erhalten und Ihre große Idee abzusichern. Bearbeiten Sie dabei die Übungen 2 bis 4, ehe Sie in Aufgabe 5 den roten Faden Ihrer Vision erarbeiten.

• Übung 2 – Drei Grabreden

Der Tod ist für viele ein Tabuthema. Für viele Menschen ist es heikel, über das eigene Sterben nachzudenken. In dieser herausfordernden Übung sollen Sie das aber tun. Genauer gesagt, sollen Sie über Ihre Beerdigung nachdenken. Darüber, was bestimmte Personen, die Sie selbst auswählen werden, an Ihrem Grab sagen würden. Stellen Sie sich vor, Ihre Beerdigung wäre heute in drei Jahren. Sie haben also noch drei Jahre Zeit, all das zu tun, was für Sie wichtig ist und was Sie vielleicht eben in der Werteübung beschrieben haben.

[1] Es ist mir nicht bekannt, von wem diese Übungen in ihrer ursprünglichen Version stammen. Viele Autoren haben diese, wie ich auch, nach eigenen Vorstellungen abgewandelt.

Stellen Sie sich vor, an Ihrem Grab würden drei verschiedene Personen sprechen. Jemand aus Ihrer Familie, eine Person aus Ihrem Freundeskreis und jemand, der Sie aus Ihrem Arbeitsleben kennt.

Diese Grabreden werden sich von realen aber in einem wichtigen Punkt unterscheiden: Das Gesagte muss zutreffend sein. Es dürfen keine Aussagen gemacht werden, die nicht stimmen; es darf also nichts behauptet werden, was Sie zu Lebzeiten nicht repräsentiert bzw. geleistet haben. Nun stellen Sie sich die entscheidende Frage:

Was möchte ich, dass diese drei Personen berechtigterweise über mich an meinem offenen Grab sagen?

Wählen Sie jetzt jene drei Personen aus, die Ihre Grabreden halten. Es sollten Menschen sein, die Sie gut kennen und bei denen Ihnen wichtig ist, was diese über Sie denken und sagen. Sie selbst legen fest, was diese Personen über Sie, Ihr Leben, Ihr Verhalten und Ihr Tun sagen. Denken Sie an die einzige Regel, die es bei dieser Übung einzuhalten gilt: Alles, was über Sie gesagt würde, müsste zutreffend sein. Es sollte sich also nicht um *Schönrederei*, sondern um nachvollziehbare Aussagen mit realistischem Hintergrund handeln.

Überlegen Sie sich, ehe Sie beginnen, wann Sie diese Übungen durchführen. Sie sollten ausreichend Zeit dafür planen, ungestört und vor allem dazu bereit sein, über sich selbst und Ihre Endlichkeit nachzudenken.

Drei Grabreden

1. Sprecher: Eine Person aus meinem Familienkreis würde berechtigterweise über mich sagen, dass …

____

____

____

____

____

____

2. Sprecher: Eine Person aus meinem Freundeskreis würde berechtigterweise über mich sagen, dass …

3. Sprecher: Eine Person aus meinem Kollegenkreis würde berechtigterweise über mich sagen, dass …

• Übung 3 – Erfolg garantiert

Eine der größten Fähigkeiten, die Menschen besitzen, ist es, zu träumen und mit Phantasie im Geiste etwas zu entwerfen, das manchmal utopisch zu sein scheint. Jeder Mensch hat wohl Träume, die in die Kategorie *unmöglich* einzureihen sind. Die Gründe dafür sind vielschichtig. Oftmals werden Träume nicht in jener Konsequenz weitergedacht, dass aus ihnen starke und emotional unterstützte Vorstellungen im Gehirn werden, die den Organismus in Gang setzen.

Die Übung *Erfolg garantiert* ist einfach und wunderschön. Denken Sie dabei an all die Dinge, von denen Sie hin und wieder träumen. Gehen Sie nun einen Schritt weiter. Einen entscheidenden: Denken Sie darüber nach, was Sie alles tun würden, wie Sie sich verhalten würden und was Sie sich leisten würden, *wenn Sie hundertprozentig davon ausgehen könnten, dass das, was Sie tun, von Erfolg gekrönt ist.*

Nehmen Sie einen Stift, denken Sie nach und beginnen Sie zu schreiben:

Was alles würde ich tun, wenn ich hundertprozentig sicher wüsste, dass meine Vorhaben von Erfolg gekrönt sind?

• Übung 4 – Zurück von der Zukunft

Menschen, die Treppen hoch laufen anstatt den Fahrstuhl zu nehmen, sind überzeugt davon, dass sie die Zeit, die vor ihnen liegt beeinflussen können, dass das, was zunächst in ihren Vorstellungen herumgeistert, tatsächlich Realität werden kann. Sie wissen, dass der erste Schritt darin besteht, sich mit der eigenen Zukunft auseinanderzusetzen, ein klares und möglichst konkretes Bild davon zu entwickeln, wie sie aussehen soll. Der zweite Schritt besteht darin, gemäß dieser inneren Landkarte zu handeln – und zwar konsequent.

Mit dieser Übung haben Sie die Möglichkeit, sich auf eine besondere Art mit Ihren künftigen Handlungen zu beschäftigen. Stellen Sie sich vor, Sie hätten die Chance, eine Zeitreise in Ihre eigene Zukunft zu unternehmen. Springen Sie um sieben Jahre nach vorne.

Wir schreiben das heutige Datum plus sieben Jahre. Dieser Tag ist ein besonderer Tag für Sie, denn Sie können Rückschau halten auf eben diese vergangenen sieben Jahre, die in Wirklichkeit noch vor Ihnen liegen. Jetzt geht es darum, sich zu überlegen und niederzuschreiben, was diese sieben Jahre so außergewöhnlich gemacht hat, dass Sie von ihnen behaupten, sie seien *die besten, schönsten, erfolgreichsten, großartigsten und glücklichsten Ihres bisherigen Lebens gewesen.*

Schreiben Sie Ihre eigene Erfolgsgeschichte. Hier und Jetzt. Seien Sie mutig und trauen Sie sich etwas zu. Gehen Sie Jahr für Jahr vor und schreiben Sie in der Vergangenheit. Beschreiben Sie möglichst konkret, in möglichst vielen Facetten und in bunten Bildern, was in dieser

Zeit alles geschehen ist, das Sie veranlasst zu sagen: Das waren mit Abstand die tollsten Jahre meines bisherigen Lebens. Was waren die Highlights und die besonderen Ereignisse, die stattgefunden haben? Was haben Sie erlebt und geschafft?

Zurück von der Zukunft

Heute ist der ______________ (heutiges Datum plus 7 Jahre).

Heute bin ich ______ Jahre alt (heutiges Alter plus 7 Jahre).

Meine Frau/mein Mann ist heute ______ Jahre alt (heutiges Alter plus 7 Jahre).

Unsere Kinder sind jetzt __________________________________ Jahre alt (heutiges Alter plus 7 Jahre).

Wenn ich an die hinter mir liegenden 7 Jahre denke, die die besten, schönsten, erfolgreichsten und glücklichsten meines bisherigen Lebens waren, dann …

• Übung 5 – Mein roter Faden

Mit den letzten drei Übungen haben Sie an Ihrer Vision gearbeitet und ihr eine Richtung gegeben. Nun gilt es den roten Faden, der diese drei Aufgaben verbindet und sich als gemeinsamer Nenner darstellt, herauszufinden. Gehen Sie die Ergebnisse der Übungen nochmals durch.

Beginnen Sie mit Übung 2, den Grabreden. Was sind die wichtigsten Aussagen, die in den Reden enthalten sind? Prüfen Sie, inwieweit Sie diesen in Ihren Handlungen bereits nachkommen und entsprechen. Arbeiten Sie jene Bereiche heraus, in denen sich Differenzen ergeben, wo Sie selbst wissen, dass Sie dem gezeichneten Bild – noch – nicht entsprechen. Bewerten Sie diese Bereiche dann nach ihrer Wichtigkeit.

Prüfen Sie den Zusammenhang der Inhalte der drei Reden mit Ihren wichtigsten Werten sowie den dazugehörigen Umsetzungen, die Sie bereits beschrieben haben. Legen Sie danach die erste konkrete Aktivität fest, die sich daraus ergibt und aufdrängt:

Das habe ich zu tun:

____

Bei der dritten Übung haben Sie Vorhaben niedergeschrieben, die Sie angehen würden, wenn Sie hundertprozentig sicher wüssten, dass Ihnen Erfolg beschert ist. Blättern Sie zurück und stellen Sie sich folgende Frage: *Was lässt mich am Erfolg dieser Herausforderungen zweifeln?*

Wenn Sie den schwerwiegendsten Grund gefunden haben, fragen Sie sich, wie berechtigt Ihre Zweifel sind. Von einigem werden Sie auch nach diesen Übungen nur träumen können. Bei einigen anderen Vorhaben aber werden Sie vielleicht erkennen, dass Ihre Zweifel wenig plausibel sind – eine Sicherheit gibt Ihnen in solchen Fällen erst die Durchführung.

Tipp:

Diese Übung führe ich selbst regelmäßig durch und erkenne immer wieder neue Herausforderungen, die ich noch nicht angegangen bin, die mir aber offensichtlich wichtig sind. Beim Nachdenken spielt sich jedes Mal das Gleiche ab. Ich kann keinen Grund finden, der rechtfertigt, für die betreffenden Vorhaben noch nichts getan zu haben. Durch diese Übung hole ich mir immer wieder Motivation und Kraft für neue Aktivitäten und Projekte.

Notieren Sie, welches Vorhaben aus Ihrer Aufzählung Sie planen und angehen:

____

____

____

Aus der vierten Übung schließlich suchen Sie sich die Erfolgsmeilensteine heraus. Lokalisieren Sie jene Ereignisse und Handlungen, die diese sieben Jahre zu den besten, erfolgreichsten und glücklichsten Ihres Lebens gemacht haben. Finden Sie heraus, was Ihnen diese besonderen Ereignisse bedeuten und woher dieser besondere Stellenwert kommt. Die für Sie wichtigsten Handlungen notieren Sie nun als konkrete Ziele. Legen Sie dabei Ihre Prioritäten eindeutig fest und befolgen Sie wieder den Grundsatz *weniger ist mehr.*

Diese Ziele erreiche ich:

1. ______________________________________
   ____
   ____

2. ______________________________________
   ____
   ____

Der nächste Schritt besteht in einer guten und umfassenden Planung, ehe Sie eine Entscheidung treffen, die das Startzeichen zur Durchführung darstellt.

Diese Übung habe ich in ähnlicher Form bei einem Seminar von Alexander Christiani kennen gelernt. Ich kann mich deshalb noch so genau daran erinnern, weil ich in dieser Erfolgsgeschichte zum ersten Mal das Vorhaben, eine *Dissertation* zu verfassen, definiert habe. Das besondere berufliche Ereignis von 1999 war für mich der erfolgreiche Abschluss des Doktoratsstudiums. Ich wusste zwar 1995 noch nicht, wie ich das neben einer Familie mit zwei kleinen Kindern, neben meinen Hobbys und einem Beruf, der mich voll ausfüllte, hinbekommen sollte, aber allein der Gedanke faszinierte mich. 1996 hatte ich meine konkreten Vorstellungen, ich hatte die wichtigsten Bilder im Kopf. Auch jenes der Promotionsfeier im kleinen Kreis mit meiner Frau und mit Freunden.

Seitdem habe ich diese Übung immer wieder genutzt, um mir Energie und Zuversicht zu holen. Die Quote der Umsetzungen kann sich wirklich sehen lassen. So gehört diese überarbeitete und ergänzte Neuauflage des *neuen Treppenläufers* ebenso zu meinen 2005 formulierten Vorhaben, wie meine anderen Bücher und weitere Aktivitäten.

Wenn Sie alle Visionsübungen ausgewertet haben, dann sollten Sie den roten Faden Ihres Lebens erkennen. Legen Sie fest, was in Ihrem Alltag Priorität hat und worauf Sie besonders achten werden. Entwerfen Sie ein großartiges Bild, das Sie abrufbereit haben und das Ihnen bei Bedarf zeigt, nach welchen Prinzipien Sie handeln und auf welche Ergebnisse sich Ihre Handlungen beziehen. Legen Sie heute fest, wo und wie Sie in Ihrer Zukunft ankommen möchten. Denn das ist die Zeit, in der Sie leben werden.

9. Treffsicher Ziele finden

„Jedes Ziel eröffnet ein Ventil für Kräfte, die in uns sind."

Paul Feldkeller

Mit der Bedeutung von Zielen und ihrem Zusammenhang mit Motivation haben wir uns im ersten Teil des *neuen Treppenläufers* ausführlich beschäftigt. Im zweiten, dem Trainingsteil, geht es vor allem darum, die *richtigen* Ziele zu finden. Dies führt zur Frage, wann man von *richtigen* Zielen sprechen kann. Die Antwort scheint mir klar. *Richtig* sind Ziele dann, wenn sie in einen individuellen Kontext eingebettet sind und dafür sorgen, Werte zu leben und der eigenen Vision einen Schritt näher zu kommen.

Mit einem dritten wichtigen Kontext, der bei der Gestaltung von Zielen berücksichtigt werden sollte, möchte ich Sie in diesem Abschnitt des Buches konfrontieren: Stärken und Schwächen.

Das Modell zur Vorbereitung und Analyse von Zielprozessen zeigt, dass die Beschäftigung mit den individuellen Möglichkeiten deshalb eine zwingende Voraussetzung für das Finden der *richtigen* Ziele darstellt, weil diese eine reale Grundlage brauchen. Auch die Arbeit mit Vorstellungen benötigt diese Anbindung an die realen Möglichkeiten, die eine Person vorfindet. Es genügt mit Sicherheit nicht, ausschließlich mit positiven Selbstsuggestionen zu arbeiten, wie manche Ratgeber das versprechen. Wissenschaftliche Studien zeigen, dass dies sogar das Gegenteil bewirken kann. Das Arbeiten mit Vorstellungen und Selbstsuggestionen funktioniert dann am besten, wenn die handelnde Person tatsächlich über die Stärken verfügt, die zum Erreichen des Ziels notwendig sind und darauf zurückgreifen kann.

Die Frage lautet also, worauf Sie sich konzentrieren und wie Sie Ihre Ziele ausrichten sollen? Ich stelle Ihnen im Folgenden drei in der Praxis erprobte Werkzeuge vor, mit deren Hilfe Sie treffsicher Ihre Ziele finden können. Die beiden ersten Werkzeuge helfen Ihnen, die für Sie relevanten und damit *richtigen* Ziele zu finden sowie die Erfolgswahrscheinlichkeit Ihrer Aktivitäten deutlich zu erhöhen.

Mit dem dritten Tool können Sie eine grundlegende Frage klären. In manchen Motivationsseminaren könnte man glauben, wenn man nur genügend Willen erzeugt, dann könnte man im Leben alles erreichen. Oft sind das Massenveranstaltungen zum Thema Motivation, deren Halbwertzeit im Tagesbereich liegt und nicht der Rede wert ist. Durch gruppendynamische Effekte werden die Teilnehmer aufgeputscht und viele verlassen derartige Veranstaltungen tatsächlich mit dem Gedanken: Ich kann alles schaffen, alles ist möglich.

Allerdings sind jedem Menschen Grenzen gesetzt. Manche sind uns seit langem bekannt. Andere müssen wir im Laufe der Zeit – mitunter schmerzhaft – selbst erkennen. Einige davon will man nicht wahrhaben, obwohl die inneren wie äußeren Signale eindeutig sind.

Das dritte Werkzeug hilft Ihnen zu klären, was in Ihrem Leben für Sie mit hoher Wahrscheinlichkeit möglich und realisierbar ist. So zeigt Ihnen die Auseinandersetzung mit diesem Tool, in welchen Bereichen es sinnvoll ist und sich lohnen könnte, Energie und Zeit zu investieren. Diese Methode bietet Ihnen einen interessanten Zusatznutzen: Sie werden wesentlich effizienter sein, weil Sie die *richtigen* Vorhaben angehen und nicht Energien vergeuden.

Das vierte Werkzeug bietet eine Methodik, durch die Sie in der Umsetzung Ihrer Ziele *auf Kurs* bleiben. Es ist wie alle anderen Tools des *neuen Treppenläufers* in der Praxis oftmals erprobt und bewährt.

• Erstes Werkzeug – Die Hierarchie Ihrer Ziele

Sie kennen bestimmt Leute, die irgendwann das Ziel hatten, ihr Gewicht zu reduzieren und abzunehmen. Wie viele von denen haben Ihr Vorhaben umgesetzt? Die meisten, denken Sie? Man kann gewiss davon ausgehen, dass viele diesen und ähnliche Vorsätze realisieren.

Wie viele von denen aber, die es geschafft haben, ihr Gewicht zu verringern, haben diesen neuen Zustand über einen längeren Zeitraum gehalten? Bei wie vielen hat der berühmte *Jo-Jo-Effekt* eingesetzt und sie haben das ursprüngliche Gewicht nach einer recht kurzen Zeit wieder erreicht oder sogar überschritten.

Wenn Sie nachhaltig etwas an sich ändern möchten, dann benötigen Sie zwei Qualitäten. Die eine brauchen Sie, um das angestrebte Ziel zu erreichen, also etwa 20 kg abzunehmen. Die andere benötigen Sie erst danach. Denn dann kommt die wirklich große Herausforderung. Dann gilt es nämlich, den neuen Zustand zu stabilisieren, also Ihr neues Gewicht auf Dauer zu halten, so dass es sich tatsächlich lohnt, die komplette Garderobe zu wechseln.

Mit der Zielehierarchie zu arbeiten bedeutet, sich Fragen aus drei Ebenen zu stellen. Dabei ist es von Bedeutung, chronologisch vorzugehen und mit der 1. Ebene zu beginnen.

1. Ebene: Stärken, die Basis des Erfolges – der grüne Bereich mit den Erhaltenszielen

Wie zufrieden sind Sie mit sich? Was läuft gut? In welchen Bereichen wären Sie schon zufrieden, wenn Sie das aktuelle Anspruchsniveau halten könnten? Versuchen Sie diese einzelnen Verhaltensweisen und Stärken so konkret wie möglich zu formulieren.

Viele Menschen, die ich im Rahmen meiner Tätigkeit kennenlerne, berichten von erheblichen Schwierigkeiten, sich mit diesen Fragen zu beschäftigen. Die Konzentration auf jene Bereiche, in denen sie gut sind, wird gestört durch die Gedanken an ihre Schwächen und Versäumnisse. Das führt dazu, dass sich diese Personen vehement mit ihren Defiziten auseinandersetzen. So verlieren sie ihre Stärken aus den Augen. Viel zu viele Menschen sind permanent damit beschäftigt, darüber nachzudenken, was in ihrem Leben nicht funktioniert und welche Schwächen sie haben. Schlimm wird es dann, wenn diese Personen das auch noch bei jeder Gelegenheit erzählen. Dann drängen sie ihre Fähigkeiten und Stärken dermaßen in den Hintergrund, dass sie immer weniger Bedeutung haben, bis sie schließlich ganz verschwunden sind.

Dabei sind es die positiv besetzten Fähigkeiten und der Glaube an die eigenen Möglichkeiten, die sich günstig auf ein stabiles Selbstwertgefühl auswirken. Die Auseinandersetzung mit den eigenen Stärken und jenen Aktivitäten, die gut *funktionieren,* ist die Basis langfristigen und nachhaltigen Erfolges. Der Grundsatz lautet: *Stärken stärken!*

Vielleicht fällt es Ihnen aber leicht, an Ihre Fähigkeiten und Möglichkeiten zu denken und Sie teilen die Überzeugung *Stärken stärken* ohnehin schon seit geraumer Zeit. Lassen Sie sich trotzdem Zeit, denn je länger Sie sich damit beschäftigen, desto mehr Details fallen Ihnen diesbezüglich ein.

Nun zu den Fragen dieser ersten Ebene:

- Was muss ich tun, damit ich den Erfolg auf (auf einem speziellen Gebiet) auch in Zukunft erhalten kann?
- Durch welche Aktivitäten stelle ich sicher, dass eine Stärke auch in Zukunft eine Stärke bleibt?
- Wodurch halte ich meinen Standard in einem bestimmten Bereich?
- Auf das Beispiel des Abnehmens bezogen, könnte die Frage etwa folgendermaßen lauten: *Was muss ich tun, damit ich mein neues Gewicht auf Dauer halten kann?*

Antworten darauf finden sich viele, etwa drei Mal in der Woche 50 Minuten laufen, auf fettreiche Speisen verzichten, Obst und Gemüse bevorzugen, nach 19.00 Uhr nichts mehr essen usw.

Aus den Fragen dieser ersten Ebene ergeben sich die *Erhaltensziele.* Deren Zweck ist es, dafür zu sorgen, dass Stärken Stärken bleiben und ein erreichtes Niveau gehalten wird. Der Vorteil in der Auseinandersetzung mit *Erhaltenszielen* liegt darin, dass man sich (noch) keinen Druck machen muss. Vielmehr bedeutet es, rechtzeitig darauf zu schauen, dass man es hat, wenn man es braucht.

Bleibt noch die Frage, wie viele *Erhaltensziele* man sich setzen sollte. Für die Beantwortung sollten Sie in Jahresdimensionen denken. Was glauben Sie, wie viele sollten es sein? Eines? Fünf? Zehn oder noch mehr? Wiederum kommt der Grundsatz *weniger ist mehr* zur Geltung. Wenn sich eine Person drei konkrete Erhaltensziele auswählt und diese mit dem zweiten Werkzeug, das ich Ihnen gleich vorstellen werde, bearbeitet, dann sind damit ausreichend viele einzelne Aktivitäten verbunden. Legen Sie also fest, welche Bereiche für Ihren persönlichen

Erfolg die wichtigsten sind und definieren Sie dafür maximal drei Erhaltensziele. Sie können Ihre wichtigsten Erhaltensziele in der folgenden Tabelle niederschreiben.

Meine Erhaltensziele

1. ______________________________

____

____

2. ______________________________

____

____

3. ______________________________

____

____

Erst wenn die Vorhaben dieser ersten Ebene klar formuliert sind, sollten Sie sich der zweiten Ebene, Ihren Schwächen, zuwenden.

2. Ebene: Schwächen und Defizite – Der rote Bereich mit den Veränderungszielen

In der zweiten Ebene beschäftigen Sie sich nun mit Ihren Schwächen und Mängeln. Was läuft bei Ihnen nicht zufriedenstellend? Über welche Verhaltensweisen und Misserfolge ärgern Sie sich immer wieder? Auf welchem Gebiet machen Sie immer wieder Fehler, obwohl Ihnen das nicht passieren dürfte?

In dieser Ebene sollten Sie jene Engstellen in Ihrem Wirkungskreis definieren, die Sie tatsächlich behindern, sich weiter zu entwickeln. Das können auch Ziele sein, die Sie sich schon einmal vorgenommen haben, jedoch nicht in der Qualität umgesetzt haben, wie Sie es sich vorgestellt hatten. Dabei gilt es jedoch zu beachten, dass nicht jeder subjektiv empfundene Mangel tatsächlich von Bedeutung ist. Das schützt vor Perfektionismus. Die *eierlegende Wollmilchsau* gibt es eben nicht. Für die zweite Ebene der Zielehierarchie stehen also folgende Fragen:

Die Fragen der zweiten Ebene

- Welches sind meine konkreten Schwächen?
- Wie wichtig stellen sie sich in meinem individuellen Kontext dar?
- An welchen Defiziten muss ich arbeiten, um meine Vorstellungen zu realisieren?
- Was kann ich konkret verändern und tun, damit ich mich in diesen Bereichen merkbar verbessern kann?

Aus den Antworten auf diese Fragen ergeben sich Ihre *Veränderungsziele*. Im Gegensatz zu den *Erhaltenszielen* spielt Druck dabei eine Rolle. Da es sich um wichtige Verhaltensweisen handelt, besteht eine gewisse Notwendigkeit diese Verhaltensänderungen herbeizuführen. Gelänge dies nicht, müsste mit erheblichen Nachteilen bzw. Schmerzen gerechnet werden. Diesbezüglich kann ein gewisses Maß an Druck sogar förderlich wirken. Bleibt die Frage, wie viele *Veränderungsziele* sich jemand setzen sollte. Grundsätzlich gilt: So viele, wie unbedingt nötig. Doch Vorsicht, auch hier trifft der Grundsatz *weniger ist mehr* zu.

Ihre wichtigsten und dringendsten *Veränderungsziele* können Sie in die dafür vorgesehene Tabelle einschreiben.

Meine Veränderungsziele

1. ______________________________

____

____

2. ______________________________

____

____

3. ______________________________

____

____

Nachdem sowohl Stärken als auch Schwächen berücksichtigt wurden, bleibt eine dritte Ebene zu bearbeiten. In dieser finden sich kreative, neue Ideen, die es wert sind, umgesetzt zu werden.

3. Ebene: Neues – Die *Innovationsziele*

In der dritten Ebene spiegelt sich ein Gedanke des *Biermodells* wieder. Er dreht sich um die Frage, ob neue, kreative Ideen gefunden werden können, die sich als günstig für die eigene Entwicklung darstellen. Es handelt sich also um *Schaumaufgaben*. Um neue Herausforderungen und neue Handlungsfelder, auf denen Sie bislang nicht tätig waren. Im Hintergrund der *Innovationsziele* steht wiederum jener Kontext, der sich aus dem individuellen Visionsansatz sowie den wichtigsten Werten ergibt. Der Zweck dieser dritten Ebene liegt in der persönlichen Entwicklung, wie ich sie bei der Beschreibung des *Biermodells* dargestellt habe. Die Fragen, die Sie sich in diesem Rahmen stellen könnten:

Die Fragen zur dritten Ebene

- Welchen neuen Herausforderungen könnte ich mich stellen, um Neues zu lernen und somit meine persönliche Qualität weiterzuentwickeln?
- Habe ich Ideen, die ich einfach ausprobieren könnte?
- Gibt es etwas, womit ich schon länger liebäugle, mir jedoch nicht sicher bin, ob ich es schaffe?

Bei den *Innovationszielen* handelt es sich um kreative Vorhaben, die völlig ohne Druck angegangen werden können. Selbst die Möglichkeit des Scheiterns zieht keine Nachteile und negative Konsequenzen nach sich. So kann man sich locker und entspannt an die Realisierung heranwagen. Bei der Planung dieser Ziele steht also nicht so sehr der Erfolg im Vordergrund, sondern das Nachdenken über die eigene Entwicklung und das Tun. Vielleicht sind diese Ziele zunächst absurde Gedanken, möglicherweise sind es auch Ideen, bei denen Sie sich fragen, wie diese funktionieren sollen. Für ein persönliches Wachstum und für ein auf Dauer motiviertes Handeln ist es wichtig, Innovationen anzustreben. Dabei stellt sich wieder die Frage, wie viele *Innovationsziele* man sich sinnvollerweise setzen sollte. Wenn Sie eine neue Idee pro Jahr verfolgen, dann ist das ausreichend. Entscheidend ist einzig und allein das Verfolgen einer völlig neuen Idee für das eigene Handeln bzw. Leben. Innovationen sind nicht auf Knopfdruck leistbar, brauchen viel Phantasie und Kreativität, Mut und auch Glück. Verstehen Sie diese dritte Ebene als Spielwiese für Ihr persönliches Wachstum. Nehmen Sie hier allen Druck heraus. Sie werden sehen, dass es immer wieder Chancen und Möglichkeiten gibt, innovativ zu sein.

Mit diesem besonderen Instrument wird es Ihnen gelingen, die *richtigen* Ziele zu finden. Egal, worauf Sie sich beziehen. Sie können dieses Tool in Ihrer Sportart ebenso einsetzen wie in Ihrem Beruf oder Ihrer Beziehung. Es kann von Teams genauso verwendet werden wie von gesamten Unternehmen. Es ändern sich zwar die einzelnen Fragestellungen, nicht jedoch die Grundgedanken dieses Werkzeuges.

Da so viel von Zielen die Rede ist, fragen Sie sich vielleicht schon länger, wie man Ziele formuliert. Hier einige wichtige Grundsätze:

Die Grundsätze zur Formulierung von Zielen

- Beschreiben Sie Ihre Ziele so, dass deren Realisierung potentiell auch von anderen Personen überprüft werden könnte.
- Quantifizieren Sie das Ziel. Versehen Sie es mit Daten (Zahlen-, Gewichts-, Termin-, Stück-, Umsatz-, Ertragsangaben ...) damit es exakte Kriterien aufweist, anhand derer es gemessen werden kann.
- Verzichten Sie auf ein punktgenaues Ziel, lassen Sie sich vielmehr einen Spielraum. Legen Sie Ziele mit einer Bandbreite fest, das erhöht die Chance auf Erfolgserlebnisse. So könnten Sie mit *Minimal-, Normal- und Optimalzielen* arbeiten.

Stellen Sie sich jemanden vor, der 100 kg wiegt, obwohl das Idealgewicht bei 80 kg liegen würde. Diese Person würde sich als punktgenaues Ziel die 80-kg-Marke setzen und sich bemühen abzunehmen: Sie stellt die Ernährung um, beginnt Sport zu treiben – und tatsächlich, es fällt die 95-kg-Marke, es fällt die 90-kg-Marke und sogar die 85-kg-Marke. Dann allerdings stagniert das Gewicht. Trotz großer Anstrengungen gelingt es nicht, weitere Kilos abzubauen. Die Waage pendelt sich regelmäßig bei 85 kg ein. Bei entsprechender Bedeutung des punktgenauen Zieles von 80 kg ist diese Person jetzt frustriert, weil sie das Ziel nicht erreicht hat, obwohl sie doch 15 kg abgenommen hat. Schützen Sie sich vor solchen demotivierenden Erlebnissen, indem Sie eine Bandbreite festlegen. In unserem Beispiel könnte das Minimalziel, das es in jedem Fall zu erreichen gilt, bei 89 kg liegen, das Normalziel bei 85 kg und das Optimalziel, das nur dann möglich erscheint, wenn sich alle Einflussfaktoren als günstig herausstellen, bei 80 kg. Durch diese Technik schützt man sich vor unnötigen Frustrationserlebnissen und kann schon wesentlich früher Erfolgserlebnisse empfinden und das Signal *Ziel erreicht* mehrmals erleben.

Tipp:

Schließlich sollten Sie Ihr Augenmerk darauf richten, dass Sie Ihre Ziele positiv beschreiben, Negationen vermeiden und so definieren, als ob sie schon erreicht wären. Ziele motivieren dann besonders, wenn genau der Zustand beschrieben wird, den es zu erreichen gilt. Formulieren Sie also etwa folgendermaßen:

Veränderungsziel:

Mit 1. Juli wiege ich 85 Kilogramm (Minimalziel 89 kg/Optimalziel 80 kg).

Daraus könnte sich in der Folge dieses **Erhaltensziel** entwickeln:

Um das erreichte Gewicht zu halten, laufe ich normalerweise dreimal (minimal zweimal/optimal viermal) in der Woche zwischen 50 und 60 Minuten lang.

Wenn Sie so vorgehen, haben Sie genügend Bildmaterial zur Verfügung, um daraus einen inneren Film zu drehen, der als Antrieb stark genug ist, damit Sie Ihr Vorhaben erfolgreich umsetzen können. Dabei kann Ihnen auch das nächste Werkzeug helfen.

• Zweites Werkzeug – Die zwei Dimensionen Ihrer Ziele

Wenn ich verschiedene Menschen in meinen Veranstaltungen nach ihren aktuellen Zielen befrage, erhalte ich Antworten wie:

- *die Position XY erreichen,*
- *die Zusammenarbeit mit meinen Mitarbeitern verbessern,*
- *den Informationsfluss zwischen meiner Abteilung und der Abteilung XY verbessern,*
- *eine Wohnung bzw. ein Haus kaufen,*
- *eine Prüfung bestehen,*
- *mit dem Rauchen aufhören,*
- *10 Kilogramm abnehmen,*
- *mich mehr um meine Familie kümmern usw.*

Schauen Sie sich diese Ziele noch einmal an. Was verbindet diese acht Beispiele miteinander? Was ist ein gemeinsamer Nenner, worauf beziehen sie sich? Sicherlich haben Sie erkannt, dass jedes einzelne Beispiel ein konkretes Ergebnis beschreibt; der Anspruch den man berechtigterweise an Ziele stellt. Dieser stellt allerdings nur eine Dimension motivierender Ziele dar, die *Ergebnisziele.* Neben dem angestrebten Zustand sollten in einer zweiten Dimension zusätzlich jene Aktivitäten beschrieben werden, die gesetzt werden müssen, um das Ergebnis zu realisieren, die so genannten *Aktivitätsziele.*

Machen Sie es sich zu einer festen Gewohnheit, zu jedem Ihrer *Ergebnisziele* mehrere *Aktivitätsziele* zu formulieren. Diese zweite Dimension beschreibt in groben Zügen den Weg zu einem Ziel und gibt Antworten auf die Frage, was konkret getan werden muss, um das gewünschte Ergebnis zu erreichen. Folgende Erinnerung an meine Kindheit soll diesen Ansatz verdeutlichen.

Die Steine-im-Fluss-Methode

Ich bin in der Oststeiermark aufgewachsen. Durch meinen Heimatort Pöllau fließt der Saifenbach. In der warmen Jahreszeit haben wir Kinder oft dort gespielt, wo der Bach drei bis vier Meter breit und knöchel- bis knietief war. Oft versuchten wir, von einer Seite des Baches auf die andere zu kommen. Dies wollten wir schaffen, ohne nass zu werden. Das *Ergebnisziel*, das wir verfolgten, war also von der einen auf die andere Seite zu gelangen, ohne nass zu werden. Sie wissen bestimmt schon, wie wir das gemacht haben. Wenn Sie selbst auf dem Land aufgewachsen sind, dann haben Sie diese Technik wohl auch des Öfteren angewendet. Wir haben Steine in der entsprechenden Größe gesucht und in den notwendigen Abständen in den Saifenbach gelegt. So gelangten wir mit einigen wenigen Schritten meist trocken ans andere Ufer: Die *Steine-im-Fluss-Methode.*

Zwischen *Ergebnis-* und *Aktivitätszielen* ist eine weitere wesentliche Differenzierung vorzunehmen. Für erstere gilt, dass für das Erreichen eines definierten Zustands stets Einflussfaktoren von außen wirken können. Ein Ergebnis tatsächlich zu realisieren, liegt eben nicht nur im Einflussbereich der handelnden Person. Genau das stellt jedoch die entscheidende Forderung der zweiten Zieldimension dar. *Aktivitätsziele* legen nicht nur fest, welche einzelnen Schritte jemand unternimmt, sondern verstehen sich als unter *eigener Kontrolle* leistbar. Man kann die dahinter stehende Frage folgendermaßen formulieren: *Was alles kann ich in eigener Kompetenz unternehmen, um mein angestrebtes Ergebnis nach Möglichkeit (unter günstigen Bedingungen) zu erreichen?*

Diese zweite Zieldimension bietet zudem einen weiteren Vorteil. Unter Umständen können die *Aktivitätsziele* wie eine Schutzimpfung für Ihr Selbstwertgefühl wirken. Mit folgendem Beispiel möchte ich diesen Gedanken darstellen.

Nehmen wir an, jemand möchte eine bestimmte Prüfung bestehen. Es handelt sich um eine berufliche Qualifikation, die für diesen Menschen einen höheren Stellenwert besitzt. Nennen wir sie Managementprüfung und gehen wir davon aus, dass der Prüfungstermin für den 30. Juni angesetzt ist.

Das konkrete Ziel für dieses Vorhaben könnte lauten: *Ab 1. Juli besitze ich das Diplom der Managementausbildung.* Die Person in unserem Beispiel ist schon vor dieser Prüfung eine gute Führungskraft. Da diese Ausbildung für sie einen gewissen Anreiz darstellt, bereitet sie sich gewissenhaft und gut vor. Der Kandidat lernt gut und ist voller Zuversicht. Am Prüfungstag macht er sich auf den Weg, um das Diplom zu erlangen. Zur gleichen Zeit macht sich auch der Prüfer auf den Weg. Bevor dieser jedoch von zu Hause losfährt, erlebt er den schlimmsten Ehekrach seines Lebens. Es bleibt keine Zeit für eine Aussprache. Die Zeit drängt, denn schließlich stehen Examen an. Der Prüfer kommt also mit einer miesen Laune, ganz und gar übel gestimmt, emotional verletzt, mit sich und der Welt unzufrieden in das Institut und beginnt zu prüfen. Wenn der Prüfling in unserem Beispiel nun Pech hat und sich der Prüfer abreagieren will, dann hat er wahrscheinlich wenig Chancen, die Prüfung zu bestehen. Obwohl er sich gewissenhaft und gut vorbereitet hat.

Nehmen wir an, es wäre so. Der Kandidat weiß natürlich nichts von den persönlichen Problemen des Prüfers und versteht die Welt nicht mehr. Er ist durchgefallen und weiß nicht genau, warum.

Was denken Sie, welche Auswirkungen dieser Misserfolg auf die Person in unserem Fall haben könnte? Ärger, Frust und Demotivation sind wahrscheinliche Folgen. Ein *angeknackstes* Selbstwertgefühl wäre wahrscheinlich.

Wenn unser Kandidat aber all seine *Aktivitätsziele* realisiert hat, dann könnte er den Misserfolg auch auf äußere Faktoren zurückführen und dadurch die negativen Auswirkung deutlich mildern. Das, was in seiner Macht stand, hat er umgesetzt. Gegen manche externen Faktoren kann man nichts machen, auch wenn man sich sehr bemüht.

So könnten* Aktivitätsziele, *um die Prüfung zu bestehen, lauten:

- Ich bin regelmäßig bei den Kursen, die als Prüfungsvorbereitung angeboten werden;
- ich lese das Buch „Balance als Führungsstrategie. Werkzeuge für gutes Management";
- ich spreche mit Kollegen, die diese Prüfung schon vor einiger Zeit bestanden haben;
- ich erarbeite drei Fallbeispiele aus meiner Führungspraxis;
- ich spreche vor der Prüfung mit meinem Lehrer und eruiere, worauf es besonders ankommen wird;
- ich lerne drei Wochen lang jeden Abend 2 Stunden;
- drei Tage vor der Prüfung wiederhole ich den gesamten Stoff.

• Drittes Werkzeug – Kann man im Leben alles erreichen? Ein Modell zur Vorbereitung und Analyse von Zielprozessen

Was halten Sie von einem einfachen Modell, das Ihnen in Zukunft helfen kann, realistische Vorhaben von unrealistischen zu unterscheiden und Ihnen zeigt, was für Sie möglich ist und was eher nicht? Ein Werkzeug, durch das Sie künftig effizienter sein werden, weil Sie wichtige Handlungen prüfen, ehe Sie Zeit und Energie dafür investieren? Der Ansatz, der meinem Modell zu Grunde liegt, stammt aus der *Attributionstheorie.* Sie beschäftigt sich mit der Zuschreibung von Ursachen zu bestimmten Handlungen. Es geht also darum, was Menschen für Erfolg bzw. Misserfolg verantwortlich machen und wie Verhalten erklärt wird.

Welche Parameter steuern das künftige Handeln, was denken Sie? Motivation – natürlich. Aber da sind noch weitere Faktoren, die darauf Einfluss nehmen: Die Erfahrungen aus vergangenen Handlungen. Vor allem jene, die sich auf Erfolge bzw. Misserfolge beziehen. Welche besondere Wirkung diese Zuschreibungen auf Motivation ausüben, haben wir bei der Darstellung von *Erfolgssuchern* und *Misserfolgsmeidern* gesehen. Diese beiden Typen machen ja sehr unterschiedliche Ursachen für Erfolg bzw. Misserfolg verantwortlich.

Wenn Sie prüfen wollen, welche Ihrer Vorhaben eine günstige Prognose besitzen, brauchen Sie zunächst eine Tabelle mit vier Feldern. Zwei davon dienen für personenbezogene Faktoren, die also unmittelbar mit Ihnen selbst zu tun haben. Die beiden anderen betreffen die Umwelt, in der Ihre Handlungen stattfinden. Das heißt, es geht um zwei Faktoren, die in Ihrer Persönlichkeit und Ihrer Kompetenz liegen, und um zwei, die außerhalb Ihres Einflussbereiches in Ihrem Umfeld liegen.

Dazu kommt eine weitere Dimension. Für jedes der vier Felder gilt nun die Frage, ob die daraus resultierenden Ursachen eher als stabil oder eher als variabel anzusehen sind. Setzt man sie in eine Beziehung, erscheinen die einen relativ stabiler, die anderen hingegen relativ variabler.

Modell zur Vorbereitung und Analyse von Zielprozessen

	relativ stabil	**relativ variabel**
personenbezogen	Grundsätzliche Fähigkeit einer Person; Talente	Vorstellungen, Einstellung zur Tätigkeit Anstrengung und Arbeitseinsatz
situationsbezogen	Aufgabenschwierigkeit	Zufall, Glück, Pech, Verfassung (Bio-Rhythmus), Situation

Betrachten wir zunächst die beiden Faktoren, die ich als relativ stabil dargestellt habe. Jeder Mensch hat ihm eigene Fähigkeiten und vielleicht sogar besondere Talente, die ihn von anderen unterscheiden und für eine bestimmte Sache geeigneter machen als für eine andere. Darunter fallen nicht nur kognitive Fähigkeiten, sondern auch körperliche. Die Frage, die hier zu stellen ist: Wie gut wissen Sie über Ihre Stärken und Schwächen Bescheid, wie konkret können Sie diese benennen? Bei der Auseinandersetzung mit Ihren Erhaltenszielen haben Sie sich bereits mit jenen Verhaltensweisen, mit denen Sie zufrieden sind, beschäftigt. Gehen Sie jetzt einen Schritt weiter und definieren Sie Ihre persönlichen Stärken. Seien Sie dabei so konkret wie möglich.

Diese Stärken und Talente zeichnen mich aus:

____

____

____

____

____

____

____

____

Wenn Sie über Ihre grundsätzlichen Stärken gut Bescheid wissen und sich einigermaßen realistisch einschätzen, werden Sie erkennen, welche Ihrer Vorhaben mit einer hohen Erfolgswahrscheinlichkeit versehen sind.

Als ebenfalls relativ stabil gilt die Schwierigkeit der jeweiligen Aufgabe. Ganz egal, was Sie tun möchten, die Herausforderung, der Sie sich stellen, weist eine Schwierigkeit an sich auf. Eine gute Metapher dafür bietet das Klettern. Ein Aufstieg mit dem Schwierigkeitsgrad 3 unterscheidet sich deutlich von einer Wand mit dem Schwierigkeitsgrad 6. Diese Differenz kann in den Bergen über Leben und Tod entscheiden. Schwierigkeitsgrade sind als objektiviert anzusehen. Die gewählte Route auf einen Berg bleibt beim Schwierigkeitsgrad 6, egal welche Personen den Gipfel zu besteigen versuchen. Erst in Verbindung mit den Stärken dieser Menschen wird die Bedeutung dieser Information in ihrer gesamten Tragweite klar.

Wenden wir uns nun den beiden Faktoren zu, die ich als relativ variabel betrachte, die sich also in kurzer Zeit verändern können. Da ist zunächst jener, den man kaum unter Kontrolle bringen kann, da er in der Umwelt begründet ist. Auch wenn man sich noch so anstrengt, auf diese Faktoren hat man keinen direkten Einfluss. Somit stellen diese keine persönlichen Leistungen dar. Stellen Sie sich vor, Sie würden beim nächsten Spaziergang auf der Straße einen 100-Euro-Schein finden. Würden Sie das als eine besondere Leistung bewerten? Eher wohl würden Sie das Ihrem Glück zuschreiben. Um derartige Größen geht es in diesem dritten Feld. Es gibt Situationen, in denen Menschen sich besonders bemühen, etwas Tolles zu bieten haben, nichts falsch machen und trotzdem einen Misserfolg erleiden. Man kann im Leben einfach Pech haben. Genauso gibt es bestimmte Augenblicke, in denen Personen nichts Besonderes zu bieten haben, sich vielleicht nicht einmal sonderlich anstrengen, einiges sogar falsch machen und trotzdem Erfolg haben. Das ist Glück (oder das Resultat guter Beziehungen).

Bleibt schließlich das vierte Feld dieses Modells, dessen Inhalte sich ebenfalls als relativ variable Komponenten darstellen. Im Unterschied zum vorangegangenen liegen diese jedoch zum Großteil in der Kontrolle der handelnden Person.

Sie selbst haben es in der Hand zu entscheiden, was aus bestimmten Vorhaben wird. Hier geht es um Ihre Vor- und Einstellungen sowie um den Einsatz, den Sie zu leisten gewillt und im Stande zu erbringen sind. Jeder Mensch besitzt zumindest die Macht mitzugestalten, wie sich seine individuelle Welt entwickelt. Sie selbst entscheiden, was Sie denken. Sie selbst legen fest, wie viele Versuche Ihnen ein bestimmtes Ziel wert ist.

Sie könnten dieses Modell anwenden, wenn Sie sicher sein wollen, ob die Herausforderung, der Sie sich stellen möchten, die richtige für Sie ist. Finden Sie heraus, was in Ihrem Leben möglich ist und wovon Sie lieber Abstand nehmen und nicht viel Zeit und Energie investieren sollten.

Um diese Antwort zu erhalten, sollten Sie sich mit folgenden Fragen zu den jeweiligen Feldern beschäftigen. Dabei ist es von Bedeutung, dass Sie wohlwollend, aber durchaus selbstkritisch antworten. Es kann sich als hilfreich herausstellen, wenn Sie Ihre Einschätzungen mit einer Person Ihres Vertrauens besprechen.

Fragen zur Fähigkeit

- Habe ich die Fähigkeiten, die ich brauche, um dieses Vorhaben erfolgreich umzusetzen?
- Welche Talente und Fähigkeiten habe ich, die sich besonders für diese Sache eignen?
- Wie, wo und wann kann ich die fehlenden Fähigkeiten lernen?

Fragen zur Aufgabenschwierigkeit

- Welche Schwierigkeit wird dem Vorhaben zugeschrieben?
- Wo liegen dabei die besonderen Herausforderungen?
- Wie gut passen meine Fähigkeiten zur Herausforderung dieser Aufgabe?
- Wie risikoreich ist diese Aufgabe?

Fragen zur Situation

- In welcher Situation wird diese Handlung stattfinden? (Was ist der Rahmen?)
- Wie wichtig ist die Situation insgesamt für das Gelingen dieses Vorhabens?
- Welche Vorteile bietet die Situation für das Gelingen?
- Mit welchen situationsbezogenen Nachteilen muss ich rechnen?

Fragen zu den Gedanken bezüglich des Vorhabens

- Welche Vor- und Einstellungen muss ich entwickeln, damit ich es schaffen werde?
- Mit welchem Einsatz muss ich an die Sache gehen, um erfolgreich zu sein?
- Welche Glaubens- bzw. Grundsätze werden mir helfen?
- Wie kann ich mich mental auf diese Herausforderung vorbereiten? (Wie sieht mein innerer Erfolgsfilm aus?)

Es lohnt sich, in die Auseinandersetzung mit diesen Fragen einige Zeit zu investieren. Durch die Sicherheit und Gewissheit, die durch die Antworten entstehen können, holen Sie diese Zeit in der Umsetzung höchstwahrscheinlich wieder ein. Geraten Sie bei der Umsetzung eines Zieles ins Stocken, könnten Sie ebenfalls an den *Start* zurückgehen. Viele Menschen, die mit diesem Modell arbeiten, berichten, dass sie durch die neuerliche Auseinandersetzung Kraft und Zuversicht gewonnen haben und ihr Ziel mit neuem Elan weiterverfolgt haben.

Dieses Modell bietet sich aber nicht nur für die Vorbereitung von wichtigen Aktivitäten an, sondern genauso für deren Analyse. Welche Bedeutung das mentale Abschließen von Handlungen hat, haben wir im Rahmen des Motivationsprozesses besprochen. Machen Sie es sich zur Gewohnheit und prüfen Sie die Abläufe Ihrer wichtigsten Herausforderungen. Unabhängig davon, ob Sie erfolgreich waren oder nicht. Konfrontieren Sie sich mit den Inhalten der vier Felder und finden Sie heraus, welche Faktoren hauptverantwortlich für das Ergebnis gemacht werden können. Lernen Sie aus Ihren Analysen und setzen Sie bei ähnlichen Herausforderungen Ihre gewonnenen Erkenntnisse ein.

• Viertes Werkzeug – mit seinen Zielen *auf Kurs* bleiben

Dieses Tool versteht sich als verlässliche Hilfe, um die Umsetzung eines Zieles konsequent voran zu treiben. Es stellt einen Regelkreis dar, der aus sechs aufeinanderfolgenden Schritten besteht.

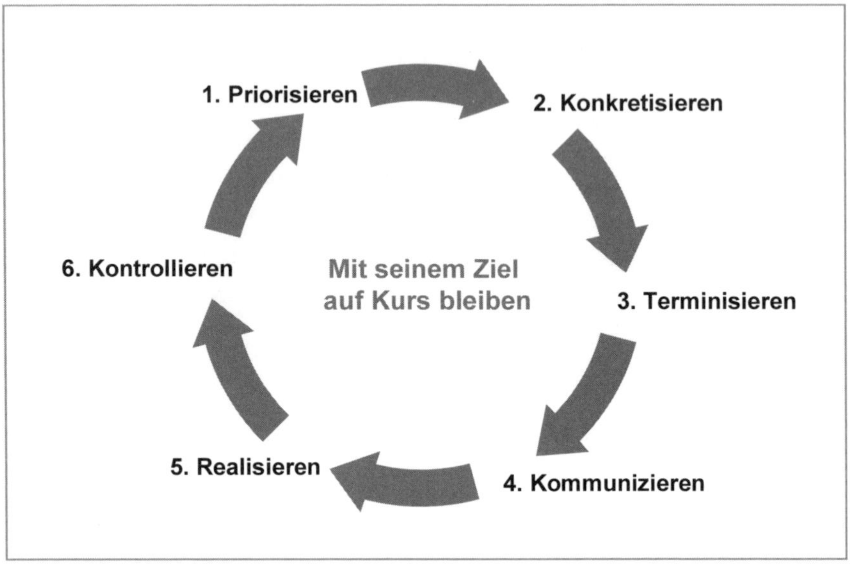

Abbildung 13

1. Priorisieren

Dieser erste Schritt ermahnt, sich Schwerpunkte zu setzen. Damit möchte ich dem Mythos vom Multitasking entgegenwirken. Es ist uns Menschen – neurobiologisch betrachtet – nicht möglich, mehrere komplexe Dinge zeitgleich durchzuführen. Auf den Grundsatz *weniger ist mehr* habe ich bereits mehrmals hingewiesen. Die Erfahrung lehrt, wer sich auf das Wesentliche konzentriert, kommt weiter. Wählen Sie sich ein Ziel, das für Sie eine große Bedeutung hat und fokussieren Sie Ihre Energie darauf.

2. Konkretisieren

Damit meine ich, eine präzise und konkrete Zielformulierung schriftlich zu verfassen sowie die Übersetzung von *Ergebnis-* in mehrere *Aktivitätsziele.* Durch die *Steine-im-Fluss-Methode* sollte das Vorhaben so klar sein, dass Sie einen *inneren Film* in Ihrem Kopf drehen können.

3. Terminisieren

Fixieren Sie im dritten Schritt zu jeder einzelnen Aktivität, die Sie Ihrem Ziel näher bringt, einen zeitlichen Rahmen. Bemessen Sie Zeiträume großzügig. Das schützt davor, sich unnötig unter Druck zu setzen.

4. Kommunizieren

Diesbezüglich möchte ich Ihnen zwei Möglichkeiten vorschlagen. Die erste besteht darin, einem Menschen, der Ihnen nahe steht und dem Sie vertrauen, Ihr Vorhaben mitzuteilen. Es sollte jedoch nicht nur dabei bleiben. Nutzen Sie diese Chance als Diskussionsforum, um Ihre einzelnen Aktivitäten zu besprechen, zu hinterfragen und vor allem, sich die Meinung eines Außenstehenden einzuholen. Ich selbst habe das Glück, mich mit mehreren Menschen über meine Absichten und Handlungen austauschen zu können. Dies hilft mir, nicht nur klarer zu sehen und Fehler zu vermeiden, sondern stärkt meine Konsequenz.

Als zweite Möglichkeit könnten Sie sich selbst einen Brief schreiben. Darin legen Sie Ihre Planung möglichst exakt dar. Schreiben Sie so, als ob Sie jemand anderem über Ihr Ziel erzählen würden. Den verschlossenen und frankierten Umschlag übergeben Sie an eine Person und bitten diese, den Brief per Post an Sie zu senden. Frühestens jedoch in sechs, spätestens in zwölf Monaten. So können Sie prüfen, welchen Wert Ihre Vereinbarungen haben, die Sie mit sich selbst treffen.

5. Realisieren

Setzen Sie all Ihre Energien auf Ihr Ziel und bleiben Sie hartnäckig und geduldig an der Umsetzung. Seien Sie überzeugt, dass Sie erfolgreich sein werden. Planen Sie Rückschläge und Hindernisse ein und lassen Sie sich nicht von Ihrem Weg abbringen.

6. Kontrollieren

Mit diesem letzten Schritt überprüfen Sie die Zielerreichung. Legen Sie Ihr Hauptaugenmerk dabei auf Ihre *Aktivitätsziele.* Das waren schließlich jene Aktivitäten, die Sie in eigener Kompetenz umsetzen konnten. Achten Sie nicht nur darauf, was aus Ihrem Vorhaben geworden ist, sondern auch, wie Sie es angegangen sind. Gewinnen Sie aus jedem Kontrollcheck Erkenntnisse, die Sie in Ihre nächsten Zielprozesse einfließen lassen.

Tipp:

Beschäftigen Sie sich mit Erfolgen wesentlich länger und genauer als mit Niederlagen. Versuchen Sie herauszufinden, welche wesentlichen Faktoren für das positive Ergebnis verantwortlich waren. Speichern und nutzen Sie diese Erkenntnisse bei Ihrem nächsten Vorhaben!

10. Aktiv sein und durchstarten

**„Erfolg hat nur der, der etwas tut,
während er auf den Erfolg wartet."**

Thomas Alva Edison

In diesem vorletzten Kapitel möchte ich Ihnen weitere Gedanken näher bringen, die Ihnen helfen können, *durchzustarten*. Diese Modelle und Werkzeuge sind in der Praxis ebenfalls oftmals erprobt. Viele Menschen, die meine Veranstaltungen besucht haben, konnten davon bereits profitieren.

• Fünftes Werkzeug – Der „Innere Dialog" – Ihre Worte repräsentieren Ihre Denkweise und erzeugen Bilder

Neurowissenschafter schätzen, dass ein Mensch durchschnittlich 50.000 bis 60.000 Gedanken pro Tag denkt. Diese neurologischen Untersuchungen zeigen aber auch, dass etwa 95% dieser Gedanken gleich und in dieselbe Kategorie zu zählen sind. Das hat fatale Auswirkungen. Es bedeutet, dass derjenige, der wie selbstverständlich negativ denkt und regelmäßig üblen Gedanken nachhängt, jeden Tag den gleichen *Schrott* denkt. In einem derartigen Kopf sieht es metaphorisch gesprochen aus wie auf einem Müllplatz. Welche Konsequenzen das für das tägliche Handeln und das Selbstwertgefühl hat, liegt auf der Hand.

Derjenige hingegen, der es schafft, positiv zu denken und sich in der Hauptsache optimistischen Gedanken zuwendet, baut sein Selbstwertgefühl jeden Tag mit der gleichen Konsequenz auf. Ein stabiles Selbstwertgefühl und ein hohes Selbstbewusstsein, das für erfolgreiche Aktivitäten sorgt, sind die Folge.

Der so genannte „Innere Dialog“ ist deshalb so bedeutsam, weil er eine permanente Realität darstellt, die freilich meist unbewusst erfolgt. Worte, die Sie verwenden, Sätze, die Sie bilden, Gedanken, die unbewusst in Ihrem Kopf herumgeistern, sind eine übersetzte Kopie Ihrer inneren Bilder. Das menschliche Gehirn erzeugt ständig Bilder. Es kann nicht „Nicht-Bilder“ erzeugen. Der Beweis dafür ist ganz einfach zu finden:

Denken Sie bitte nicht an eine Dose Red Bull auf dem Mond.

Jetzt, da Sie diese Aufforderung gelesen haben, ist es Ihnen unmöglich, nicht in diesem Bild gefangen zu sein. Sie haben die Dose des Energydrinks auf dem Mond klar vor Augen.

Erinnern Sie sich noch an den kurzen Dialog, der mir aus meiner Diskjockey-Zeit in Erinnerung geblieben ist? Er bestätigt eine These, die ich in zwanzig Trainer- und Beraterjahren nicht widerlegen konnte: Viele Menschen können ganz genau sagen, was sie nicht möchten, haben aber ernsthafte Schwierigkeiten, klar zu formulieren, was sie konkret wollen. Das wiederum hat zur Folge, dass diese Leute permanent jene Bilder im Kopf haben, die sie eigentlich vermeiden wollen. So ist es nicht verwunderlich, dass diese nicht gewollten Vorstellungen sich verselbständigen und sich im Sinne einer *inneren Prophezeiung* erfüllen. Am Ende bekommt man just das, was man eigentlich vermeiden wollte.

Sie können dieses Phänomen im Alltag leicht überprüfen. Achten Sie in der nächsten Zeit bewusst darauf, welche Worte Menschen in Ihrem Umfeld – im Beruf oder im privaten Bereich – verwenden und welche Bilder dahinter stehen. Es wird Ihnen auffallen, dass oft jene Bilder erzeugt werden, die man eigentlich loshaben will.

Wie gut gemeinte Versuche genau das Gegenteil bewirken können, zeigen folgende Beispiele. Stellen Sie sich ein durchschnittliches öffentliches Krankenhaus vor. In einem Zimmer liegt ein Patient, der wegen einer Blinddarmreizung aufgenommen wurde. Er soll am nächsten Tag operiert werden. Am Abend vor dem Eingriff besucht der Anästhesist den etwas ängstlichen Patienten. Der Arzt erkennt dies und umso mehr versucht er ihn zu beruhigen. Er sagt: *„Sie brauchen über-*

haupt keine Angst zu haben, es wird nichts schiefgehen!" Sie können sich vermutlich schon vorstellen, welches Bild sich im Kopf des Patienten darstellt und vergrößert. Richtig: die Angst. Der Patient fragt sich, möglicherweise unbewusst: „*Warum sagt er das*"? oder „*Was weiß ich nicht, weil er mich beruhigen will?*". Es ist sehr wahrscheinlich, dass der Angstpegel des Patienten nach dieser Aussage deutlich höher ist als zuvor. Dabei war es die Absicht des Narkosearztes den Patienten zu beruhigen.

Ähnliches gilt auch für die oft übergroßen Rauchverbotsschilder in öffentlichen Gebäuden. Es sind runde Tafeln, innen weiß, außen rundherum ein roter Rand und eine große, durchgestrichene, qualmende Zigarette. Die Erfinder dieser Tafel haben offensichtlich nicht an die Folge ihrer Botschaft gedacht. Diese lautet nämlich: *Rauchen*. Das Gehirn kann die Negation nicht verarbeiten, die Bilder, die entstehen, drehen sich alle ums Rauchen.

Wie kann das nun erklärt werden? Um zu wissen, woran eine Person in einer bestimmten Situation nicht denken soll, muss diese sich die konkrete Sache zunächst vorstellen, also daran denken. Erst wenn klar ist, woran nicht gedacht werden soll, könnte dieser Mensch versuchen, gegenzusteuern. Dann ist es jedoch zu spät, hat er ja zuvor bereits daran gedacht. Dabei spielt die Art und Weise der Informationsvermittlung eine große Rolle. Je unnatürlicher, dramatischer und komplizierter der Anästhesist über die Angst spricht, die sein Patient nicht zu haben braucht, desto größer wird diese vermutlich. Einfache, im Gehirn bereits gespeicherte Negationen werden durchaus sinngemäß verstanden, da diese nicht erst kreiert werden müssen.

Leider funktioniert dieses Phänomen nur selten in die umgekehrte Richtung. Es nützt also nichts, jemandem vor Augen zu führen, was er nicht kann, und dann zu hoffen, dass sich der Erfolg einstellt. Manchmal können durch Negationen aber Trotzreaktionen ausgelöst werden, die dann zum gewünschten Verhalten führen. Meist sind das Provokationen, die vorsichtig eingesetzt werden sollten.

Hinzu kommt, dass der „*Innere Dialog*" mitentscheidet, ob sich der Organismus aktiv oder passiv verhält. Fast alle Wörter und beinahe jeder Gedanke sind mit einem Gefühl verbunden. Manchmal sind die zu einem Wort gehörenden Emotionen so schwach, dass sie nicht gefühlt werden und nicht ins Bewusstsein gelangen. Ab und zu jedoch sind sie derart massiv, dass sie die Steuerung im Gehirn übernehmen. Positive Gefühle versorgen den Körper mit Energie und führen zu Aktivität. Negative Emotionen rauben Kraft und verursachen oft Passivität. Je nachdem wie sich eine Person verhält, das Tun oder eben das Nicht-Tun führt zu einem neuerlichen Selbstgespräch und der *„Innere Dialog“* beginnt von vorne.

Der „Innere Dialog“

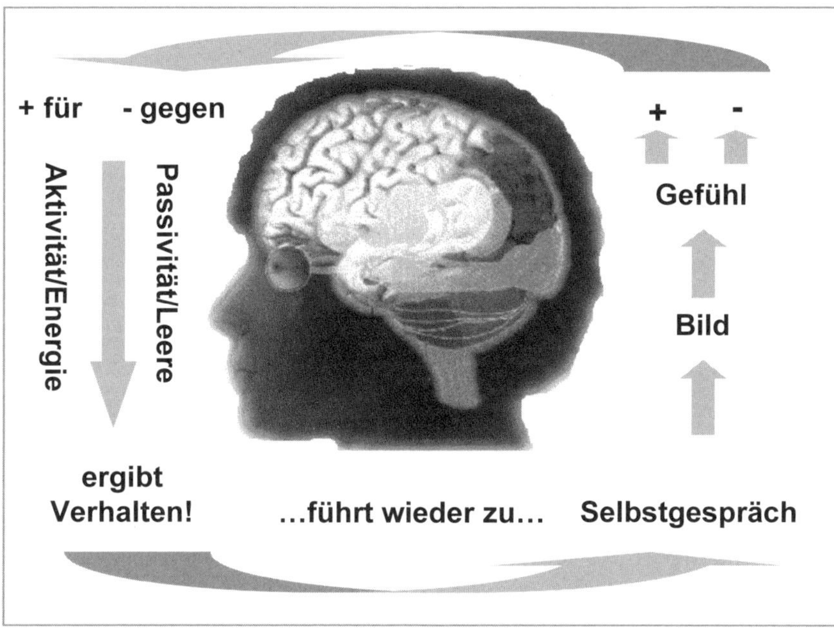

Abbildung 14

Beobachten Sie sich in der nächsten Zeit selbst. Welche Bilder transportieren Sie, wenn Sie sprechen? Welche Wirkungen erzielen Sie? Stimmen Bilder und Wirkungen mit Ihrer ursprünglichen Absicht überein? Wenn Sie sich diesbezüglich verbessern möchten, kann folgendes Training hilfreich sein. Sie finden in der Folge fünf Aussagen, wie sie jeden Tag formuliert werden und zu hören sind. Der gemeinsame Nenner dieser Sätze ist, dass sie jedoch die Bilder erzeugen, die sie eigentlich vermeiden wollten. Diese Worte schaffen negative Bilder, obwohl sie gut gemeint waren.

Übung: Finden Sie positive Formulierungen

Versuchen Sie, die folgenden Aussagen so zu verändern, dass zwar der Sinn erhalten bleibt, durch positive Formulierungen jedoch optimistische Bilder entstehen.

1. „Nein, das ist nicht nötig, Du brauchst überhaupt keine Angst zu haben"

   ▶ Bild: **Angst**

Neu: ______________________________

   ▶ Bild: ______________

2. „Nein, Du wirst sehen, es tut überhaupt nicht weh"

   ▶ Bild: **Schmerz**

Neu: ______________________________

   ▶ Bild: ______________

3. „Auf gar keinen Fall, nein, ich darf nicht mehr rauchen"

   ▶ Bild: **Rauchen**

Neu: ______________________________

   ▶ Bild: ______________

4. „Ich habe Dir schon hundert Mal gesagt, Du sollst die Türe nicht zuschlagen"

   ▶ Bild: **Türzuschlagen**

Neu: ______________________________

   ▶ Bild: ______________

5. „Ich habe Ihnen schon mehrmals mitgeteilt, Sie sollen nicht zu spät kommen“

   ▶ Bild: **Zuspätkommen**

Neu: ______________________________

   ▶ Bild: ______________

Ist es Ihnen leicht gefallen, die Aussagen so zu formulieren, dass neue, positive Bilder entstanden sind? Oder hatten Sie Mühe? Wenn Ihnen diese kleine Übung nicht ganz so leicht gefallen ist, dann sollten Sie in der nächsten Zeit bewusst auf Ihre Sprache und die Bilder achten, die Sie damit erzeugen. Wenn Sie das ein paar Wochen durchhalten, werden Sie vermehrt positive Bilder beschreiben und präzise sagen können, was Sie möchten.

Hier meine Vorschläge für positive Formulierungen.

1. „Nein, das ist nicht nötig, Du brauchst überhaupt keine Angst zu haben"

   ▶ Bild: **Angst**

Neu: „Sei mutig!"

   ▶ Bild: **Mut**

2. „Nein, Du wirst sehen, es tut überhaupt nicht weh"

   ▶ Bild: **Schmerz**

Neu: „Es macht Dich gesund!"

   ▶ Bild: **Genesung**

3. Auf gar keinen Fall, nein, ich darf nicht mehr rauchen"

   ▶ Bild: **Rauchen**

Neu: „Ab heute lebe ich gesund, damit ich lange lebe."

   ▶ Bild: **Hohes Alter in Gesundheit**

4. „Ich habe Dir schon hundert Mal gesagt, Du sollst die Türe nicht zuschlagen"

► Bild: **Türzuschlagen**

Neu: „Schließe die Türe bitte leise."

► Bild: **Sanftes Schließen der Türe**

5. „Ich habe Ihnen schon mehrmals mitgeteilt, Sie sollen nicht zu spät kommen"

► Bild: **Zuspätkommen**

Neu: „Seien Sie bitte pünktlich."

► Bild: **Pünktlichkeit**

Es gibt für jedes dieser negativen Beispiele viele weitere positive Alternativen und Sie haben wohl auch andere gefunden. Mit dieser Übung, die Sie mit anderen Beispielen fortsetzen können, vermögen Sie Ihre Sprache so zu trainieren wie einen Muskel. Schon nach kurzer Zeit werden Sie merken, dass sich etwas verändert hat. Durch Ihre konkret positiven Formulierungen werden Ihre Botschaften klarer. Sie werden öfters das bekommen, was Sie wollten.

• Sechstes Werkzeug – Das Motivations- und Kraftbuch

Ich möchte Ihnen eine weitere Möglichkeit vorstellen, wie Sie Ihre Motivation nachhaltig erhöhen können. Ich setze diese Technik in der Arbeit mit Profisportlern seit längerem erfolgreich ein. Viele Rückmeldungen zeigen mir, dass diese Vorgehensweise gut funktioniert. Lassen Sie sich darauf ein und machen Sie aus einem leeren Buch ein „Zauberbuch". Es könnte jenes Buch sein, das Sie aufschlagen, wenn Sie Energie brauchen. Es könnte jenes Buch sein, das Sie aufschlagen, wenn Sie sich aufbauen möchten. Es könnte jenes Buch sein, das Sie aufschlagen, wenn Sie Ihrem Selbstbewusstsein Gutes tun wollen. Es könnte jenes Buch sein, das dafür verantwortlich wird, dass Sie viele Ihrer Ziele erreichen.

Die wichtigsten Grundsätze für Ihr Motivations- und Kraftbuch:

- Schreiben Sie in dieses Buch ausschließlich positive und schöne Gedanken ...
- Schreiben Sie in dieses Buch Ihre größten Stärken ...
- Schreiben Sie in dieses Buch Ihre wichtigsten mentalen Übungen, innere Filme und die dazu gehörenden positiven Gefühle ...
- Schreiben Sie in dieses Buch Ihre erreichten Ziele und Ihre „Siege" ...
- Schreiben Sie in dieses Buch die großartigsten Szenen, die Sie erleben ...
- Schreiben Sie in dieses Buch fantastische Gedanken ...
- Schreiben Sie in dieses Buch Erlebnisse, die nur für Sie bestimmt sind ...
- Schreiben Sie in dieses Buch, wie Ihre Träume fliegen lernen ...

Kaufen Sie sich ein schönes, leeres Buch. Beginnen Sie heute damit und schreiben Sie in Zukunft positive Gedanken und Erlebnisse darin nieder. Wenn Sie das eine Zeit lang gemacht haben, können Sie davon profitieren. Immer dann, wenn Sie Energie und Motivation, Zuversicht und hohe Überzeugung brauchen, blättern Sie in Ihrem Motivations- und Kraftbuch und lesen, was Sie schon alles an positiven, erfolgreichen Gedanken und Ereignissen erlebt haben. Stimmen Sie sich mental ein und holen Sie sich Kraft aus diesen Gedanken und Erfolgen.

• Siebtes Werkzeug – Die Optimismus-Übung

Folgende einfache Übung habe ich aus einer Idee von Martin Seligman, dem Begründer der Positiven Psychologie, entwickelt. In unserer Welt gibt es viele negative Ereignisse und Entwicklungen. Sie sind Realität und gehören zum Leben. Die Medien versorgen die Menschheit jeden Tag damit. Das Motto: *„Just bad news are good news"*. Eine schlechte Nachricht erregt hohe Aufmerksamkeit und sorgt für Gesprächsstoff.

So bleiben viele Personen mit ihrer Aufmerksamkeit an den negativen Dingen hängen, die sich in ihrem Umfeld ereignen. Menschen sind gut darin, Fehler zu sehen und zu kritisieren.

In dieser Übung geht es darum, den Blick auf die schönen und positiven Dinge zu richten. Dabei kann der Kontext frei gewählt und beliebig verändert werden. Für die Durchführung dieser Aufgabe sollten Sie sich jeden Tag fünf Minuten reservieren. In dieser knappen Zeitspanne gilt folgende Regel: Sie formulieren eine konkrete Frage, die den Rahmen bildet. Für den Kontext *Beruf* könnte die Fragestellung folgendermaßen lauten: *Was gefällt mir an meiner aktuellen beruflichen Situation?*

Jedesmal wenn Sie sich diese Frage gestellt haben, beantworten Sie diese positiv. Es sind ausschließlich günstige, optimistische Aussagen erlaubt. Danach stellen Sie sich dieselbe Frage wieder und antworten mit einem neuen positiven Detail. Dieses Prozedere halten Sie fünf Minuten lang durch. Sie können diese Übung auch zu zweit absolvieren und Frage wie Antwort an das Gegenüber richten. Für den privaten Bereich könnte die Frage folgendermaßen lauten: *Was stellt sich in meinem privaten Umfeld positiv dar?*

Nach und nach können Sie die Zeitspanne bis auf zehn Minuten ausdehnen. Führen Sie diese Übung einige Wochen regelmäßig durch, dann merken Sie, dass sich der Fokus Ihrer Gedanken und Beobachtungen verändert. Positives überwiegt, fällt Ihnen eher auf und Sie sind ingesamt optimistischer. An der Gesamtverteilung von Gut und Böse, Positiv und Negativ hat sich freilich nichts geändert. Sie selbst haben sich jedoch sehr wohl verändert.

• Achtes Werkzeug – So motivieren und begeistern Sie

Es gibt Menschen, die scheinen eine bestimmte Gabe zu besitzen. Nämlich die Fähigkeit, andere Personen besonders zu motivieren und zu begeistern. Man trifft diese außergewöhnlichen Leute in Führungsetagen genauso wie in Fabrikationshallen, in Sportmannschaften wie in Familien, in Schulen wie in Kirchen. Sie scheinen auf den ersten Blick nichts Außergewöhnliches zu tun, scheinen sich nicht anzustrengen und trotzdem folgen ihnen andere Menschen. Beobachtet man solche Menschen, könnte man denken, diese besondere Fähigkeit sei angeboren. Dabei handelt es sich keineswegs um ein Talent, das man hat oder nicht. Es dreht sich vielmehr um die Berücksichtigung bestimmter Prinzipien. Diese Menschen befolgen einige Grundsätze, die es leichter machen, andere zu bewegen. Diese Fähigkeit kann man lernen. Dazu gehört ein strukturiertes Vorgehen, das ich zum *5-Stufen-Modell der Begeisterung* zusammengestellt habe. Zugleich bieten diese Gedanken die Möglichkeit einer knappen Zusammenfassung des *neuen Treppenläufers.*

Sie können diese Gelegenheit zu einer Selbstreflexion nutzen. Prüfen Sie, inwieweit Ihre Vorgehensweisen dieser Systematik entsprechen und legen Sie fest, welchen der fünf Punkte Sie unter Umständen forcieren sollten.

5-Stufen-Modell der Begeisterung

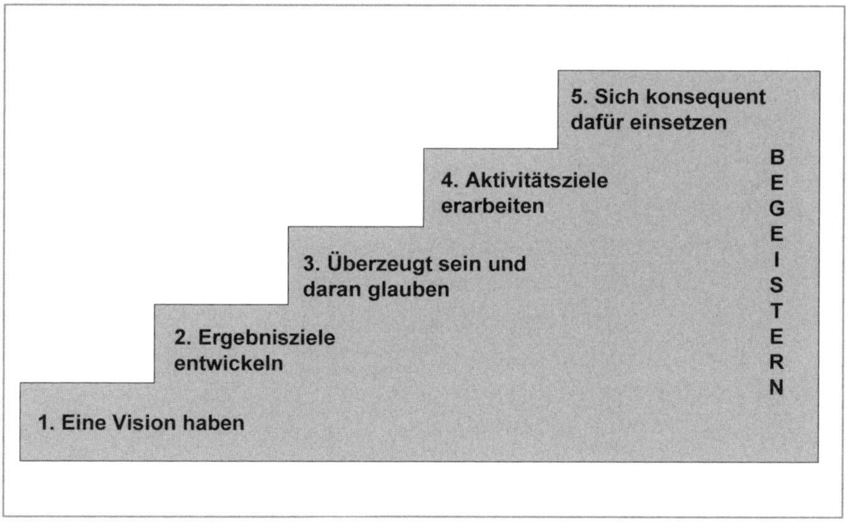

Abbildung 15

Selbstreflexion:

1. **Stufe:** Eine Vision für ____________________________ haben.
   Ich habe eine große Idee für ________________________ und sehe deutlich, wie sie aussieht. Ich kann jederzeit einen inneren Film ablaufen lassen, der mich mit optimistischen Bildern versorgt, mich motiviert und begeistert. Diese Gedanken und die damit verknüpften Gefühle machen *Lust auf mehr* und sagen mir: *Ich möchte dorthin gelangen.*

2. **Stufe: Ergebnisziele entwickeln**
   Aus meiner Vision ergeben sich klare und konkret umzusetzende Ziele. Mittelfristig weiß ich genau, was ich zu tun habe. Jedes meiner Vorhaben stellt ein Ergebnis dar. Die Summe der realisierten Ziele bildet die Basis für meine Vision.

3. **Stufe: Überzeugt sein und daran glauben**
   Ich weiß, ich kann es schaffen. Es hängt von meinen Einstellungen und von meinem Einsatz ab. Auch wenn es schwer wird, bin ich felsenfest davon überzeugt, dass es möglich ist. Ich weiß, die Bilder in meinem Kopf sind meine Bilder. Es geht um meinen Weg, um mein Leben und das ist das wichtigste, was ich habe. Wenn ich meine Ziele realisiere und meiner Vision Stück für Stück näher komme, ist das nicht nur für mich positiv. Davon können auch andere Menschen profitieren.

Hinter diesem dritten Grundsatz verbirgt sich das Konzept der Selbstwirksamkeitserwartung. Dieses bereits in den 1970er Jahren von Albert Bandura, der als einer der führenden Psychologen unserer Zeit gilt, entwickelte Modell beschreibt den Zusammenhang von Glaube an die Realisierung eines Vorhabens und tatsächlicher Zielerreichung. So beeinflusst der Glaube einer handelnden Person, das Ziel umsetzen zu können oder nicht, ihre tatsächlich verfügbaren Leistungsmöglichkeiten. Menschen, die vom eigenen Erfolg überzeugt sind und felsenfest daran glauben, arbeiten konsequenter und stecken Rückschläge leichter weg. Die Energie dafür erhalten diese Menschen aus ihren positiven Vorstellungen und ihren günstigen inneren Filmen. Hält sich die Erwartung hingegen in Grenzen oder ist sie sogar gering, wirkt sich das negativ auf die Erfolgschancen aus. Menschen mit geringer Selbstwirksamkeitserwartung geben wesentlich schneller auf oder stellen sich bestimmten Herausforderungen erst gar nicht. Somit bleiben ihnen Erfolgserlebnisse verwehrt und der Mut sowie die Lust, sich neuen Aufgaben zu stellen werden sukzessive geringer.

4. **Stufe: Aktivitätsziele erarbeiten**
   Ich weiß ganz genau, welche konkreten Einzelaktivitäten ich setzen muss, um meine Ergebnisziele zu erreichen. Diese Handlungen liegen in meiner eigenen Kompetenz und Verantwortlichkeit. Ich folge einer inneren Landkarte, die mir die Sicherheit und Orientierung gibt, die ich brauche.

5. **Sich konsequent dafür einsetzen**
   Ich arbeite für meine Ziele konsequent und mit großem Einsatz. Auch wenn ich immer wieder zu Boden gehe – ich stehe wieder auf und handle nach dem Motto: *Zu Boden zu gehen ist keine Schande. Gescheitert bin ich, wenn ich liegen bleibe.* Ich weiß, dass mich jeder Versuch, den ich starte, einen Schritt näher zu einer Lösung bringt. Bei Bedarf verändere ich meine Strategien und versuche es erneut. Ich lasse mich von meinem Weg nicht abbringen und setze mich mit voller Kraft dafür ein. Meine Konsequenz treibt mich auch dann noch weiter, wenn andere schon aufgegeben hätten. So lange ich zu kleineren Erfolgserlebnissen gelange und meine inneren Bilder mir sagen, dass ich es schaffen kann, bleibe ich dran.

Wenn Sie auf jede dieser fünf kurzen Beschreibungen mit einem eindeutigen *Ja* antworten konnten, dann gehören Sie zu den Menschen, denen andere sich gerne anvertrauen und folgen, denn sie spüren die Energie und die Kraft, die von Ihnen ausgeht. Diese Rückmeldung werden Sie von den Menschen, mit denen Sie zu tun haben, erhalten. Sie sehen, dass das, was Sie sagen und das, was Sie tun, wirklich zusammenpasst. *Walk what you talk* heißt die Devise. Das motiviert. Andere Personen werden Sie als authentisch und selbstsicher beschreiben. Damit vermitteln Sie auch anderen Sicherheit.

• Neuntes Werkzeug – Eine Methode, um Verhalten zu ändern

Es ist eine immense Herausforderung, das eigene Verhalten nachhaltig zu verändern. Der größte Teil unseres Tuns sind erlernte und antrainierte Programme und Muster, die in den Jahren zu festgeschriebenen und oft unkritisch übernommenen Handlungsweisen werden. Dennoch bin ich davon überzeugt, dass es jeder selbst in der Hand hätte, sich in verschiedene Richtungen zu verändern. Warum ich den Konjunktiv verwende? Die Antwort ist ebenso einfach wie traurig: Weil wenige Menschen von dieser Möglichkeit Gebrauch machen.

Dies hängt mit einem Mechanismus zusammen, den wir im Laufe der Zeit quasi als *Schutzfunktion* entwickelt haben. Wenn jemand nämlich darüber nachdenkt, was er ändern sollte, dann beschäftigt er sich ja mit eigenen ungünstigen Verhaltensweisen. Bei vielen Personen entsteht dabei ein negatives Gefühl. Das ist der Grund, warum Mechanismen entwickelt werden, mit denen man sich selbst täuschen kann. Diese helfen, die eigenen Schwächen vor sich selbst und anderen zu verstecken.

Wenn sich also eine Person mit ihren Seiten auseinandersetzen muss, die sie nicht gerne mag, dann lässt sie sich dabei in der Regel eher leicht entmutigen und konzentriert sich auf andere Bereiche, in denen sie sich umso besser fühlt, weil sie vom eigentlichen Thema ablenken. Diese Kompensationshandlungen führen dazu, dass Verhaltensänderungen wohl öfters angedacht, aber eher selten umgesetzt werden. Man flüchtet dann in Selbstmitleid und erklärt sich selbst und der Welt, warum man dieses oder jenes doch nicht schafft.

Gibt es bei Ihnen etwas, das Sie ändern wollen? Möchten Sie etwas beenden oder mit etwas beginnen? Ich möchte Ihnen eine ebenso einfache wie wirksame Technik vorstellen, mit der Sie Ihr Vorhaben schaffen können.

Lange Zeit glaubte man, dass Verhaltensänderungen und Lernen mit den Faktoren Dauer mal Häufigkeit erklärt werden können. Dass dies nicht stimmt, habe ich in Kindheit und Jugend erleben müssen. Als Sohn eines Musikers hatte ich natürlich ein Instrument zu spielen – 15

Jahre lang musste ich Violine und Viola spielen und jeden Tag eine Stunde üben. Ich besaß keinerlei Talent, habe mich geplagt und es hat mir meist keine Freude bereitet. So habe ich Zeit aufgewandt und Techniken entwickelt, um diesem Zwang zu entrinnen. Hätte dieser Einsatz meiner Grifftechnik gegolten, wäre ich ein passabler Streicher geworden.

Dieses Phänomen tritt am Arbeitsmarkt ebenso auf. Egal, wohin wir uns wenden, wann immer Menschen mit Aufgaben konfrontiert sind, die ihnen keinerlei Lust bereiten, werden sie in der Vermeidung oder auch Verlangsamung dieser Tätigkeit sehr erfinderisch und phantasievoll. Um diese Ressourcen ist es wahrlich schade.

Eine Voraussetzung, die es meinem Vater ermöglichte, ein renommierter Bratschist zu sein, fehlt mir von Grund auf. Da das tägliche Üben für mich einen Zwang bedeutete, entwickelte ich keine positiven Gefühle zu dieser Musik. Mir fehlte die wichtigste Voraussetzung für erfolgreiches Lernen und für nachhaltige Verhaltensänderungen: Emotionalität.

Um erfolgreich zu lernen und langfristig persönliches Verhalten zu ändern, müssen die entsprechenden Handlungen emotional besetzt sein. Die Aktivitäten müssen entweder mit Lust oder dem Vermeiden von Schmerz assoziiert sein. Der Schmerz könnte sich auch auf das zu ändernde, kritisierte Verhalten beziehen, durch das neue Verhalten hingegen sollten wir Lust empfinden können. Es braucht also auch einen kognitiven Zugang, um diese beiden Zuschreibungen nachhaltig im Gehirn zu verankern.

Folgende Technik, die ich aus Gedanken von Anthony Robbins in seinem Bestseller *Power Prinzip* entwickelt habe, kann Ihnen dabei helfen. Gehen Sie die einzelnen Schritte konsequent durch. Seien Sie dabei ehrlich zu sich selbst und versuchen Sie, sich selbst nichts vorzumachen. Wiederum kann es hilfreich sein, Ihre Gedanken mit einer Person Ihres Vertrauens zu besprechen.

1. Schritt:

Definieren Sie das Verhalten, das Sie verändern möchten. Beschreiben Sie es so konkret wie möglich.

2. Schritt:

Notieren Sie konkret, worin die gewünschte Verhaltensänderung besteht. Welches ist das erwünschte Verhalten? Formulieren Sie das neue Verhalten eindeutig, positiv und in der Gegenwart. Vielleicht hilft es Ihnen, wenn Sie an die Übung *Innerer Dialog* denken.

3. Schritt:

Überlegen Sie nun, seit wann in Ihnen der Wunsch dieser Veränderung präsent ist. Definieren Sie jene Gründe, die Sie gehindert haben, schon früher zu handeln. Wahrscheinlich geht es Ihnen so wie vielen anderen Menschen in dieser Situation. An das neue Verhalten werden negative Empfindungen geknüpft, die so stark sein können, dass die Änderung nicht erfolgt. Welche negativen Assoziationen haben Sie bisher an das neue Verhalten und die Veränderung selbst geknüpft? Schreiben Sie Ihre Gedanken so konkret wie möglich nieder.

4.Schritt:

Viele Leute erzählen, dass Sie das zu ändernde Verhalten durchaus positiv assoziieren. Das sind oft zusätzliche Gründe dafür, dass persönliche Veränderungen nicht erfolgen. Schreiben Sie nun alle positiven Assoziationen nieder, die Sie bislang mit dem kritisierten Verhalten verbinden.

5. Schritt:

Obwohl Sie eben angenehme Bilder mit dem zu verändernden Verhalten verbunden haben, wollen Sie es ändern. Ihr Wunsch entspringt höchstwahrscheinlich einem tiefen Grund. Schreiben Sie daher nun konkret auf, mit welchen negativen Konsequenzen Sie rechnen müssen, wenn Sie sich jetzt nicht ändern. Was wird dann in einiger Zeit sein? Wie werden sich diese negativen Konsequenzen bemerkbar machen? Was bedeuten diese für Ihr weiteres Leben? Verzichten Sie in dieser Stufe auf Verharmlosungen oder Verniedlichungen. Schonen Sie sich nicht und machen Sie sich nichts vor. Seien Sie klar und realistisch.

6. Schritt:

Jetzt gilt es zu beschreiben, was Sie durch das neue Verhalten gewinnen können. Welche Vorteile können Sie genießen, wenn es Ihnen tatsächlich gelingt? Was bringt es Ihnen? Was bedeuten diese Vorteile für Ihr Leben, für Ihre Partnerschaft oder für Ihre berufliche Position? Stellen Sie diese positiven Seiten des neuen Verhaltens in möglichst bunten Bildern dar.

6. Schritt:

Stellen Sie nun die Aspekte der neuen Verhaltensweise jenen der negativen und zu verändernden gegenüber. Vergleichen Sie die beiden Verhaltensweisen und ziehen Sie daraus einen für Sie bindenden Schluss:

- Welches Verhalten hilft Ihnen eher, Ihre Vision langfristig zu realisieren?
- Welche Handlungsweise ist jene, die Sie in Ihrem Innersten wünschen?

In den meisten Fällen ergibt sich eine klare Konstellation, und Sie wissen, was zu tun ist. Vor allem werden Sie genau wissen, warum Sie es tun. Sie erinnern sich: Aus dem *Warum* entspringen 80% unserer Energie.

______________________________	______________________________
______________________________	______________________________
______________________________	______________________________
______________________________	______________________________
______________________________	______________________________
______________________________	______________________________
______________________________	______________________________
______________________________	______________________________

8. Schritt:

Definieren Sie nun die ersten drei konkreten Aktivitätsziele, die Ihnen helfen, Ihr Vorhaben erfolgreich umzusetzen. Starten Sie heute. Ihr neues Verhalten braucht in der Regel keine weitere Vorlaufzeit. Sie wissen, was und warum Sie es wollen. Nun gilt nur noch ein Grundsatz: Handeln Sie konsequent.

1. ____

____

____

2. ____

____

____

3. ____

____

____

Denken Sie daran, dass die Änderung eines bestimmten Verhaltens noch nicht die eigentliche Herausforderung darstellt. Das Besondere besteht darin, die neue Verhaltensweise dauerhaft beizubehalten. Sorgen Sie deshalb dafür, dass Sie ausreichend Erfolgserlebnisse genießen können. In schwierigen Phasen, die unter Umständen auftreten, helfen Ihnen Ihre Bilder und Ihr innerer Film im Kopf. Und Sie haben einen entscheidenden Vorteil: Sie wissen, *warum* Sie es tun.

11. Der neue Treppenläufer 2

„Zum Erfolg gibt es keinen Lift. Man muss die Treppe benutzen."

Emil Oesch

Bei einem Akquisitionsgespräch wurde mir eine Frage gestellt, die mich so verblüfft hat, dass ich sie heute noch genau wiedergeben kann: *„Ob mein Lebenslauf aus Marketingzwecken so gestaltet sei oder ob ich tatsächlich das alles schon gemacht habe?"* Dieser Gesprächspartner wusste, dass ich bereits ein bewegtes Berufsleben hinter mir hatte. Ich war Bademeister, Hilfsarbeiter am Bau und Diskjockey, verkaufte Versicherungen und Musikinstrumente, war Offizier auf Zeit in der österreichischen Armee. Die Matura absolvierte ich auf dem zweiten Bildungsweg, während ich voll berufstätig war. Ebenso mein Studium der Kommunikationswissenschaften und der Pädagogik. Nach dem Abschluss an der Uni arbeitete ich als Journalist, ehe ich einige Jahre für die Personalentwicklung einer Regionalbank mit 330 Mitarbeitern verantwortlich war. Anfang der 90er Jahre begann ich als selbständiger Trainer und Berater zu arbeiten und schloss Ende dieses Jahrzehntes das

Studium der Pädagogischen Psychologie/Motivationspsychologie mit der Dissertation „Motivation an österreichischen Arbeitsplätzen“ ab.

Ich erwähne das deshalb, weil mir die Gedanken, Modelle und Techniken, die ich in diesem Buch beschrieben habe, meinen eigenen Weg erst ermöglicht haben.

Als ich Ende der 70er Jahre nach dem Schulabbruch als Hilfsarbeiter am Bau gelandet bin, formte sich in mir die Frage, ob ich mir mein Leben so vorgestellt hatte. Daraufhin begann ich eine Technik zu nutzen, die ich heute, 30 Jahre später, immer noch einsetze. Ich fing an, mit meinen Vorstellungen zu arbeiten. In jener Zeit entwickelte ich wunderschöne Bilder, die damals jedoch im krassen Gegensatz zu meiner Realität standen. Nach und nach wurde mir klar, dass es auf Dauer nicht befriedigend sein würde, die tollen Geschichten nur im Kopf stattfinden zu lassen. Ich setzte den nächsten entscheidenden Schritt und begann hart daran zu arbeiten, meine Vorstellungen Wirklichkeit werden zu lassen. Dabei war ich felsenfest davon überzeugt, dass ich es schaffen würde, solange ich mein großes Ziel nicht aus den Augen verlieren würde.

Es ging nicht immer alles glatt, ich erlebte Enttäuschungen wie Fehlschläge und manchmal zweifelte ich. Ich rappelte mich jedoch immer wieder auf und orientierte mich an den oft kleinen Erfolgserlebnissen des Alltags. So behielt ich meine großen Ziele im Auge, bis ich die ersten mit Hilfe der Treppenläufer-Gedanken realisieren konnte. Ich war erfolgreich und bekam richtig Lust darauf, mir herausfordernde Ziele zu setzen und beim Überschreiten der Ziellinie sagen zu können: *„Ja, genau so habe ich mir das vorgestellt!“*

• Ein außergewöhnliches Konto

Auf meinem Weg hat mir eine großartige Geschichte geholfen, die ich gerne weitergebe: Stellen Sie sich vor, eine Bank nimmt mit Ihnen Kontakt auf und teilt Ihnen mit, man habe entdeckt, dass Sie dort ein Konto besitzen. Eines, von dem Sie bis zu diesem Zeitpunkt nichts wussten. Es handelt sich auch nicht um irgendeines, sondern um ein außergewöhnliches und ganz besonderes. Die Bank teilt Ihnen mit, dass Sie auf dieses Konto nichts einzuzahlen brauchen, das erledigt das

Geldinstitut für Sie. Außerdem ist der Kontostand jeden Morgen gleich. Jeden Tag zu Geschäftsbeginn beträgt Ihr Guthaben genau 86.400 Euro.

Auf einen kleinen Haken Ihres Kontos weisen Sie die Allgemeinen Geschäftsbedingungen dieser Bank allerdings hin: Ihr Konto wird jeden Abend auf Null gelöscht. Das heißt, jener Betrag, der sich zu Geschäftsschluss noch auf dem Konto befindet, wird gelöscht. Das Geldinstitut informiert Sie darüber, dass Sie das Konto exakt fünf Werktage lang nutzen können.

Was würden Sie tun, wenn Sie von Montag bis Freitag täglich 86.400 Euro zur Verfügung hätten? Wahrscheinlich würde Sie an jedem dieser fünf Tage jeden Euro und jeden Cent nutzen und das Geld verwenden. Vielleicht würden Sie sich allerlei Dinge kaufen, von denen Sie zuvor lange geträumt haben. Möglicherweise würden Sie etwas für andere Menschen tun und denen helfen, die dieses großartige Konto nicht besitzen. Mit hoher Wahrscheinlichkeit würden Sie ein derartiges Konto bis auf den letzten Cent nutzen. Jeden Tag.

Überrascht es Sie, wenn ich Ihnen sage, dass Sie bereits Inhaber eines derartigen Kontos sind? Es wird zwar nicht bei einer Bank im herkömmlichen Sinn geführt und auch nicht in Euro. Aber die Summe stimmt ganz genau: 86.400. Die Währung, um die es sich handelt ist möglicherweise um ein vielfaches wertvoller als Euro. Die Währung ist *Zeit*.

Ist Ihnen bewusst, dass Sie jeden Tag aufs Neue wieder die Chance haben, 86.400 Sekunden zu nutzen? Um vielleicht das anzugehen, wovon Sie seit langem träumen und um Ihre Vorhaben und Ziele zu realisieren?

Nehmen Sie diese großartige Chance wahr und investieren Sie mit Bedacht. Werden Sie zum Treppenläufer und nutzen Sie aktiv die Zeit, die vor Ihnen liegt, denn: Die beste Methode die Zukunft erfolgreich zu meistern, ist, sie selbst zu gestalten. Es liegt an Ihnen, welchen Ertrag Ihre Zeit Ihnen bringt!

Ich wünsche Ihnen viel Erfolg und einen langen Atem für viele Treppen!

Jörg Zeyringer, Juni 2010

Zu guter Letzt ...

... möchte ich mich bei *Elvira Plitt*, Produktmanagerin, und *Sabine Marx*, Lektorin, für die schöne und intensive Zusammenarbeit im Haufe-Verlag, die ich sehr wertschätzend erlebt habe, bedanken.

... möchte ich mich bei meinen Bruder *Klaus* bedanken. Er hat speziell die neuen Teile des Buches korrigiert und mich mit wertvollen Hinweisen versorgt. Danke für Deine Hilfe!

... möchte ich mich bei meinen Kindern *Jonathan, Linda, Paul* und *Nora* sowie meiner Frau *Riki* bedanken, die mich in den intensiven Wochen, in denen ich dieses Buch neben meinem „normalen" Job überarbeitet und ergänzt habe, entbehren mussten. Danke für Eure Geduld!

Literatur

- Armstrong, Lance: Tour des Lebens. Lübbe Verlag. Bergisch Gladbach 2000.
- Bauer, Joachim: Warum ich fühle, was Du fühlst. Hamburg 2005.
- Birkenbihl, Vera F.: Kommunikationstraining. 12.Auflage. mvg-Verlag, München, Landsberg am Lech 1992.
- Birkenbihl, Vera F.: Erfolgstraining. 4. Auflage. mvg-Verlag. Landsberg am Lech 1992.
- Birkenbihl, Vera F: Stroh im Kopf. 18. Auflage. mvg-Verlag, München, Landsberg am Lech 1993.
- Branden, Nathaniel: Die 6 Säulen des Selbstwertgefühls. 2. Auflage. mvg-Verlag. München, Landsberg am Lech 1997.
- Covey, Stephen R.: Sie sieben Wege zur Effektivität. 4. Auflage. Campus Verlag. Frankfurt/Main, New York 1994.
- Csikszentmihalyi, Mihaly: Das Flow-Erlebnis. Jenseits von Angst und Langeweile: im Tun aufgehen. 5. Auflage. Klett-Cotta-Verlag, Donauwörth 1993.
- Christiani, Alexander: Weck den Sieger in Dir. Gabler-Verlag. Wiesbaden 1997.
- Dweck, Carol: Selbstbild. Wie unser Denken Erfolge und Niederlagen bewirkt. Campus Verlag. Frankfurt/Main 2007.
- Förstl, Hans: Theory of Mind. Neurobiologie und Psychologie sozialen Verhaltens. Springer Verlag. Heidelberg 2007.
- Heckhausen, Heinz: Motivation und Handeln. 2.Auflage. Springer-Verlag, Berlin, Heidelberg, New York 1988.
- Herber, Hans-Jörg: Motivationsanalyse. Führungsprobleme aus psychologischer Sicht. 2. Auflage. Expert-Verlag, Renningen-Malmsheim 1998.
- Hofmann, Eberhardt: Weniger Stress erleben. Luchterhand. Neuwied 2001.
- Kuhl, Julius: Motivation und Persönlichkeit. Hogrefe Verlag. Göttingen 2001.
- Innauer, Toni: Der kritische Punkt. Edition Tau. Bad Sauerbrunn 1992.

- Löhr, Jörg: Einfach mehr vom Leben. Südwest Verlag. München 2000.
- Leonhard, George. Der längere Atem. 5. Auflage. Integral Verlag. Wessobrunn 1994.
- Messner, Reinhold: Berge Versetzen. Das Credo eines Grenzgängers. BLV-Verlagsgesellschaft. München 1996.
- Robbins, Anthony: Das Robbins Power Prinzip. 8. Auflage. Heyne Business. München 2000.
- Roth, Gerhard: Fühlen, Denken, Handeln. Suhrkamp Verlag. Frankfurt am Main 2001.
- Seligman, Martin: Pessimisten küsst man nicht. Knaur-Taschenbuch. München 1993.
- Sennet, Richard: Der flexible Mensch. Die Kultur des neuen Kapitalismus. 4. Auflage. Berlin-Verlag, Berlin 1998.
- Spencer Johnson: Die Mäuse-Strategie für Manager. 3. Auflage. Ariston. München 2000.
- Spitzer, Manfred: Vom Sinn des Lebens. Wege statt Werke. Schattauer Verlag. Stuttgart, New York 2007.
- Stroebe, Rainer W./Stroebe Guntram H.: Motivation. 6. Auflage. Sauer-Verlag, Heidelberg 1994.
- Watzlawick, Paul: Anleitung zum Unglücklichsein. 2. Auflage. dtv sachbuch. München 1993.
- Wilson, Timothy D.: Gestatten, mein Name ist Ich. Das adaptive Unbewusste – eine psychologische Entdeckungsreise. Pendo Verlag. München und Zürich 2007.
- Zeyringer, Jörg: Motivation an österreichischen Arbeitsplätzen. Dissertation an der Universität Salzburg. 1999.
- Zeyringer, Jörg: Balance als Führungsstrategie. Werkzeuge für gutes Management. Haufe-Verlag. München 2010.

Notizen

Balance als Führungsstrategie
Werkzeuge für gutes Management
Jörg Zeyringer
HAUFE.